2024

Das andere Jahrbuch

verheimlicht
vertuscht
vergessen

1. Auflage Januar 2024

Umschlaggestaltung: Nicole Lechner
Redaktion: Andrea Wisnewski
Lektorat, Satz und Layout: Agentur Pegasus, Zella-Mehlis

ISBN: 978-3-86445-968-9

MIX
Papier | Fördert gute Waldnutzung
FSC® C014496
www.fsc.org

Gerne senden wir Ihnen unser Verlagsverzeichnis
Kopp Verlag
Bertha-Benz-Straße 10
D-72108 Rottenburg
E-Mail: info@kopp-verlag.de
Tel.: (0 74 72) 98 06-10
Fax: (0 74 72) 98 06-11

Unser Buchprogramm finden Sie auch im Internet unter:
www.kopp-verlag.de

Gerhard Wisnewski

2024

Das andere Jahrbuch

verheimlicht
vertuscht
vergessen

Was 2023 nicht
in der Zeitung stand

KOPP VERLAG

»Es ist nicht die Hassrede, sondern die Rede, die sie hassen.«

Unbekannt

»Politisch unkorrekt ist nicht die Meinung, sondern die Unterdrückung der Meinung.«

Gerhard Wisnewski

Inhalt

Vorwort

Das Rad der Geschichte hat sich ein Jahr weitergedreht – oder etwa das Rad des Irrsinns? Während die Mühlen der Geschichte nämlich nur langsam mahlen, schreitet der Wahnsinn schnell und dynamisch voran: In China brannten 2023 angeblich Coronaleichen auf den Straßen, in Deutschland wurden ein paar Rentner als gefährliche Reichsbürger vorgeführt, und in Rom regiert ein Antipapst. Und während die Welt Angst vor einem Atomkrieg hatte, wurde in Wirklichkeit ein anderer Krieg geführt: nämlich der gegen die Sonne. Die Sonne ist angeblich der neue Staatsfeind Nummer 1 der Menschheit, der den Planeten erwärmt und uns alle zu Krebspatienten macht. Atombomben dagegen gab und gibt es vielleicht gar nicht, zumindest nicht die von Hiroshima und Nagasaki – stellte sich anlässlich der Jahrestage der Bombardierung der beiden Städte im August heraus. Sachen gibts! Im Nordatlantik implodierte das Tauchboot *Titan*, in Mallorca machen sich hauptsächlich Deutsche auf die Socken, um Frauen zu vergewaltigen, und in New York wurde der Journalist Seymour Hersh gesprengt – journalistisch natürlich. Schon im Februar beschleunigte ein Erdbeben in der Türkei möglicherweise den NATO-Beitritt von Finnland und Schweden, in Nashville wechselte ein Attentäter mitten in seinem Amoklauf die Schuhe, und in der Schweiz, in Deutschland und Österreich tragen immer mehr Schulkinder Windeln. Spätestens seit dem 30. September will Microsoft digitale Leibeigene aus uns machen, und beim Tag der Deutschen Einheit am 3. Oktober stellte sich unsere Staatsspitze ohne deutsche Flagge zum Gruppenfoto auf – ein mehr als deutliches Signal, dass Deutschland zu existieren aufhört. Und schließlich, am 7. Oktober, wurde im Nahen Osten ein Krieg angezettelt, der möglicherweise den finalen Weltenbrand auslösen soll – ob mit oder ohne Atomwaffen. Das sind nur einige Kapitel aus dem neuen *verheimlicht – vertuscht – vergessen 2024*. Es wird also bestimmt nicht langweilig in diesem Jahrbuch.

Ich wünsche uns allen, dass vieles davon nicht eintrifft oder sich wieder bessert und dass wir im Wesentlichen ein friedliches und sicheres Jahr 2024 erleben werden.

Es grüßt Sie herzlich
Ihr Gerhard Wisnewski
München, 30. November 2023

P. S.: Noch ein Hinweis zur Benutzung: In den Chronologien zu Beginn jedes Monats sind die jeweils behandelten Themen fett gedruckt. Themen, die im Rahmen eines anderen Kapitels behandelt oder erwähnt werden, tragen zusätzlich einen Verweis auf das entsprechende Kapitel.

Einleitung

Wo wurde uns 2023 mal wieder nicht die Wahrheit gesagt – jedenfalls nicht die ganze? Gegenfrage: Wo soll man da anfangen? Tatsächlich wurde so viel gelogen, dass einem die Richtigstellung mitunter im Halse steckenblieb. Man kam einfach nicht mehr nach. Auch 2023 heizte uns die Lügenmaschine wieder kräftig ein, zum Beispiel mit der Behauptung, in China würden Coronatote auf den Straßen verbrannt, die Russen hätten einen Staudamm gesprengt, sogenannte »Reichsbürger« wollten die Regierung stürzen, im Sommer drohe uns eine Hitzekatastrophe und die Sonne sei für immer mehr Krebstote verantwortlich – um nur einige Themen herauszugreifen. Ebenso verlogen war die monatelange Treibjagd auf die weltberühmte deutsche Band *Rammstein* und ihren Frontmann Till Lindemann, der plötzlich im Fokus eines Missbrauchsskandals stand. Bei einem Konzert in Vilnius (Litauen) sollte Lindemann eine junge Frau … ja, was denn eigentlich? Egal: Die Öffentlichkeit wurde aufgepeitscht, auf den Straßen forderte ein Frauen-Mob den Abbruch der Europatournee – mithin das Ende von *Rammstein*. Doch die journalistoiden Scharfrichter von *Spiegel* und Co. versagten diesmal. Alles weitere darüber am 10. Juni.

Auch Tauchfahrten beschäftigten uns 2023, zum Beispiel die des Tauchbootes *Titan*, das fünf Menschen zum Wrack der *Titanic* bringen sollte und dabei verunglückte. Eine gute Woche lang hielt uns dieses »Ticking-Clock-Szenario« in Atem, bis die Trümmer des Bootes vom Ozeanboden geborgen werden konnten. Ob man uns dabei die ganze Wahrheit über das Unglück gesagt hatte, dem werden wir in dem entsprechenden Kapitel nachgehen. Glasklar schien dagegen ein anderer Fall zu sein, nämlich dass es die Amerikaner waren, die 2022 die Nord-Stream-Gasleitungen zwischen Russland und Deutschland gesprengt hatten. Alles schien darauf hinauszulaufen, bis 2023 ein Journalist namens Seymour Hersh mit einer äußerst suspekten Beweisführung wieder Zweifel an der »amerikanischen Version« weckte. Im Kapitel über den Juni begeben wir uns auf die Tauchfahrt in die Tiefen der Desinformation, von der wir hoffentlich schlauer wieder zurückkehren werden.

Das Schlimme waren aber nicht nur neue Lügen, sondern auch die alten, die inzwischen selbstverständlich geworden sind und seit vielen Jahren unbeachtet herumliegen, bis man irgendwann schmerzhaft über sie stolpert. Zu den Jahrestagen der ersten (und bisher letzten!) Atombombenein-

sätze von Hiroshima und Nagasaki im August werden wir deshalb auf der Reise mit der Achterbahn der Lügen einen neuen Höhepunkt erreichen – nämlich dass Hiroshima und Nagasaki 1945 mit Nuklearwaffen angegriffen worden sein sollen. Dabei sollen Personen und Gebäude pulverisiert und verbrannt worden sein und Menschen jahrzehntelang unter Folgen wie beispielsweise Genschäden gelitten haben. Nicht, dass Letzteres falsch wäre. Aber was heute niemand mehr weiß: Selbst hochrangige amerikanische Militärs und Fachleute wunderten sich damals über das konventionelle Schadensbild der angeblichen Superwaffen. Die gängige Geschichte der Atombombe könnte »durchaus ein Anwärter auf den größten Schwindel aller Zeiten sein«, schrieb der weltberühmte Molekularbiologe und Genetiker Franklin Stahl. Alles Weitere dazu im August.
Eine alte Lüge ist zum Beispiel auch der Rücktritt von Papst Benedikt XVI., dessen 10. Jahrestag am 11. Februar 2023 begangen wurde (nachdem der Papst einen Tag vor Neujahr verstorben war). »Päpste treten nicht zurück, sie sterben im Amt«, schrieben aus diesem Anlass die *Vatican News*. Und: »Das war ungeschriebenes Gesetz in der katholischen Kirche bis zu jenem 11. Februar vor 10 Jahren, als der deutsche Papst Benedikt XVI. es mit Mut und Demut brach.« Heute, 10 Jahre später, ist es an der Zeit, sich diesen sogenannten Rücktritt einmal genauer anzuschauen. Die Frage ist nämlich, warum dieses »ungeschriebene Gesetz« nicht auch schon früher gebrochen wurde – von Päpsten, die es viel nötiger gehabt hätten, als Benedikt XVI. Zum Beispiel Johannes Paul II., der sich bis zu seinem Tode schwer krank am Petrusstab festklammerte. Benedikt dagegen lebte nach seinem Rücktritt noch 10 Jahre bei guter Gesundheit – und war Beobachtern zufolge in besserer Verfassung, als sein »Nachfolger« Franziskus. Aber warum »Nachfolger« in Anführungszeichen? Lesen Sie alles darüber unter dem 11. Februar.
Schließlich beschäftigen wir uns auch mit dem neuen Nahostkrieg, der am 7. Oktober 2023 »ausbrach«. Eine Reihe von Merkwürdigkeiten wirft dabei eine Menge Fragen auf. Vor allem: Wie konnte es die Hamas schaffen, den schwer bewachten Zaun zwischen Gazastreifen und Israel zu überwinden? Warum wurden die Hamas-Kämpfer nicht sofort von der israelischen Armee gestoppt? Wie kommt es, dass sie anscheinend stundenlang morden und Geiseln nehmen konnten, ohne dass irgendjemand einschritt? Und: Wem nützte das alles? Diese Frage kann ich hoffentlich in dem entsprechenden Abschnitt über den Oktober ausreichend beantworten …

Dezember 2022

Thema des Monats

31.12. Im Vatikan stirbt der deutsche Papst Benedikt XVI.

2.12. Bundestag beschließt neues Aufenthaltsrecht für langjährig geduldete Migranten – ***7.12. Eine Razzia gegen sogenannte »Reichsbürger« versetzt die Republik in Aufregung*** – **9.12.** Evdoxia »Eva« Kaili, Vizepräsidentin des Europaparlaments, wird wegen Korruptionsverdachts festgenommen – **16.12.** Der Ukraine und ihrem Präsidenten Selenskyj wird der Karlspreis zugesprochen – **23.12.** Der frühere Frankfurter Oberbürgermeister Feldmann wird wegen Korruption zu einer Geldstrafe verurteilt – ***31.12. Im Vatikan stirbt der deutsche Papst Benedikt XVI. im Alter von 95 Jahren***

7. Dezember 2022
Reichsbürger-Razzia: »Viel Getöse um wenig Putsch«

Schreck lass nach! Die Reichsbürger wollen den Staat übernehmen! Doch wirklich: »Eine Gruppe aus ›Reichsbürgern‹ und Verschwörungsideologen soll einen Putsch in Deutschland geplant haben«, berichtete am 8. Dezember 2022 der WDR auf seiner Website. »Nach Ansicht der Generalbundesanwaltschaft wollten sie das politische System in Deutschland stürzen, mit Waffengewalt eine neue Regierung installieren und dabei auch Tote in Kauf nehmen.« Das darf doch nicht wahr sein! Oh doch: Am 7. Dezember überfielen tatsächlich 3000 schwer bewaffnete Vermummte bei einer generalstabsmäßig geplanten Aktion etwa 150 Objekte in Deutschland und versetzten die Menschen damit in Angst und Schrecken. »Wir haben es mit Terroristen zu tun, und sie hatten konkrete Umsturzpläne«, berichtete der Bundesvorsitzende der Gewerkschaft der Polizei, Jochen Kopelke, von der Front: »Unsere Demokratie ist wehrhaft, aber die Sicherheitsbehörden müssen nun nachlegen« (rbb24, online, 17.12.2022). Das kann man wohl sagen: Hitlers Marsch auf die Feldherrnhalle war nichts dagegen. Das heißt: Warten Sie mal! Die 3000 Vermummten waren ja gar keine Reichsbürger – sondern die Polizei! Tja, da kann man ganz schön durcheinanderkommen. Denn Umsturzabsichten haben in Deutschland in Wahrheit die Politiker und ihre Organe. Und den Staatsstreich hat es in Wirklichkeit schon längst gegeben. Man denke an den Putsch der seinerzeitigen Bundeskanzlerin Merkel gegen die Wahl des FDP-Mannes Thomas Kemmerich zum Thüringer Ministerpräsidenten 2020. Zitat Merkel: »Das Ergebnis muss rückgängig gemacht werden« (*Tagesspiegel*, online, 06.02.2020). Oder man denke daran, dass während der sogenannten »Coronapandemie« der Föderalismus durch eine Konferenz der Ministerpräsidenten (Länder) mit der Bundeskanzlerin (Bund) aufgehoben und die Macht in den Händen der Letztgenannten beziehungsweise ihres »Gesundheitsministers« konzentriert wurde: »Ich halte es aus verfassungsrechtlichen Gründen für einen unhaltbaren Zustand, dass Entscheidungen über Grundrechtsfragen weiterhin in einem Gremium getroffen werden, das die Verfassung nicht vorsieht«, kritisierte das damals der Bundestagsvizepräsident und Rechtsanwalt Wolfgang Kubicki (FDP; *Preußische Allgemeine Zeitung*, online, 24.02.2021). Und das war noch äußerst milde formuliert – so milde, dass es für die berühmte Katz' war. Wie so vieles, was der »Young Global Leader« Kubicki von sich gibt.

»Mit Kanonen auf Spatzen geschossen?«

Aber das nur nebenbei. Die sogenannten »Reichsbürger« jedenfalls waren eine echte Gefahr für den Staat: Laut *tagesschau.de* vom 7. Dezember 2022 52 Mann hoch (wovon nur die Hälfte festgenommen wurde), taufrisch, körperlich topfit und bis an die Zähne bewaffnet. Wenn es stimmt, dass das Leben erst mit 64 anfängt, war der Anführer Prinz Reuß mit seinen 71 Lenzen zum Beispiel gerade einmal 7 Jahre alt! Quasi ein Kindersoldat! Auch seine angeblichen Komplizen sollen ähnlich frisch gewesen sein: »Auffällig ist, dass bekannte Mitglieder älter als 50, 60 oder gar 70 sind«, beobachtete die *Frankfurter Allgemeine Zeitung* (online, 22.03.2023). »Haben Deutschlands Sicherheitsbehörden wirklich die große Reichsbürger-Verschwörung vereitelt, oder haben sie womöglich mit Kanonen auf Spatzen geschossen?«, dämmerte es sogar der *Neuen Zürcher Zeitung*. »Der historische Großeinsatz und die flankierende Medienberichterstattung werfen Fragen auf« (online, 07.12.2022). Nichts da: Schließlich fiel Heinrich XIII. Prinz Reuß »bereits in der Vergangenheit mit kruden Thesen auf«, so der WDR (online, 08.12.2022). Und das reicht für eine Verhaftung im »besten Deutschland, das es jemals gab« (Bundespräsident Steinmeier) schließlich allemal aus. Zum Beispiel soll er gesagt haben: »Wir in Deutschland sind seit dem 8. Mai 1945 zu keinem Zeitpunkt mehr voll souverän gewesen.« Eindeutig irre, der Mann. Doch halt! Das war ja gar nicht Reuß, sondern der seinerzeitige Finanzminister Wolfgang Schäuble (CDU), und zwar bei einem Vortrag im Jahr 2011! Dass die Polizei daraufhin bei Schäuble vorbeigeschaut und ihn als Reichsbürger eingebuchtet hätte, ist allerdings nicht überliefert. Vielleicht sollte man das nachholen. Denn der schreckliche Reichsbürger-Chef Prinz Reuß hatte sich schließlich auch nicht sehr viel anders geäußert: »2019 sprach er als Redner auf einem ›Worldwebforum‹ und behauptete unter anderem, Deutschland sei seit dem Zweiten Weltkrieg kein souveräner Staat mehr, sondern werde von Alliierten verwaltet«, zitierte ihn der WDR (ebenda). Na bitte. Ganz im Gegensatz zu Reuß blieb Schäuble jedoch auf freiem Fuß beziehungsweise Rad. Zwar sei ihm das natürlich gegönnt – niemand sollte schließlich für seine Meinung eingesperrt werden. Es wäre nur schön, wenn das nicht nur für Finanzminister gelten würde.

»Wir haben keinen Staat zu errichten«

Papperlapapp! Die 25 festgenommenen Reuß- beziehungsweise Reichsbürger waren schließlich eine hochgefährliche Truppe: »Die selbsterklärten Reichsbürger vertreten aberwitzige Positionen, etwa die, dass der deutsche Staat gar nicht existiere«, alarmierte die *Neue Zürcher Zeitung* ihre Leser (ebenda). »Von einem Staat im legitimen Sinne des Wortes« sollte man nur sprechen, »wo es sich um das Produkt eines frei erfolgten konstitutiven Gesamtaktes eines souveränen Volkes handelt«, soll der Prinz fabuliert haben. Und: »Wo das nicht der Fall ist, wo ein Volk sich unter Fremdherrschaft und unter deren Anerkennung zu organisieren hat, konstituiert es sich nicht – es sei denn gegen die Fremdherrschaft selbst –, sondern es organisiert sich lediglich, [...] aber nicht als Staat im demokratischen Sinn.« Demnach wäre die Bundesrepublik Deutschland also kein Staat. Wahrlich irre. Das heißt, Moment: Diese Zeilen stammen gar nicht von dem »irren Prinzen«, sondern von einem hochverehrten Vater unseres Grundgesetzes, nämlich von dem Staatsrechtler Carlo Schmid (SPD), der das Grundgesetz nach dem Zweiten Weltkrieg mit ausgearbeitet hat. In seiner berühmten Rede aus dem Jahr 1948 sagte er: »Wir haben keinen Staat zu errichten.« Einbuchten, den Mann – ach so, er ist ja schon längst verstorben: »Wir haben etwas zu schaffen, das uns die Möglichkeit gibt, gewisser Verhältnisse Herr zu werden, besser Herr zu werden, als wir das bisher konnten. Auch ein Staatsfragment muss eine Organisation haben, die geeignet ist, den praktischen Bedürfnissen der inneren Ordnung eines Gebietes gerecht zu werden« (»Was heißt eigentlich: Grundgesetz?«, Rede des Abgeordneten Carlo Schmid im Parlamentarischen Rat, 8. September 1948, StenBer. S. 70 ff.). Mit »Staatsfragment« waren die drei westlichen Besatzungszonen gemeint, die zu einer Organisationseinheit zusammengeschlossen werden sollten, nämlich zur BRD, während die sowjetische Besatzungszone von den Sowjets an den Ostblock angeschlossen und zur »DDR« wurde.

Besiegt und besetzt am Boden

Dazu kamen drittens noch große, von Polen und anderen Ländern besetzte Gebiete, die formal zu keiner Besatzungszone gehörten, aber gleichwohl zum Deutschen Reich. Unter anderem deshalb war Grundgesetz-Schöpfer Schmid der heute politisch verfolgten Auffassung, dass das Deutsche (nicht das Dritte!) Reich nach 1945 weiterexistierte. Aber das ist natürlich Quatsch: Deutschland lag völlig zerbombt, besiegt und besetzt am Boden – wo sollte da noch ein Staat gewesen sein? Eben. Aber: »Nach Völkerrecht wird ein Staat nicht vernichtet, wenn seine Streitkräfte und er selbst militärisch niedergeworfen sind«, so Schmid weiter. »Die debellatio [das durch einen vollständigen Sieg herbeigeführte Ende eines Krieges] vernichtet für sich allein die Staatlichkeit nicht, sie gibt lediglich dem Sieger einen Rechtstitel auf Vernichtung der Staatlichkeit des Niedergeworfenen durch nachträgliche [also weitere] Akte.« Dafür gebe es »nach Völkerrecht nur zwei praktische Möglichkeiten. Die eine ist die Annexion. Der Sieger muss das Gebiet des Besiegten annektieren, seinem Gebiet einstücken. Geschieht dies, dann allerdings ist die Staatlichkeit vernichtet. Oder er muss zur sogenannten Subjugation schreiten, der Verknechtung des besiegten Volkes. Aber die Sieger haben nichts von dem getan. Sie haben in Potsdam ausdrücklich erklärt, erstens, dass kein deutsches Gebiet im Wege der Annexion weggenommen werden soll, und zweitens, dass das deutsche Volk nicht versklavt werden soll. Daraus ergibt sich, dass zum mindesten aus den Ereignissen von 1945 nicht der Schluss gezogen werden kann, dass Deutschland als staatliches Gebilde zu existieren aufgehört hat« – mithin also das Deutsche (nicht das Dritte!) Reich. War der Vater des Grundgesetzes also ein Reichsbürger?

Fehldiagnose Staatsstreich

Nichts da, denn Schmid wurde nie mit einer Knarre gesichtet, ganz im Gegensatz zu den heutigen Reuß- beziehungsweise Reichsbürgern: »Diese Gruppe plante unter anderem offenbar den Deutschen Bundestag in Berlin zu stürmen, und zwar mit Waffengewalt«, hieß es in einem Medienartikel (*entwicklungsstadt.de*, 27.02.2023). Genau: Dem Bundesvorsitzenden der Gewerkschaft der Polizei, Jochen Kopelke, stand schon der Schweiß auf der Stirn: »Menschen, die diesen Kreisen angehörten, seien aber besonders gefährlich, da sie Waffen besäßen, die sie auch einsetzten […]«, meinte er laut rbb24 zu den Durchsuchungen (online, 17.12.2022). Absolut: Die Reuß-Truppe besaß nach dem ersten Ergebnis der Durchsuchungen immerhin eine scharfe Waffe. In Ziffern: 1 (*Junge Freiheit*, online, 08.12.2022). Die Website des Senders rbb zeigte zwar ein Foto eines furchterregenden Arsenals, doch dummerweise stammte dieses Bild von einem Einsatz 2019. Überdies handelte es sich auch nicht um Sturmgewehre, sondern hauptsächlich um sogenannte Seitenspanner, also Luftgewehre. Puh – was für ein Jammertal! Ob das einzelne Schießeisen bei dem geplanten Putschversuch etwa herumgereicht werden sollte, wurde bisher nicht bekannt. Das heißt – warten Sie mal: da wären ja schließlich noch ein paar Schreckschusswaffen gewesen und ein paar Tausend Euro in der Kriegskasse. Allerdings muss man das ja noch auf die 150 durchsuchten Objekte umrechnen. Nehmen wir einmal an, wir würden in Deutschland 150 x-beliebige und per Zufall ausgewählte Wohnungen und Häuser durchsuchen: Würde man allein dabei nicht schon wesentlich mehr scharfe Waffen, Schreckschusspistolen und Geld finden? Garantiert. Dagegen erschienen die mutmaßlichen Reichsbürger mit ihrem »Arsenal« ja wie die reinsten Heiligen. Nicht einmal, was genau davon überhaupt illegal war, war klar: Bargeld, Preppervorräte und Schreckschusswaffen per se schon einmal nicht. Auch von der erwähnten »Schusswaffe« wurde nicht bekannt, ob ihr Besitz illegal war oder nicht. Und einige Tausend Euro Bargeld findet man locker in einem einzigen wohlhabenden Haushalt – wobei nicht klar ist, warum das überhaupt verwerflich gewesen sein soll. Ein besseres Führungszeugnis hätte man den »Reichsbürgern« zunächst also gar nicht ausstellen können. Machen Sie doch einmal 150 Hausdurchsuchungen im Frankfurter Bahnhofsviertel oder in München-Grünwald. Das Ergebnis dürfte wohl ähnlich aussehen: Drogen, Bargeld, Waffen.

»Schmierenkomödie historischen Ausmaßes«

Welche Gegend in Deutschland muss man sich hingegen heraussuchen, um ein derartig mageres Ergebnis zu erzielen? Immerhin sollte diese »Stichprobe« ja das Resultat von Ermittlungen und Verdachtsmomenten gewesen sein. Aber ergeben hat sie praktisch gar nichts – so ähnlich wie eine Krebsbiopsie in einem durch und durch gesunden Organ. Rein statistisch gesehen deutete das Resultat darauf hin, dass in Wirklichkeit gar nicht so viele Hausdurchsuchungen stattgefunden haben können. Tatsächlich konnten sich die Medien auch nicht recht darauf einigen, wie viele es nun tatsächlich gewesen sein sollen: 180, 150, 130 oder 120? Dass jemand mit einer Schusswaffe und 25 beziehungsweise 52 Leuten einen Staatsstreich plant, erschien zudem als äußerst unglaubwürdig. »Immer mehr Medien beginnen zu zweifeln«, schrieb denn auch die *Junge Freiheit*, »ob die Rekordrazzia wirklich angemessen war«. »Ich habe heute mit etlichen Kollegen aus anderen Medien gesprochen«, zitierte das Blatt den Chefredakteur des *Cicero*, Alexander Marguier, »auch solcher Medien, die bei der überschäumenden Umsturzplan-Berichterstattung ganz vorne mit dabei waren. Unisono (und natürlich nur im Vertrauen) hieß es: Uns kommt das alles auch völlig übertrieben vor, aber wenn die Konkurrenz so dramatisch reagiert, können wir die Sache nicht auf kleiner Flamme kochen« (*Junge Freiheit*, online, 08.12.2022). »Was sich gestern in Deutschland, Österreich und Italien von 6 Uhr morgens bis Mitternacht abgespielt hat, war eine Schmierenkomödie historischen Ausmaßes«, urteilte die Bürgerrechtlerin Vera Lengsfeld. »Da kreißte ein Gebirge und gebar ein winziges Mäuslein« (*vera-lengsfeld.de*, 08.12.2022). Selbst das regierungstreue Blatt *Stern* räumte ein: »Tatsächlich lässt sich der Vorwurf einer Inszenierung nicht ganz von der Hand weisen. Wie etwa der Berliner *Tagesspiegel* berichtet, wussten ungewöhnlich viele Menschen schon Tage vor den Razzien, dass etwas passieren würde« (*Stern online*, 09.12.2022). »Die kindische Inszenierung der Razzia, mit der ein ›Staatsstreich‹ gerade noch mal verhindert werden konnte, ist eigentlich eher zum Lachen«, schrieb die Website *Tichys Einblick*. Und: »Dass Beamte, Behörden und Medien mitspielen, ist beschämend – und es zeigt, wie gefährdet unsere Demokratie wirklich ist.« Es sei »schwer zu übersehen, dass es sich hier um ein Drehbuch handelt, bei dem eine Ministerin [Faeser] den Staatsapparat einsetzt und Polizisten als Komparsen missbraucht für eine alberne, durchschaubare, allenfalls für ZDF und ARD filmreife Inszenierung. Der Verdacht liegt auf der Hand, dass dies gezielt war auf den Tag, an dem die Ampel vor genau einem Jahr die Regierungsgewalt übernahm und seither in kürzester Zeit eine katastrophale Bilanz vorgelegt hat« (08.12.2022). Kurz und gut: Der Operettenputsch drohte bei der Kritik durchzufallen. Das Ganze schien sich zu einer gewaltigen Blamage für Politik und Behörden auszuwachsen. Am 13. Dezember 2022 sprach die AfD-Vorsitzende Alice Weidel bereits von einem »Rollatorputsch«.

Das Ausland lacht sich krank

Und auch das Ausland lachte sich krank, insbesondere der böse Feind im Osten: »Seit einem Tag beobachte ich mit angehaltenem Atem das wahre Drama, das sich in Deutschland abspielt«, japste die Sprecherin des russischen Außenministeriums, Marija Sacharowa. »Neulich wurden dort 25 Personen verhaftet, die der Vorbereitung und Unterstützung eines Staatsstreichs verdächtigt wurden. Man kann nicht in Worte fassen, wie sehr wir um die Grundlagen der verfassungsmäßigen Ordnung in der BRD, die beinahe einem Putsch zum Opfer gefallen wäre, mitfühlen. […]

Weder die 200 000 Mann starke Bundeswehr, noch der Stützpunkt Ramstein mit seinem 30 000 Mann starken amerikanischen Unterstützungskontingent, noch die Nachrichtendienste BND und BfV hätten die Wiederbelebung der preußischen Monarchie und des Deutschen Reiches verhindern können. Doch Berlin hielt gegen 25 Revolutionäre stand. Gut gemacht, bravo. Stehende Ovationen«, zitierte der Politiker und Geopolitikexperte Erkan Dinar Marija Sacharowa (Telegram, 11.12.2022).

Die Vermehrung der Reichsbürger

Medien und Behörden mussten deshalb dringend nachlegen. Und siehe da: Schon wenige Tage später fand plötzlich eine wundersame Vermehrung der Reichsbürger und ihrer Waffen statt. Hinzu kamen zum Beispiel plötzlich »Schusswaffen, die bei Dieter W. sichergestellt wurden, einem Beschuldigten, der Waffenhändler ist, weshalb die bei ihm gefundenen Schusswaffen zunächst nicht mitgezählt wurden, da er legal mit ihnen handelt« (*tagesschau.de*, 17.12.2022). So kann man es natürlich formulieren. Oder auch so: Indem der Waffenhändler kurzerhand in die Reuß-Truppe eingemeindet wurde, wurde deren Waffenarsenal schlagartig drastisch vergrößert. Auch die Zahl der Verdächtigen wurde kräftig aufgepolstert: »Demnach sieht es danach aus, dass die Gruppe tatsächlich mehr als doppelt so groß sein könnte als bis dahin angenommen«, berichtete die *Tagesschau* auf ihrer Website (ebenda). Man beachte die vorsichtigen Konjunktive. Nach dem anfänglichen Aufschlag »kommen die beteiligten Medien nicht mehr raus aus dieser Rolle«, vermutete *Tichys Einblick*. »Sie müssen den Putsch aufblasen, weil sie sich sonst selbst korrigieren müssten. Und das glauben sie sich nicht leisten zu können. So werden sie zu schreibenden Komparsen der Inszenierung und dröhnen das Land weiter in das Drama eines Operettenputsches« (zitiert nach *gloria.tv*, 10.12.2022).

Aufstand ab 2029?

»Unsere Regierung muss große Angst haben, wenn nun zu solchen Aktionen gegriffen wird«, hieß es bei »Anwälte für Aufklärung« beim Messenger Telegram (09.12.2022). Nun müsse »zügig und konkret über eine Verschärfung des Waffenrechts diskutiert werden«, meinte der GdP-Vorsitzende Kopelke. Und: »So wenig Waffen wie möglich in der Bevölkerung machen die Republik sicherer« (rbb, online, 17.12.2022). Keineswegs, denn illegale Waffen werden so auch nicht verschwinden. Um den Schutz des Bürgers geht es dabei kein bisschen, sondern um den Schutz des Politikers. Denn sonst würde man sich auch weniger über Schusswaffen, sondern mehr über Messer und Macheten unterhalten, mit denen Zuwanderer ein Massaker nach dem anderen unter den Bürgern anrichten. Aber wenn die Anti-Waffen-Initiative nicht auf bewaffnete Kriminelle und auch nicht auf stechfreudige Zuwanderer zielt – wer bleibt dann noch übrig? Antwort: natürlich der deutsche Bürger, der an Recht und Grundgesetz glaubt. Woraus sich der Schluss ziehen lässt, dass die Bevölkerung von Leuten wie Kopelke als gefährlich angesehen wird. Aber wäre denn anzunehmen, dass sich plötzlich massenhaft Bürger zusammenschließen, um die Regierung zusammenzuschießen? Natürlich nicht. Daran glaubt in Wirklichkeit kein Mensch – außer der Regierung. Oder warum sollte sie dauernd die Waffengesetze verschärfen, Bürger zur freiwilligen Waffenabgabe auffordern und außerdem noch einen bizarren Graben um den Reichstag ziehen? Die Regierung rechnet fest mit anhaltendem Unmut der Bürger. Weitere staatliche Übergriffe stehen ja auch bereits bevor: Geldentwertung, Fahrverbote, Enteignungen, Stromausfälle, Nahrungsmittelknappheiten, Wohnraumbewirtschaftung, Vertreibung, Entrechtung und anderes mehr. Auch neue »Pandemien« sind geplant. Und daher befürchtet man, dass die Bürger irgendwann zu ihren Waffen greifen und sich wehren könnten. Der geplante Schützen- beziehungsweise Schutzgraben um den Reichstag spricht da Bände. Den gab es nicht einmal zu Zeiten des Dritten Reiches. Der Graben wird in Form eines sogenannten »AHA« angelegt: also ein Graben, der aus der Ferne nicht sichtbar ist, sondern erst, wenn man unmittelbar davorsteht. Das heißt, dass hier staatliche Transparenz, Offenheit und Bürgernähe vorgetäuscht werden, wo sie gar nicht existieren. Der Baufortschritt des Grabens ist ein Anhaltspunkt, ab wann die Reichstagsbewohner mit einem Aufstand rechnen. Geplante Fertigstellung: 2029.

Unfreiwillige Statisten?

Die totale Entwaffnung und Verteufelung von Schusswaffen ist eine Vorsichtsmaßnahme – allerdings nicht gegenüber Kriminellen, sondern gegenüber dem Bürger. Tatsächlich wollte auch Innenministerin Nancy Faeser nach der Reichsbürger-Razzia sofort das Waffenrecht verschärfen. Die Frage war nur wie: indem nun auch Kaffeelöffel zu den gefährlichen Waffen gezählt werden? Denn viel gibt es da ja nicht mehr zu verschärfen.

Nach ungefähr einem Dutzend »Amokläufen« seit dem Jahr 2000 und nachfolgenden Gesetzesänderungen allein in Deutschland ist vom Recht auf Waffen nicht mehr viel übrig geblieben. Auch »mehr als 1000 Reichsbürgern seien ihre Waffengenehmigungen schon entzogen worden«, berichtete die Website des Rundfunksenders BR24: »Dafür sei der maximale Druck aller Behörden gebraucht worden.« – »Die Regierung werde deshalb das Waffenrecht ›in Kürze weiter verschärfen‹, sagte Faeser [...].« »Trotz der Reformen der letzten Jahre kommen Verfassungsfeinde zu leicht an legale Waffen«, meinte der Obmann der Grünen im Innenausschuss des Bundestages (BR24, online, 11.12.2022). Das kann man wohl sagen. Und zwar die Verfassungsfeinde in Legislative und Exekutive.

»Viel Getöse um wenig Putsch«

Selbst bei den angepassten Medien fiel die Reichsbürger-Komödie von Bundesanwaltschaft und Polizei also durch. »Viel Getöse um wenig Putsch«, resümierte die *Berliner Zeitung*: »Die Razzia gegen den Prinzen und seine Rentner-Revolte soll der ›größte Anti-Terror-Einsatz in der BRD-Geschichte‹ gewesen sein. Dabei wurden nur 25 vergreiste Verwirrte festgenommen.« Nach einem tiefen Knicks vor den Sicherheitsbehörden mäkelte das Blatt: »[...] die ganze Aktion wirkt nicht wie die Vereitelung eines bevorstehenden Staatsstreichs, der die Bundesrepublik in ihren Grundfesten hätte erschüttern können, sondern wie ein gut orchestrierter PR-Stunt des Bundesinnenministeriums und der Sicherheitsbehörden.« Wie wahr: »Die Behörden haben die wichtigsten Medien schon 2 Wochen vor der bevorstehenden Aktion informiert. Das bestätigte auch die Linke-Bundestagsabgeordnete und Extremismusexpertin Martina Renner gegenüber n-tv: ›Ich selbst wusste seit Mitte letzter Woche bereits davon und weiß außerdem von mehreren Medien, die schon seit 2 Wochen Kenntnis hatten. Es waren die Namen der Beschuldigten bekannt, ihre Adresse und der geplante Zeitpunkt des Zugriffs.‹« Unfassbar. »Das Problem ist nur, eine echte staatszersetzende Gefahr ist von den Verschwörern um den Prinzen zu keinem Zeitpunkt ausgegangen« (n-tv, online, 08.12.2022). Dem würde wohl jeder vernunftbegabte Mitbürger zustimmen – nur der Bundesgerichtshof nicht. Der ordnete für 22 Beschuldigte Mitte Juli die Fortdauer der Untersuchungshaft an, darunter auch Prinz Reuß ...

31. Dezember 2022
Der Papst ist tot!

Der Papst ist tot – es lebe der Papst! Und das ist kein Widerspruch, denn schließlich gab es zwei Päpste: Am 31. Dezember 2022 verstarb der emeritierte Papst Benedikt XVI., während sein Nachfolger am selben Abend zum Jahresausklang das traditionelle feierliche Abendgebet zelebrierte. Die seltsame Konstellation war entstanden, weil Papst Benedikt XVI. vor 10 Jahren, am 11. Februar 2013, zurückgetreten war – etwas, das seit 729 Jahren nicht mehr vorgekommen war. Denn normalerweise werden Päpste nur durch Gott persönlich aus dem Amt entlassen – nämlich indem sie sterben. So war das nunmehr 729 Jahre lang gewesen, seitdem Papst Coelestin V. 1294 auf sein Amt verzichtet hatte. »Päpste treten nicht zurück, sie sterben im Amt«, schrieben auch die *Vatican News* am 11. Februar 2023. »Das war ungeschriebenes Gesetz in der katholischen Kirche bis zu jenem 11. Februar vor 10 Jahren, als der deutsche Papst Benedikt XVI. es mit Mut und Demut brach.« Falsch – denn in Wirklichkeit war und ist es ein geschriebenes Gesetz, wie wir gleich sehen werden. Deshalb war der Rücktritt von Papst Benedikt rechtswidrig. Nach Kirchenrecht war er weiter im Amt und der neue Papst Franziskus in Wahrheit ein Antipapst. Denn das Ganze funktionierte nur durch einen glatten Bruch des Kirchenrechts – also gar nicht. Dazu komme ich noch, und zwar am 10. Jahrestag von Benedikts Rücktritt, dem 11. Februar 2023.

Der einzige deutsche Papst

Zunächst die Frage: Welcher Papst war hier eigentlich vor 10 Jahren zurückgetreten und jetzt, am 31. Dezember 2022, gestorben? Die Antwort: Papst Benedikt passte so wenig in die Zeit wie der verhasste US-Präsident Donald Trump. Schon Benedikts Wahl zum Papst am 19. April 2005 war wohl ein kleiner »Unfall«. Denn seit dem Pontifikat von Hadrian VI. (1522–1523) war er der erste deutsche Papst seit 500 Jahren. Was heißt »deutsch«: »Wenn das Deutschsein im Sinne der deutschen Staatsangehörigkeit oder im Rahmen eines deutschen Nationalbewusstseins verstanden wird, war Benedikt XVI. der einzige deutsche Papst in der gesamten Geschichte der katholischen Kirche« (*Wikipedia*, abgerufen am 25.10.2023). Und das ging nun gar nicht. Denn global waren die Weichen bereits ganz anders gestellt, nämlich in Richtung der Schwächung und Abwicklung Deutschlands. Ein Deutscher als Oberhaupt der größten Weltreligion, der über 2 Milliarden Menschen angehören, war ein zu dicker Strich in der globalen Rechnung. Eine derartige Stärkung Deutschlands und der Deutschen passte überhaupt nicht ins Programm. Deutschland hatte sein globales und europäisches Reich verloren, jede weltliche Macht war ihm aus der Hand geschlagen worden, und nun sollte es das katholische Glaubensreich mit rund 2,5 Milliarden Gläubigen erobern? Aus der Sicht der Globalisten der reinste Wahnsinn.

Der Kampf um die Kirche

Aber die Kardinäle hatten Benedikt 2005 nicht umsonst gewählt, sondern mit einem klaren Kampfauftrag: Nämlich die katholische Kirche zu retten – und letztlich die Welt. Deshalb war es auch weit mehr als eine leere Floskel, als Benedikt nach seiner Wahl vor mehreren Hunderttausend Gläubigen auf dem Petersplatz von einem »unerhörten Auftrag« sprach, »der doch alles menschliche Vermögen überschreitet« (siehe: Predigt des Heiligen Vaters Benedikt XVI., Petersplatz, 24.04.2005). Wie wahr: Es war der vermutlich letzte Aufstand der katholischen Kirche und eines großen Deutschen gegen den globalen Irrsinn – bevor »Papst« Franziskus kam. Aus der Sicht der globalen Mafia widersprach Benedikts Wahl erstens eklatant dem hybriden Krieg gegen Deutschland, die zivilisierte Welt und die Menschheit überhaupt. Und zweitens widersprach sie diametral der geplanten Umgestaltung des Menschen, den Genexperimenten, dem Genderwahn und anderem mehr. »Kritiker beklagen einen Stillstand der katholischen Kirche während seines Pontifikats«, meinte denn auch der Deutschlandfunk (online, 31.12.2022). Richtig – denn das waren sowohl sein Ansinnen als auch sein Auftrag: Die schleichende Umgestaltung der Kirche und des Menschen aufzuhalten. Laut Deutschlandfunk war Benedikt »ein katholischer Hardliner, der gegen den Zeitgeist ankämpfte« – ebenfalls nachvollziehbar, wenn auch nicht korrekt (ebenda). Denn in Wirklichkeit glich Benedikt einem Bankdirektor, der sich angesichts einer Panzerknackerbande verzweifelt an dem Tresor mit den Kronjuwelen festklammerte. Und zwar nicht allein mit den Kronjuwelen der Bank beziehungsweise der Kirche, sondern auch mit denen ihrer »Kunden«, nämlich der Menschheit, der zentrale Werte und Lebensgrundlagen genommen werden sollen. Denn offen ist ja auch die Frage, wer eigentlich der ominöse »Zeitgeist« ist. Während Politik und Medien den Eindruck erwecken, der Zeitgeist sei so etwas wie ein Naturereignis oder eine spontane tektonische Verschiebung der geistigen und kulturellen

Erdplatten, gegen die wir nichts ausrichten können, wird der sogenannte »Zeitgeist« ja gemacht – und zwar von der Panzerknackerbande, welche die Menschheit ihrer Natur und ihrer Lebensgrundlagen berauben will. Darüber wurde in dieser Buchreihe schon ausführlich geschrieben. Zuletzt habe ich auf das britische Tavistock-Institut hingewiesen, das die menschliche Gesellschaft umkonstruiert und die Menschheit seit Jahrzehnten mithilfe von immer neuen Schocks steuert (siehe *verheimlicht – vertuscht – vergessen 2023*).

Ein Gefecht an vielen Fronten

Bei den Einflüsterern der schönen neuen Welt heißt das »Modernisierung«: Benedikt aber »stemmte sich gegen eine Modernisierung der Kirche, was ihm viel Kritik einbrachte«, so die *Süddeutsche Zeitung* (online, 31.12.2022). »Bald war er als Großinquisitor verschrien und lenkte die Kirche eher zurück als nach vorn«, jammerte auch der Deutschlandfunk. »Er bekämpfte die linke Befreiungstheologie, betrieb den Ausstieg der Deutschen Bischöfe aus der Schwangerschaftskonfliktberatung, vertrat eine rigide Sexualmoral und stemmte sich gegen Reformen« (online, 31.12.2022). Worin diese »Modernisierung« und diese »Reformen« bestehen sollten, wurde in der Zwischenzeit ja klar erkennbar: Freigabe von Schwangerschaftsabbrüchen, Anerkennung von Homosexualität und Homoehen, Auflösung der Familie und von Männer- und Frauenrollen, Auslieferung der Kinder an staatliche Strukturen, Überflutung Europas mit muslimischen Migranten, Auflösung der indigenen Bevölkerungen und der Nationalstaaten und anderes mehr. Das heißt: Benedikt kämpfte an vielen Fronten. 2006 verpasste er dem Islam gar eine indirekte Ohrfeige, indem er einen byzantinischen Kaiser mit den Worten zitierte: »›Zeig mir doch, was Mohammed Neues gebracht hat, und da wirst du‹, so sagt er, ›nur Schlechtes und Inhumanes finden, wie dies, dass er vorgeschrieben hat, den Glauben, den er predigte, durch das Schwert zu verbreiten‹« (*faz.net*, 10.10.2006). Oder durch die Machete, je nachdem.

Nachhilfe für den Bundestag

Nun ja, zwar sind die Gräuel des Christentums auch nicht von schlechten Eltern, aber solche Worte aus dem Munde eines Papstes ließen vor dem Hintergrund der sich anbahnenden Migrantenkatastrophe doch aufhorchen. Auch mit den Politikern hatte er ein Hühnchen zu rupfen. Am 22. September 2011 trat er im Deutschen Bundestag auf. Ein historisches Ereignis, so der CDU-Bundestagsabgeordnete Franz-Josef Holzenkamp aus Garthe, denn immerhin war es »die erste Rede eines Papstes vor einem gewählten deutschen Parlament« (*Wikipedia*, ebenda). »Es ist wahrlich ein historisches Ereignis«, befanden auch das Domradio und viele andere Medien: »Papst Benedikt XVI. spricht im Rahmen seines offiziellen Staatsbesuchs im Bundestag zu den deutschen Volksvertretern.« Deren Freude dürfte sich jedoch in Grenzen gehalten haben, denn der Papst redete unserer Legislative ins Gewissen und gab ihr Nachhilfe in Sachen Rechtsbildung und Humanität: »Nimm das Recht weg – was ist dann ein Staat noch anderes als eine große Räuberbande?«, watschte er die Abgeordneten mit den Worten des heiligen Augustinus ab – und beschrieb damit exakt den Zustand, in dem wir uns heute befinden. »Wir Deutsche wissen es aus eigener Erfahrung, dass diese Worte nicht ein leeres Schreckgespenst sind. Wir haben erlebt, dass Macht von Recht getrennt wurde, dass Macht gegen Recht stand, das Recht zertreten hat und dass der Staat zum Instrument der Rechtszerstörung wurde – zu einer sehr gut organisierten Räuberbande, die die ganze Welt bedrohen und an den Rand des Abgrunds treiben konnte. Dem Recht zu dienen und der Herrschaft des Unrechts zu wehren ist und bleibt die grundlegende Aufgabe des Politikers« (Ansprache von Papst Benedikt XVI., Berliner Reichstagsgebäude, 22.09.2011). Wie weise. Denn inzwischen werden wir alle immer mehr zu Opfern dieser Räuberbande, während das Recht zerfällt.

Wider die Genderideologie

Benedikt war auch ein entschiedener Gegner eines zentralen Programms der Neuen Weltordnung, nämlich der Relativierung und Abschaffung der Geschlechter. Er hatte etwas dagegen, dass an der Natur des Menschen und insbesondere der beiden Geschlechter herumgebastelt wird. Nach christlicher Auffassung sind Mann und Frau eben nicht irgendeine x-beliebige und verbesserungswürdige Laune der Natur und schon gar kein Produkt der Sozialisierung, sondern wurden von Gott so geschaffen. Nach dem biblischen Schöpfungsbericht gehöre es »zum Wesen des Geschöpfes Mensch, dass er von Gott als Mann und als Frau geschaffen ist«, sagte Papst Benedikt XVI. bei seiner letzten Weihnachtsansprache an die römische Kurie am 21. Dezember 2012, also nur kurz vor seinem »Rücktritt« (Ansprache von Papst Benedikt XVI. beim Weihnachtsempfang für das Kardinalskollegium, die Mitglieder der römischen Kirche und der päpstlichen Familie, Sala Clementina, 21.12.2012; siehe auch 11. Februar). »Diese Dualität ist wesentlich für das Menschsein, wie Gott es ihm gegeben hat«, so Benedikt weiter. Gerade »diese Dualität als Vorgegebenheit« werde nun aber »bestritten«, kritisierte der Papst und nahm damit Bezug auf den modernen Genderwahn, nach dem die Geschlechter angeblich anerzogen und nicht angeboren sind. Dabei bedarf es, um diese Vorstellung ad absurdum zu führen, nur eines Blickes auf den eigenen Unterleib: Lassen sich Penis und Vagina etwa »anerziehen«? Natürlich nicht. Und aufgrund ihrer biologischen Ausstattung können Mann und Frau gar nicht gleich sein, denn zu den unterschiedlichen Organen wurde den beiden Geschlechtern ein entsprechender Verhaltensapparat mitgegeben, der unter anderem von Hormonen gesteuert wird. Also von physiologischen Prozessen. Männliches und weibliches Verhalten sind also zum größten Teil biologisch determiniert.

Und er schuf sie als Mann und Frau

»Es gilt nicht mehr, was im Schöpfungsbericht steht«, fuhr der Papst im Dezember 2012 fort: »›Als Mann und Frau schuf ER sie‹ (Gen 1, 27). Nein, nun gilt, nicht ER schuf sie als Mann und Frau; die Gesellschaft hat es bisher getan, und nun entscheiden wir selbst darüber.« Mann und Frau würden »in ihrem Schöpfungsanspruch als einander ergänzende Gestalten des Menschseins bestritten«, so Benedikt. Und das habe weitreichende Folgen. Denn wenn es »die von der Schöpfung kommende Dualität von Mann und Frau nicht gibt, dann gibt es auch Familie als von der Schöpfung vorgegebene Wirklichkeit nicht mehr. Dann hat aber auch das Kind seinen bisherigen Ort und seine ihm eigene Würde verloren.« Mann, Frau, Vater, Mutter, Kind, Familie – all das wird also in der bisherigen Form nicht mehr existieren, und alle werden ihr warmes Nest verlieren, ihre Heimat und auch ihre Zukunft einbüßen. Da die biologischen Gegebenheiten und die daraus resultierenden sozialen Institutionen maßgeblich zum Aufstieg des Menschen, des Lebens und der Zivilisation überhaupt beigetragen haben, kann man sich »ausmalen«, wohin das führen wird – nämlich zum Untergang der Menschheit. Denn schließlich ist die Genderideologie auch nichts weiter als ein als modern verbrämtes Sterilisierungsprogramm, da »umoperierte« Menschen in der Regel unfruchtbar werden. Nicht einmal 2 Monate nach dieser Ansprache trat der Papst unter mysteriösen Umständen zurück (siehe 11. Februar) …

Thema des Monats

5.1. In China werden angeblich Leichen auf offener Straße verbrannt

1.1. In der Silvesternacht kommt es in einigen Großstädten zu Krawallen, wobei Einsatzkräfte mit Feuerwerk angegriffen werden – **1.1.** »Hartz IV« wird durch ein »Bürgergeld« abgelöst – ***5.1. Laut Medien werden in China Leichen auf offener Straße verbrannt – 5.1. Bestattung von Papst Benedikt XVI. in den vatikanischen Grotten (siehe 31. Dezember 2022 und 11. Februar 2023)*** – **11.1.** Räumung des von »Klimaaktivisten« besetzten Dorfes Lützerath beginnt – ***15.1. Sogenannte »TSA-Schlösser« erweisen sich als Humbug*** – **16.1.** Die deutsche Verteidigungsministerin Christine Lambrecht tritt zurück. Nachfolger wird Boris Pistorius – **19.1.** Die neuseeländische Premierministerin Jacinda Ardern kündigt ihren Rücktritt zum 7. Februar an – **25.1.** Bei einer Messerattacke in Brokstedt durch einen staatenlosen Palästinenser werden zwei Menschen getötet und fünf weitere teilweise schwer verletzt – **29.1.** Ein gewisser Ali Doğan wird im Kreis Minden-Lübbecke zum ersten Landrat mit Migrationshintergrund in Deutschland gewählt

5. Januar
China: Leichen brennen in den Straßen

Schockschwerenot! Die *Bild*-Zeitung wartet wieder einmal mit einem Knaller auf, der einem das Blut in den Adern gefrieren lässt. Sozusagen mit einem klassischen »Tavischock«, wie ich das einmal nach dem britischen Psycho-Institut Tavistock genannt habe. Und tatsächlich empfahl ja auch die Bundesregierung in einem internen Papier, den Leuten in Sachen Corona Angst einzujagen: »Um die gewünschte Schockwirkung zu erzielen, müssen die konkreten Auswirkungen einer Durchseuchung auf die menschliche Gesellschaft verdeutlicht werden«, hieß es da. Dazu empfahlen die Autoren, Horrorszenarien an die Wand zu malen, wie zum Beispiel erstickende Angehörige zu Hause, sterbende Eltern, die Kinder traumatisieren, sowie plötzliche Spättodesfälle durch Herzinfarkt oder Lungenversagen (VS – NUR FÜR DEN DIENSTGEBRAUCH: Wie wir COVID-19 unter Kontrolle bekommen, o. D., o. Verf.). Eine klassische Umsetzung der Tavistock-Strategien, Menschen durch Schocks zu beeinflussen – in diesem Fall sich impfen zu lassen. Und was die *Bild*-Zeitung am 5. Januar 2023 schrieb, schien geradewegs aus diesem Papier zu stammen: »Krematorien wegen Corona überfüllt«, hieß es in einer Riesenschlagzeile. Und: »In China werden Leichen auf der Straße verbrannt.« Bumm: Da war sie wieder, die Coronaangst. Jene Angst, die laut unserer Regierung gefördert werden soll.

14 000 Tote pro Tag?

Auf der abstrakten Ebene handelte es sich bei den »brennenden Leichen« um dasselbe Muster wie bei den Videos von kollabierenden Chinesen vom Januar 2020 und den angeblichen Leichenkonvois in Bergamo, Italien, vom April 2020. Im Januar 2023 aber sah man auf einem großen Farbfoto Menschen im Halbkreis um eine längliche Feuerstelle stehen und Gegenstände in die Flammen werfen – genau so, wie man auch Blumen oder Erde in ein Grab werfen würde: »Weil Bestattungsunternehmen keine Aufträge mehr annehmen, verbrennen immer mehr chinesische Familien ihre verstorbenen Angehörigen selbst«, stand unter der Aufnahme zu lesen. Unvorstellbar! Aber warum? Antwort: »Experten« aus dem Lande Tavistock, nämlich Großbritannien, »schätzen, dass sich aktuell etwa 2 Millionen Menschen täglich mit Covid infizieren – und mehr als 14 000 Menschen pro Tag sterben«, so *Bild*. »Die Lage ist so verheerend, dass Leichenhäuser und Krematorien in den Metropolen an ihren Grenzen sind. Anfragen werden abgewiesen, wie ›Bloomberg‹ berichtet. Den Menschen wird geraten, ihre Angehörigen selbst zu bestatten. Und so zeigen Videos auf Twitter, wie die Chinesen genau das tun: Ob in der Stadt oder am Straßenrand in ländlichen Gebieten – die Menschen sind gezwungen, die Verstorbenen zu verbrennen.«

Zahl der Coronatoten in Wahrheit ein Rätsel

Dabei bleibe die Gesamtzahl der Coronatodesfälle in China seit Dezember »ein Rätsel, da die Behörden nur eine Handvoll Todesfälle bestätigt haben«, heißt es in ein und demselben Bericht. »Die offizielle Zahl der Todesopfer für die gesamte Pandemie lag am 24. Dezember 2022, als die Zählung zuletzt aktualisiert wurde«, gerade einmal bei 5241. In China! Bei 1,3 Milliarden Einwohnern! Aber bestimmt liegt das nur an chinesischer Geheimniskrämerei. Die britischen »Experten« wären da sicher ganz anderer Meinung. Der Höhepunkt der jetzigen Welle dürfte nämlich »am 23. Januar erreicht werden – mit etwa 25 000 Toten pro Tag!« Wahnsinn! Und woher stammt diese Zahl? Antwort: aus »verschiedenen Modellrechnungen«. Naja, der Output eines solchen »Modells« wird vom Input bestimmt, und den kann man nach Belieben manipulieren. Trotzdem geisterte die Meldung von den brennenden Leichen in den Straßen durch die Medienlandschaft: *Bild*, ProSieben, RTL, *20 Minuten* und viele andere mehr berichteten darüber. Aber tatsächlich stammte die Nachricht aus dem angloamerikanischen Sprachraum. Die dortigen Medien waren nämlich einen Tag früher dran. Daher hatten die deutschen Berichterstatter die Geschichte wohl nur abgekupfert (jeweils übersetzt):

- »Chinesische Familien beginnen, die Leichen ihrer Angehörigen auf der Straße zu verbrennen, während sich die Toten in Krematorien und Bestattungsinstituten stapeln.« (*Daily Mail*, 04.01.2023)
- »Verbrannte Leichen in den Straßen Chinas, da die Zahl der Covidtoten stark ansteigt und die Bestattungsunternehmen überfordert sind.« (*Daily Mirror*, 04.01.2023)
- »Videos zeigen, wie Leichen in China auf der Straße verbrannt werden, weil sich die Krematorien in der Covidwelle füllen.« (*Yahoo News*, 04.01.2023)
- »Leichenverbrennung in den Straßen Chinas: Bestattungsunternehmen sind mit Covidtoten überfordert.« (*New York Post*, 04.01.2023)

- »Covidkrise in China: Pekinger Krankenhaus hat keine Betten mehr, weil die Zahl der Todesfälle steigt, verbrennen Familien Leichen auf der Straße.« (*Fox News*, 06.01.2023)

Wo ist die Leiche?

Und bekanntlich können sich so viele Medien und Qualitätsjournalisten unmöglich irren. Das heißt: Wer heute die Netzadresse des *Bild*-Artikels aufruft, erlebt eine Überraschung: Darunter findet man nunmehr einen gänzlich anderen Bericht. Von konkreten Leichenverbrennungen auf der Straße ist da nicht mehr die Rede: »Chinesen *wollen* ihre Verwandten selbst verbrennen«, heißt es jetzt in der Überschrift (Hervorhebung von mir; G. W.) »Wegen der Überforderung der Bestatter und der gestiegenen Kosten für Einäscherungen überlegen Menschen mittlerweile auch, ihre verstorbenen Verwandten selbst zu verbrennen.« Wieso »überlegen«? Hatte das Blatt zuvor nicht berichtet, dass derartige Leichenverbrennungen bereits stattfinden – untermauert von einem Videostandbild? Oder haben wir das etwa geträumt? Aber nein. Die Internetadresse des Artikels ist schließlich gleich geblieben: *https://www.bild.de/politik/ausland/news-ausland/corona-in-china-werden-leichen-auf-der-strasse-verbrannt-82450546.bild.html.* Na also! Was also war passiert? Ganz einfach: Das Ganze stank nach Tavistock. Der *Bild*-Artikel war eine kapitale Ente, die von der britischen Presse in die Welt gesetzt worden war. Und bei einem etwas eingehenderen Blick auf das entsprechende Video hätte man das auch sehr leicht herausfinden können, abgesehen von der mangelnden Plausibilität. Denn in Wirklichkeit würde eine ungenehmigte Leichenverbrennung in der Öffentlichkeit auch in China Feuerwehr und Polizei auf den Plan rufen. Und bei der von westlichen Medien aufgegriffenen »Leichenverbrennung« fehlte schon einmal die Hauptperson, nämlich die Leiche. Eine solche war beim besten Willen nicht zu erkennen, auch nicht schemenhaft. Vielmehr verbrannten die Menschen bunte Papiergebilde auf einem Haufen. Des Rätsels Lösung: Vermutlich handelte es sich bei dem Ereignis um das »Fest der hungrigen Geister«: »Was den Amerikanern Halloween ist, ist den Chinesen das Hungry Ghost Festival (auch bekannt als Zhong Yuan Jie auf Chinesisch), ein Fest zu Ehren der geliebten Verstorbenen«, heißt es auf der Website *visitsingapore.com* (Hungry Ghost Festival, o. D.). Und: »Gemäß der Tradition wandeln die Seelen der Toten während des Festes auf der Erde und könnten Schaden oder Unheil anrichten, falls man sie ignoriert. Um dies zu verhindern,

werden ihnen während dieses Zeitraums im 7. Monat des Mondkalenders alle möglichen Gaben dargebracht […], wie Autos, Uhren und Schmuck in Papierform, die von den Verwandten verbrannt werden, um ihre verstorbenen Familienmitglieder zu besänftigen – und sich auf diese Weise auch nach dem Tod um ihre materiellen Bedürfnisse zu kümmern.«
Während also *Bild* den Blödsinn unauffällig abänderte, hielten die britischen Medien tapfer an der einmal veröffentlichten Ente fest. Bis heute (Stand: 28. August 2023) stehen die entsprechenden Berichte im Internet, und es sind wahrscheinlich Millionen Menschen der Meinung, dass in China Leichen auf der Straße verbrannt wurden. Die viel wichtigere Beisetzung, die von der »Leichengeschichte« glatt übertönt wurde, fand am selben Tage im Vatikan statt: nämlich die Begräbnisfeier für Papst Benedikt XVI., der anschließend in den Vatikanischen Grotten bestattet wurde …

15. Januar
TSA-Schlösser: Es tut mir leid, Dave, aber das kann ich nicht tun!

An diesem Tag erlebte ich schon wieder eine böse Überraschung. Nein: keine Schlagzeilen oder Horrornachrichten. Sondern es ging um die Tücke des Objekts: Gerade wollte ich meinen Rucksack mit meinen darin befindlichen Tablets öffnen, da funktionierte das Fingerabdruckschloss nicht. Und dabei ist dieser Rucksack schließlich nicht irgendein Rucksack – und billig war er auch nicht: stichfest verstärktes Gewebe und Gurte, sodass man auch mit einem Messer nicht an den Inhalt herankommt, sowie eine eingebaute Powerbank, falls dem Handy mal der Saft ausgeht. Das Beste ist allerdings das erwähnte Fingerabdruckschloss, ohne das sich der Rucksack nicht öffnen lässt: Erst wenn man den Finger auf einen Sensor gelegt hat, gibt es die Reißverschlüsse frei. Normalerweise. Heute aber nicht. So oft ich den Finger auch auf den Sensor drückte, das Schloss weigerte sich, mich an meine Computer heranzulassen. Unwillkürlich fiel mir die Dialogzeile mit dem Bordcomputer »HAL« aus Stanley Kubricks Film *2001 – Odyssee im Weltraum* ein: »Es tut mir leid, Dave, aber das kann ich nicht tun!« (siehe auch 2. Februar). Wahrscheinlich hatte ich irrtümlich die Programmierung des Fingerabdrucks gelöscht. Was nun? Zwar kann man das Schloss auch mit einem Schlüssel öffnen, aber den hat nicht jeder. Denn es handelt sich um ein sogenanntes TSA-Schloss. TSA steht für Transport Security Administration. Diesen

Schlüssel haben nur Zoll- und andere Behörden, damit sie unser Gepäck durchsuchen können, ohne es aufschneiden zu müssen. In den USA erkennt man diese Leute an den großen Buchstaben TSA auf dem Rücken. »Entspannt in den Urlaub reisen und sich keine Sorgen um das Gepäck machen müssen«, heißt es zum Beispiel auf der Website *koffer-direkt.de*: »Verlässliche Schlösser an Ihrem Reisegepäck sind dafür unerlässlich, um Diebstahl und Missbrauch durch Schmuggler zu vermeiden.« Eben. »Bei Reisen in den USA sollten Sie zusätzlich darauf achten, dass Ihr Koffer mit einem TSA-Schloss ausgestattet ist.«

Psst! Streng geheim!

Denn: »Verschlossene Koffer und Trolleys werden mitunter gewaltsam geöffnet« (*koffer-direkt.de*: Was ist ein TSA-Schloss?, o. D.). Puh – wer will das schon! »Um das zu vermeiden, wurden sogenannte ›TSA-Schlösser‹ entwickelt. Sie sind mit einem Generalschlüssel zugänglich, mit dem nur TSA-Mitarbeiter die Koffer öffnen und wieder verschließen können.« Donnerwetter – sozusagen James-Bond-geprüft. Tatsächlich steht neben meinem TSA-Schloss auch die Bezeichnung »TSA007«. Humor haben sie ja schon. »Daher sind auch TSA-Zahlenschlösser zusätzlich mit einem Schlüsselschloss ausgestattet, welche nur autorisierten Beamten vorliegen«, heißt es auf der Website in krummem Deutsch. Klar – nur die vertrauenswürdigen Zoll- und Polizeibeamten können so ihre Nase in Ihre schmutzige Wäsche stecken. Was sind wir beruhigt. Die Schlösser haben sogar ein Gütesiegel: »Zugelassene Schlösser erkennen Sie an dem roten Logo in Diamantform (Travel Sentry) oder der roten Fackel (Safe Skies) […]. Die Travel-Sentry-Werkzeuge befinden sich ausschließlich im Besitz der Sicherheitsbeamten und stehen dem normalen Flughafenpersonal nicht zur Verfügung. Jedes Werkzeugset ist kontrolliertes Staatseigentum! Die meisten Gepäckkontrollstandorte sind zusätzlich mit Videoüberwachung ausgestattet.« Sehr gut! Als Ergänzung zu den eingebauten Kofferschlössern gibt es auch TSA-Vorhängeschlösser, die vom Besitzer mit einem Schlüssel oder Zahlencode bedient werden – abgesehen von dem streng geheimen »Generalschlüssel«, mit dem nur die Behörden an den Inhalt herankommen, versteht sich. So reisen Abermillionen Koffer und Rücksäcke mit TSA-Schlössern um die Welt, während sich ihre Besitzer in Sicherheit wiegen.

Staatsgeheimnisse bei Amazon

Und so habe ich mir, als ich mich nun vor meinem verschlossenen Rucksack mit den Laptops wiederfand, auch keine großen Chancen ausgerechnet. Dass ich derjenige sein würde, der versuchen würde, den verstärkten Sicherheitsrucksack aufzuschneiden, wäre mir im Leben nicht eingefallen. Aber das ist nun einmal die Crux mit allen Sicherheitseinrichtungen – dass sie am häufigsten den Berechtigten selbst am Zugriff hindern: Die Autoalarmanlage hupt drauflos, weil man den Schlüssel nicht schnell genug ins Schloss bringt, die heimische Sirene heult mitten in der Nacht auf, weil die Fernbedienung streikt, und am Gepäck kreischt die Alarmpfeife los, weil man gedankenlos zu seinem Koffer greift – ohne daran zu denken, dass der am Stuhl befestigt ist. Am Schluss schmeißt man alles weg – und das ist dann die Stunde der Einbrecher und Gepäckdiebe. Nun, was solls – ich suchte Rat im Internet. Als Erstes gab ich bei einer Suchmaschine den Suchbegriff »TSA-Schlüssel« ein. Prompt ploppten bei Amazon gleich mehrere Angebote auf: »2 Stück TSA-Schlüssel 007, TSA007-Schlüssel, Multifunktionale Gepäckschlüssel, Master Key für TSA007, kompatibel mit Gepäckkoffer.« Preis: Euro 7,99. Wie bitte: Staatsgeheimnisse bei Amazon? Für einen Spottpreis? Für jeden Gepäckdieb erschwinglich? Von wegen »Transport Security Administration«! Mit zitternden Fingern manövrierte ich die geheime Kommandosache in den Warenkorb und drückte auf »Kaufen«. Und es klappte! Allerdings hatte es den Nachtteil, dass die Schlüssel erst geliefert werden mussten. Verflixt. Ich aber musste sofort an die Computer heran. Aber wenn man die TSA-Schlüssel einfach kaufen konnte, dann könnte es mit der technischen Sicherheit der Schlösser womöglich auch nicht weit her sein, oder? Also suchte ich bei YouTube nach den Stichworten »TSA-Schloss öffnen«. Und flugs erklärte mir da ein gewisser Eric Schimmel auf seinem Kanal: »Ich zeige euch nochmal ein Kofferschloss. Und damit ihr einfach mal sehen könnt, dass nicht nur ich das kann, sondern auch jeder andere, habe ich meine Frau mal drangelassen, die eigentlich kein Faible für Schlösser oder irgendwas anderes hat«, sagte er wenig charmant (Eric Schimmel, YouTube, 11.09.2018).

Der ultimative Deppentest

»Schaut euch das Ganze nochmal an, wie lächerlich diese Schlösser sind, und tut da ja keine Sachen rein, wo ihr irgendwie gebrauchen könnt, wertvolle Sachen sowieso nicht«, meinte Herr Schimmel und fuhr ungerührt fort: »Dass ihr einfach mal seht, wie schnell so ein Schloss auf ist, und die Versicherung wird euch keinen Cent zahlen, weil es gibt keine Beweise dafür, dass das Schloss auf war.« Prompt sah man zunächst seine Männerhände mit einem Draht an dem Schloss herumfuhrwerken, woraufhin es sich nach wenigen Sekunden öffnete. »So, Leute, ich wollte euch nochmal zeigen, dass auch meine Frau das aufkriegt und damit auch jeder andere«, sagte Schimmel – was er wohl für den ultimativen Deppentest hielt. Dazu sah man ein hübsches weibliches Gesicht, und bevor man Mitleid mit der Dame bekommen konnte, machten sich ihre feinen Hände schon an dem Draht zu schaffen, woraufhin das TSA-Schloss aufsprang – buchstäblich im Handumdrehen. Na bitte! Ein Gepäckdieb kann sich also auch die 7,99 Euro für die TSA-Schlüssel sparen! Und was die zum Abschied leicht gequält lächelnde Frau Schimmel kann, kann ich schließlich schon lange! Also durchpflügte ich meinen Schreibtisch nach einem Stück Draht. Aber irgendwie musste ich die Dietriche bei meinem letzten Bruch verloren haben, sodass mir nur ein Cutter in die Hände fiel. Egal: Ich steckte die Spitze des Teppichmessers in das Schloss und fing an zu drehen. Nach nicht einmal 10 Sekunden war es offen. Bumm! Das also ist die Legende von den TSA-Schlössern!

An diesem Beispiel kann man sehen, wie auf der gesamten Welt ein Glaubenssystem konstruiert wird. Die Menschen kaufen Gepäckstücke mit diesen Schlössern und erwarten, dass sie sicher seien – außer bei den Behörden natürlich, die angeblich über einen Spezialschlüssel verfügen. Aber das ist reiner Humbug! Doch warum erzähle ich das? Ist das nicht eine Petitesse? Ich weiß nicht: Hier werden schließlich Abermillionen Menschen betrogen, in falscher Sicherheit gewiegt und um ihr Geld gebracht. Pars pro toto: so wird global häufig gearbeitet – in vielerlei Hinsicht. Ob das nun die Mondlandung ist, der *Titanic*-Untergang oder der Ukrainekrieg: Auch dabei werden solche Bluff-Techniken eingesetzt. Derartig konstruierte Illusionen gibt es auf vielen Gebieten. Dabei werden Produkte geschaffen, die nicht nur nutzlos, sondern oft sogar schädlich sind, wie etwa die Coronaimpfung. Kurz: Die Sache mit den TSA-Schlössern ist eine Parabel auf die Konstruktion unserer Realität. Oft steckt dahinter nichts weiter als ein dummer Bluff …

Februar 2023

Thema des Monats

11.2. Papst und Antipapst: der »Rücktritt« Papst Benedikts XVI. vor 10 Jahren

1.2. Helle Aufregung wegen eines chinesischen Beobachtungsballons über den USA – ***2.2. Der Sprachroboter ChatGPT stellt einen neuen Benutzerrekord auf (siehe 1. November) – 6.2. War das schwere Erdbeben in der Türkei eine Waffe? – 8.2. Der international bekannte Journalist Seymour Hersh bringt fragwürdigen Artikel zur Sprengung der Pipeline Nord Stream heraus – 11.2. Vor 10 Jahren trat Papst Benedikt XVI. von seinem Amt zurück – 11.2. Demonstrationen gegen Justizreform in Israel (siehe 7. Oktober)*** – **12.2.** Die SPD erreicht bei der Wiederholungswahl zum Berliner Abgeordnetenhaus ihr schlechtestes Ergebnis seit 1949 – **13.2.** Die CDU bringt ein Ausschlussverfahren gegen den früheren Präsidenten des Bundesamtes für Verfassungsschutz, Hans-Georg Maaßen, auf den Weg – **28.2.** Bei einem Eisenbahnunglück in Griechenland sterben mindestens 57 Menschen

6. Februar
Türkei: Erdbeben als Waffe?

Diyarbakır, eine Stadt im Südosten der Türkei, in der Nähe der türkisch-syrischen Grenze. Ein Erdbeben hat die Metropole getroffen. Bräunlicher Staub liegt in der Luft. Menschen rennen um ihr Leben. Ganze Gebäudereihen liegen flach wie zusammengestürzte Kartenhäuser. Breite Straßen und große Kreuzungen sind am sichersten. Denn auch Bauwerke, die noch stehen, sind gefährlich. Viele sind tödlich getroffen und fallen aus den Straßenzügen heraus wie faule Zähne aus einem kranken Gebiss. Man weiß nie, wo das nächste Haus herunterkommt. Zurück bleiben nur Trümmerhaufen, Tote und Verletzte. Diyarbakır ist aber nur ein Zentrum der Zerstörung. Eine Schneise der Verwüstung zieht sich von Samandağ über 100 Kilometer nordöstlich bis etwa Malatya. Teile Syriens und der Türkei wurden buchstäblich zerrissen. Die Landschaft wird von tiefen Gräben durchzogen, manchmal in den Ausmaßen von kleinen Canyons. Asphaltstraßen, Start- und Landebahnen von Flughäfen haben sich in unbefahrbare Buckelpisten mit teilweise metertiefen Löchern und Rissen verwandelt. Die Schäden an der Infrastruktur sind unbezahlbar. Um die tausend Hochhäuser wurden dem Erdboden gleich gemacht. In İskenderun in der Südtürkei wurde ein Hafen zerstört. Mit Stärke 9 (»verwüstend«) auf der Mercalliskala waren die Erdstöße mit das stärkste Beben, das die Türkei seit Beginn der Aufzeichnungen je getroffen hat. Bis Mitte März wurden über 56 000 Todesopfer gezählt. Kein Zweifel: Der Himmel zürnt der Türkei. Allah hadert mit Erdoğan. Die Frage ist nur: Wer ist Allah? Dumme Frage: Gott im Himmel natürlich! Wer sollte denn sonst Erdbeben auslösen?

Hand in Hand in die NATO

Eben. Doch der Reihe nach: Wie ich in meinem vorangegangenen Jahrbuch 2023 bereits ausgeführt habe, fuhren die USA mit dem russischen Einmarsch in der Ukraine eine reiche Ernte ein. Schon am 7. Februar 2022, also kurz vor der russischen Offensive, listete der amerikanische Politologieprofessor Jack Rasmus zehn Gründe auf, »warum die US-Eliten daran interessiert sein könnten, dass Russland in die Ukraine einmarschiert« (*globalbridge.ch*, 21.05.2022). Ich selbst fügte noch etwa dreißig weitere Positionen hinzu. Und während die US-Speisekarte nach dem russischen Einmarsch vom 24. Februar 2022 Punkt für Punkt abgearbeitet wurde, haperte es ausgerechnet bei einem der wichtigsten Posten: dem NATO-Beitritt Schwedens und Finnlands – ein feuchter Traum der US-Strategen und ein wichtiger Teil des dialektischen Prozesses nach dem russischen Einmarsch in die Ukraine. Denn logischerweise wollten die USA die seit nunmehr 3 Jahrzehnten betriebene NATO-Osterweiterung jetzt fortsetzen. Schweden und Finnland standen da auf dem Wunschzettel ganz oben, weil Schweden Russland am Bottnischen Meerbusen gegenüberliegt und Finnland direkt an Russland grenzt. Damit wären die Ostsee, der Bottnische und der Finnische Meerbusen komplett von NATO-Ländern umgeben. Daher säßen russische Handels- und Kriegsschiffe, die in die Ostsee wollen, in der Mausefalle. Im Konfliktfall müssten sie von oder nach St. Petersburg (wichtigster russischer Ostseehafen) ausschließlich zwischen Feinden hindurchfahren. Tatsächlich stellten die Regierungschefinnen der beiden skandinavischen Länder am 18. Mai 2022 denn auch im Gleichschritt einen Beitrittsantrag zu dem Bündnis. Oder sagen wir lieber: »Hand in Hand«, wie die Systempresse romantisch schrieb.

Ein Verdienstorden für Putin?

Einem Happy End stand also nichts mehr im Wege. Es fehlte eigentlich nur noch die »Verleihung eines Verdienstordens an den russischen Präsidenten Putin anlässlich seiner besonderen Verdienste um die Förderung der sicherheitspolitischen Bedeutung und Anziehungskraft der Allianz«, spottete die Website *CRP Politikalmanach* (*crp-infotec.de*: NATO – Entwicklung und Mitgliedschaft, o. D.). Ja, der Putin! In *verheimlicht – vertuscht – vergessen 2023* hatte ich ja schon gefragt, ob der vielleicht Bidens bester Mann sei. In dem Finanzmagazin *Smart Investor* lieferte der Wirtschaftsexperte Ernst Wolff dazu die passende Antwort: »Um Putin einzuschätzen, muss man nur die Frage stellen, wem seine Kriegspolitik nützt. Die Antwort fällt klar und eindeutig aus: der internationalen Rüstungsindustrie, hinter der als Hauptaktionäre die Vermögensverwalter mit BlackRock und Vanguard an der Spitze stehen; außerdem all den Politikern, die angesichts ihrer Probleme auf einen äußeren Feind deuten können und von denen wiederum sehr viele aus der WEF-Kaderschmiede der Young Global Leaders stammen« (*Smart Investor*, 4/2023, S. 24).

Der Finstermann vom Bosporus

Alles sah also nach einem Happy End aus für die NATO und die Hochfinanz. Wenn da nicht der böse Schwiegervater vom Bosporus gewesen wäre: Erdoğan, der Finstermann. Denn NATO-Beitritte müssen nun einmal von allen Mitgliedern einstimmig bejaht werden. Erdoğan aber stellte sich der Traumhochzeit zwischen den Kriegstreibern von Brüssel und den beiden skandinavischen Teufelsbraten beziehungsweise -bräuten in den Weg. Begründung: die angeblich laxe Haltung beider Staaten gegenüber der kurdischen Arbeiterpartei beziehungsweise Terrororganisation PKK. In Wirklichkeit wollte der Schwiegervater noch eine Aussteuer haben und seine Zustimmung zum NATO-Beitritt Schwedens so teuer wie möglich verkaufen. Auf seiner Wunschliste stand die Auslieferung von 130 Mitgliedern der Gülen-Bewegung sowie Anhängern der PKK aus Schweden. Außerdem hätte Erdoğan gern vierzig F-16 Kampfjets und weitere Rüstungsgüter von den USA gehabt (Deutschlandfunk, online, 19.02.2023). Zwar unterzeichneten die drei Länder am 28. Juni 2022 ein Memo, in dem die Türkei ihren Widerstand gegen den NATO-Beitritt Schwedens und Finnlands aufgab. Aber nur scheinbar: Der böse Schwiegervater hatte da noch ein paar Folterwerkzeuge im Keller. So wollte er die Beitrittsprotokolle für die beiden Länder ums berühmte Verrecken nicht ratifizieren. Bis zum 27. September 2022 bestätigten so nur 28 von dreißig NATO-Staaten die Beitrittsprotokolle für die beiden neuen Mitglieder – bis auf Ungarn und die Türkei: »Der ungarische Parlamentspräsident László Kövér warnt davor, dass die geplanten NATO-Beitritte Finnlands und Schwedens die Wahrscheinlichkeit für militärische Konflikte erhöhen könnten«, so die österreichische Zeitung *Die Presse* (online, 04.03.2023).

Was ist eigentlich die NATO?

Wie recht der Mann hatte! Denn sind wir doch einmal ehrlich: Was ist eigentlich die NATO? Antwort: Die NATO ist eine Kriegsallianz, in der die USA Verbündete für den Endkampf um die Welt rekrutieren, insbesondere gegen den Osten, sprich: gegen Russland und China. Rein theoretisch handelt es sich zwar um ein Verteidigungsbündnis auf Gegenseitigkeit: Laut Artikel 5 des NATO-Vertrages wird ein bewaffneter Angriff gegen eines oder mehrere Mitglieder in Europa oder Nordamerika »als ein Angriff gegen sie alle angesehen«, sodass jedes NATO-Land der angegriffenen Partei Beistand leisten muss. Rein theoretisch. Denn wie die Partei heißt, die angegriffen wird, weiß man schon jetzt: die USA. Und wer Beistand leisten muss, weiß man auch, nämlich der Rest der NATO. Tatsächlich sind die USA bisher das einzige Land, für das Artikel 5 jemals ausgelöst wurde (nach dem 11.09.2001), und dabei wird es wahrscheinlich auch bleiben. Wie die Auslösung erfolgt, dürfte ebenfalls klar sein. Da nach Artikel 5 dafür ein Angriff nötig ist, wird es wahrscheinlich einen fingierten Überfall seitens Russlands oder Chinas auf die Vereinigten Staaten geben. Notfalls auch auf einen Verbündeten, sodass der Rest der NATO dem Land beispringen muss, während die USA im Hintergrund warten, bis sie die Ernte einfahren können. Im Grunde genommen ist der Krieg in der Ukraine dafür schon die Generalprobe. Man kann davon ausgehen, dass hier bereits ein NATO-Einsatz geprobt wird. Unterhalb der NATO-Schwelle findet hier fast alles statt, was auch in einem NATO-Bündnisfall stattfinden würde, nur ohne dass NATO »draufsteht«. Wann der Überfall erfolgen wird, ist übrigens auch klar, nämlich wenn die NATO vollständig ist, sprich alle Mitglieder hat, die wünschenswert und möglich sind. Und so betätigte sich Erdoğan mit seiner Blockade gegen Schweden und Finnland geradezu als Kriegsbremser. Die Aufnahme neuer NATO-Mitglieder hat nämlich eine Doppelfunktion: Kampfkraft gegen den Feind zu gewinnen und dem Feind Kampfkraft zu nehmen. Denn sonst könnten manche Länder ja neutral bleiben oder sich auf die Seite Russlands stellen, wie zum Beispiel Finnland, das der Sowjetunion schon immer etwas näher stand als andere Staaten.

Der Problembär der NATO

Kurz und gut, die Türkei ist der Problembär der NATO: »Für einige westliche Diplomaten ist Ankara zu einem schwer durchschaubaren, unzuverlässigen Partner geworden, dessen Präsident häufig als Quertreiber wahrgenommen wird. 2009 hatte er versucht, die Ernennung eines neuen NATO-Vorsitzenden aus Dänemark zu verhindern, weil das Land zu nachsichtig auf Cartoons des Propheten Mohammed reagiert habe und kurdische Rebellen unterstütze. Einige Jahre später zögerte Erdoğan die Umsetzung eines NATO-Verteidigungsplans für Polen und die baltischen Staaten um Monate hinaus, weil er vom Bündnis forderte, syrisch-kurdische Kämpfer als Terroristen einzustufen.« Außerdem seien da noch Erdoğans »zeitweilig sehr vertraute Beziehungen mit dem russischen Präsidenten Wladimir Putin« (Deutsche Welle, online, 10.03.2023). So kaufte Ankara seine Luftabwehrraketen schon mal lieber in Moskau ein statt in den USA. »Das bedeutet, dass sie dann 100 oder 200 russische Berater in türkischen Militärstützpunkten sitzen haben neben türkischen Luftwaffenoffizieren, die für die NATO arbeiten. Das allein ist schon unglaublich«, erklärte der ehemalige Botschafter der EU in der Türkei, Marc Pierini, laut Deutschlandfunk (siehe unten). Denn schließlich flog die türkische Luftwaffe auch jene amerikanischen Kampfjets, die im Ernstfall durch die russischen Raketen abgeschossen werden könnten. Pierini: »Die Türkei ist für Russlands Präsident Putin ein sehr interessantes Werkzeug, um die NATO zu untergraben« (DLF, ebenda).

Das Problem Erdoğan

»Sie sehen wie Freunde aus, aber sie wollen uns tot sehen, sie mögen es, unsere Kinder sterben zu sehen«, schimpfte Erdoğan. Donnerwetter! Nicht gerade eine innige Freundschaft innerhalb der NATO! »Das Verhältnis der NATO mit Bündnispartner Türkei ist inzwischen durch zahlreiche Themen belastet. Eine Entspannung ist nicht in Sicht«, schrieb der Deutschlandfunk am 16. Februar 2018. Ja, »nichts scheint undenkbar angesichts des Zustands völliger Zerrüttung, in dem sich die Beziehungen Ankara–Washington befinden«, konstatierte der Sender. Zwischendurch drohte Erdoğan den USA gar »mit einer ›osmanischen Ohrfeige‹« (*DiePresse.com*, 14.02.2018).
Ob das wirklich klug war? Zuletzt sah nämlich Erdoğans Doggengesicht ziemlich zerknautscht aus. Und zwar nach dem Erdbeben vom 6. Februar. Schätzungsweise 60 000 Tote und 110 000 Verletzte, etwa 230 000 zerstörte Gebäude sowie kaputte Straßen, Wasser- und Stromleitungen sowie Mobilfunkantennen. Sachschaden: mehr als 100 Milliarden Dollar. In Syrien sollen noch einmal 7000 Menschen gestorben sein. 3 Monate vor den Wahlen am 14. Mai 2023 wurde das Erdbeben politisch gegen Erdoğan in Stellung gebracht. Die Vorwürfe reichten von der nachträglichen Genehmigung nicht erdbebensicherer Gebäude bis hin zu mangelhaften Investitionen in den Erdbebenschutz und Aushöhlung der Katastrophenschutzbehörden. Das Erdbeben habe das »ganze System Erdoğan« erschüttert, schrieb die *Süddeutsche Zeitung*: »Ein Großteil der betroffenen Provinzen wird von seiner AKP regiert« (online, 01.03.2023). Kurz: Zunächst einmal bekam die Türkei eine Watschn – natürlich von Allah. Erdoğans Gegenkandidat Kemal Kılıçdaroğlu ergriff danach die Gelegenheit beim Schopfe und versicherte Allah beziehungsweise den USA, die Türkei werde im Falle seines Wahlsieges ihren Konfrontationskurs

innerhalb der NATO aufgeben »und nicht mehr den Beitrittsprozess Schwedens und Finnlands blockieren. ›Ich denke, dass eine Mitgliedschaft Schwedens und Finnlands die Sicherheit einer kollektiven Verteidigungsorganisation wie der NATO erhöhen und stärken wird‹«, diente sich Kılıçdaroğlus außenpolitischer Berater Ünal Çeviköz der NATO an (*Frankfurter Rundschau*, online, 16.03.2023). Prompt sahen die Medien Gegenkandidat Kılıçdaroğlu in Umfragen vor Erdoğan (*Münchner Merkur* am 13.03.2023). Glänzende Aussichten für eine erdbebenfreie Ära in der Türkei? Deshalb nochmals die Frage: Wer ist denn nun eigentlich der Mann über Erdoğan: Allah oder der große alte Mann in Washington?

Künstliches Erdbeben?

Dumme Frage: Erdbeben kann schließlich nur Gott persönlich schicken! Alles andere sind Verschwörungstheorien: »Aktuell laufen sehr viele Spekulationen, dass das Erdbeben in der Türkei nicht natürlicher Herkunft ist«, schrieb ein türkischer Leser auf dem Telegram-Kanal des bekannten Bloggers Dr. Bodo Schiffmann. »Während man diese Spekulation in deutschen Telegram-Kanälen eher im geringen Umfang liest, geht es in der Türkei ziemlich zu[r Sache]. Die Gerüchte haben sich so massiv ausgebreitet, dass mehrere Politiker sich im TV dazu äußern mussten. Sprich: alle türkischen Sozialen Medien und Apps sind voll damit und es herrscht politischer Druck.« Kurz und gut: die türkische Öffentlichkeit war aufgebracht, weil sie das Erdbeben für künstlich verursacht hielt! Davon haben wir hierzulande ja gar nichts mitbekommen! »Insbesondere wird hierbei gefragt«, so der Türke weiter, »wie es sein kann, dass internationale Botschaften 2 Tage vorher schließen und verschwinden, als hätte man es gewusst.« Und das ist nun einmal keine Verschwörungstheorie: »Mehrere europäische Länder, darunter Deutschland, haben ihre Generalkonsulate in Istanbul vorläufig geschlossen«, berichtete die Website *Reise vor9* [die Schreibung erfolgt tatsächlich so; G. W.] am 2. Februar 2023, also 4 Tage vor dem Beben. Begründung war aber nicht die Angst vor einem Erdbeben, sondern »die Sorge vor erhöhter Anschlagsgefahr, nachdem ein schwedischer Rechtsextremist vor der türkischen Botschaft in Stockholm einen *Koran* verbrannt hatte«. Ach so: »Anschlagsgefahr«. »Auch die schwedische Botschaft in Ankara und das Generalkonsulat des Landes in Istanbul sind für Besucher geschlossen.« Das britische Generalkonsulat reagierte entsprechend. »Die Schweiz schloss ihre Botschaft in Ankara und das Generalkonsulat in Istanbul ebenfalls. Großbritannien und die USA hatten bereits vergangene Woche vor einem erhöhten Anschlagsrisiko in der Türkei gewarnt.« – »Terrorgefahr oder Psycho-Terror?«, fragte der *Tagesspiegel*: »Zwischen der Türkei und dem Westen bahnt sich eine neue Krise an« (03.02.2023). Am 3. Februar meldete auch die *Stuttgarter Zeitung*, in Ankara seien »Botschaften geschlossen« worden. »Der Grund seien ›präzise und konkrete‹ Hinweise auf ein geplantes Attentat, heißt es in Kreisen westlicher Diplomat:innen«, schrieb die *Frankfurter Rundschau*. Und: »Die Schweiz spricht von ›greifbaren Informationen über einen drohenden Terroranschlag‹.« Die rumänische Rechtsanwältin und Politikerin Diana Iovanovici Şoşoacă behauptete sogar, kurz vor dem Erdbeben seien alle Pipelines in der Türkei geschlossen worden.

Erdbeben auf Knopfdruck?

Aber siehe da: Der offenbar schon fest einkalkulierte Terroranschlag fiel dann doch aus. Stattdessen gab es ein Erdbeben. Oder war etwa das Erdbeben der Terroranschlag? Da kann man ganz schön durcheinanderkommen. Aber Erdbeben sind bekanntlich gottgegeben – siehe oben. Künstliche Erdbeben sind dagegen schlichter Blödsinn. Also legen wir uns wieder hin. Moment! »Eine solche Bauchreaktion wird den wissenschaftlichen Tatsachen aber wohl nicht gerecht«, schrieb vor Jahren schon Jerry E. Smith, Autor des Buches *Weather Warfare* (zu Deutsch: »Wetter-Kriegführung«, Kempton, Illinois, 2006). »Tatsächlich haben Wissenschaftler auf der ganzen Welt verschiedene Mechanismen erkannt und dokumentiert, mit deren Hilfe menschliche Aktivitäten Erdbeben ausgelöst haben.« Die Vereinten Nationen jedenfalls hatten schon 1976 vorsichtshalber ein entsprechendes Verbot verabschiedet: die »Konvention zum Verbot des militärischen oder sonstigen feindlichen Gebrauchs von Techniken zur Modifizierung der Umwelt«, wozu auch künstliche Erdbeben zählen. Ein solches Verbot wäre natürlich vollkommen überflüssig, wenn »Techniken zur Beeinflussung der Erdkruste« nicht schon vor 35 Jahren verfügbar gewesen wären oder sich nicht zumindest am Horizont abgezeichnet hätten. »Ausdrücklich erwähnt sind: Erdbeben, Flutwellen, Störung des ökologischen Gleichgewichts einer Region, Änderungen von Wetterstrukturen wie Wolken, Niederschlägen, Wirbelstürmen verschiedener Art und Tornados, Änderungen der Klimastrukturen, Änderungen der Meeresströmungen, Änderungen des Zustands der Ozonschicht sowie Änderungen des Zustands der Ionosphäre […]« (kla.tv: »Erdbeben in der Türkei – Naturkatastrophe oder militärische Machtdemonstration?«, 04.03.2023). »Die USA unterzeichneten die freiwillige Verpflichtung jedoch mit bestimmten Vorbehalten, deren Inhalt bis heute nicht öffentlich zugänglich ist« (kla.tv, 04.03.2023).

Ein Erdbeben als Vermittler

Das Problem besteht darin, dass Verstöße gegen den Vertrag kaum nachweisbar sind. Dass zum Beispiel ein Erdbeben auf eine bewusste Manipulation (siehe unten) zurückgeht, lässt sich in der Praxis kaum kausal belegen. Letztlich weiß man es nicht – jedenfalls nicht die Öffentlichkeit. Wie gesagt, es ist das Wesen des hybriden Krieges, dass er schwer zu beweisen ist. Kritiker dieser Spekulationen über eine »tektonische Attacke« gaben zu bedenken, das Erdbeben sei genau an einer natürlichen Verwerfungslinie entstanden. Aber das wäre auch im Fall einer künstlichen Auslösung zu erwarten gewesen.
Während Finnland am 4. April 2023 Mitglied der NATO wurde, ging in Sachen Schweden trotz Erdbeben jedoch nichts voran: »Wie lange blockiert der türkische Präsident Erdoğan noch den Beitritt von Schweden und Finnland zum Militärbündnis?«, fragte die *Bild*-Zeitung 9 Tage nach dem Beben ungeduldig. »Seit bald einem Jahr ringen 28 der 30 NATO-Mitgliedstaaten mit der Türkei und Ungarn um die Aufnahme von Finnland und Schweden.« Doch nun habe die NATO der Türkei nach dem Erdbeben die Hand gereicht und umfangreiche Hilfe angeboten. Und die konnte man doch unmöglich abschlagen, oder? Und wenn man so großzügig geholfen bekommt, dann wird man sich doch sicher revanchieren und seinerseits der NATO helfen? So habe das schreckliche Erdbeben in der Türkei »vielleicht auch EIN Gutes«, so die *Bild*: »NATO und Türkei finden zueinander« (online, 15.02.2023). Das Erdbeben als Katalysator und Friedensstifter. Doch diese Rechnung ging vorerst nicht auf. Schweden ist bis heute nicht Mitglied der NATO: Die Türkei trat nach wie vor auf die Bremse, und auch Ungarn verzögerte die Ratifizierung von Schwedens Beitritt. Erst am 23. Oktober kam die Meldung, das türkische Parlament werde sich nun mit dem Beitritt Schwedens zur NATO »befassen« …

P. S.: Nach Redaktionsschluss sagte ein Ex-Angestellter des Rüstungskonzerns Raytheon (»Strahlen Gottes«) namens Eric Hecker in der populären YouTube-Show *PDB Podcast*, in der schon viele Prominente interviewt wurden, einschließlich George W. Bush und Jordan Peterson, unter der Antarktis würden riesige Energiewaffen existieren, die bereits 2011 »irrtümlich« zwei Erdbeben in Neuseeland verursacht hätten. Laut Hecker sollen Nationen bedroht worden sein, wenn sie nicht mit bestimmten globalen Agenden kooperierten. Was das »große Erdbeben« in der Türkei betreffe, habe Joe Biden den Türken »direkt gedroht, ihnen ein Erdbeben zu schicken, und dann haben sie ein Erdbeben bekommen, als sie nicht auf ihn gehört haben« (*PDB Podcast*, YouTube, 15.11.2023).

8. Februar
Nord Stream: in den Tiefen der Desinformation

Hurra! Jetzt wissen wir endlich, wer am 26. September 2022 die Gaspipelines Nord Stream 1 und 2 gesprengt hat! Viele hatten es ja schon vermutet, aber jetzt haben wir es quasi amtlich: die Amerikaner waren es! Wir haben es doch gleich gewusst. Am 8. Februar 2023 lüftete der bekannte US-Journalist Seymour Hersh das Rätsel. In einem spektakulären Artikel enthüllte er die Täterschaft der USA. Denn niemand anderer als die Vereinigten Staaten kämpften schließlich seit Jahren verbissen gegen die russisch-deutsche Pipeline, quasi die Verkörperung des alten angloamerikanischen Albtraums von einer deutsch-russischen Rohstoffallianz. Die US-Regierung gab schon immer mehr oder weniger unverhohlen an, die Pipeline stoppen zu wollen. So oder so:

- Bereits im Jahr 2014 verlangte die ehemalige US-Außenministerin Condoleezza Rice, »wir brauchen härtere Sanktionen [...], es muss wahrscheinlich Öl und Gas betreffen [...]. Dies ist eines der wenigen Instrumente, die wir haben [...]. Langfristig wollen wir die Struktur der Energieabhängigkeit ändern [...]. Wir wollen uns mehr auf die nordamerikanische Energieplattform stützen, auf die enormen Öl- und Gasvorkommen, die wir in Nordamerika finden [...]« (N24 zitiert nach: »US gas for Europe Condoleezza Rice peddles energy 2014«, YouTube, 04.10.2022). Eine regelrechte Vorwegnahme der Nord-Stream-Attacke, die dazu führte, dass Deutschland künftig US-Flüssiggas importieren muss.
- Mitte Januar 2022 hatte die US-Staatssekretärin Victoria Nuland (»Fuck the EU«) bei einem Briefing des Außenministeriums höchst

offiziell verkündet: »Ich möchte Ihnen heute ganz klar sagen, wenn Russland in die Ukraine einmarschiert, wird Nord Stream 2 auf die eine oder andere Weise nicht vorankommen« (Facebook: U.S. Departement of State, 27.01.2022).

- Am 7. Februar 2022, weniger als 3 Wochen vor dem russischen Einmarsch in die Ukraine, schlug US-Präsident Biden dem deutschen Bundeskanzler Olaf Scholz bei einem Besuch im Weißen Haus vor versammelter Mannschaft ins Gesicht: »Wenn Russland einmarschiert [...], wird es kein Nord Stream 2 mehr geben. Wir werden dem ein Ende setzen.« Auf die Frage, wie er das zu tun gedenke, erwiderte er: »Ich darf Ihnen versprechen, dass wir dazu in der Lage sein werden« (*euraktiv.de*, 08.02.2022).
- Am 31. Mai 2022 tauchten polnische Greenpeace-Aktivisten zu den Pipelines hinunter, um gegen sie zu demonstrieren (*media.greenpeace.org*, 06.08.2022).
- Am 14. Juni 2022 fabulierte Klima-Naseweis Luisa Neubauer darüber, die größte Öl-Pipeline der Welt in die Luft zu sprengen, die East African Crude Oil Pipeline (*Berliner Zeitung*, online, 14.06.2022).
- Am 23. August 2022 forderte der deutsche NATO- und EU-Verbündete Polen einen Abriss von Nord Stream 2 (*rnd.de*, 23.08.2022).
- Am 22. September 2022 teilte der russische Geheimdienst FSB mit, am Tag zuvor einen ukrainischen Anschlag auf die Pipeline Turkstream vereitelt zu haben (*RIA Novosti*, online, 22.09.2022).
- Am 22. September 2022 passierte ein großer US-amerikanischer Flottenverband die Insel Fehmarn nicht weit von der späteren Anschlagsstelle (*kreiszeitung.de*, 22.09.2022).
- Am 19. und am 26. September 2022, dem Tag der Sprengung, wurden in der Nähe US-Luftstreitkräfte festgestellt (Quelle: *Flightradar24*, zitiert nach Telegram: Russländer & Friends, 28.09.2022).
- Am 26. September 2022 wurden drei Stränge der vier Nord-Stream-Pipelines gesprengt.
- Kurz danach soll die damalige britische Außenministerin Liz Truss an den seinerzeitigen US-Außenminister gesimst haben: »It's done« (*Exxpress*, online, 31.10.2022).
- Am nächsten Tag, dem 27. September 2022, wurde die Baltic Pipeline zwischen Norwegen, Dänemark und Polen eröffnet (*Handelsblatt*, online, 27.09.2022).
- Gleichzeitig bedankte sich der polnische Politiker Radek Sikorsky, Mitglied des Europäischen Parlaments, bei den USA für die Sprengung (*Berliner Zeitung*, online, 28.09.2022).

Eine abwegige Räuberpistole

Ein ziemlich starker Fall also. Schließlich passt die Pipelinesprengung auch perfekt zum hybriden Krieg der USA gegen Deutschland, Europa und Russland. Aber während sich damit die Spur in die USA scheinbar verdichtete, starteten die US-freundlichen Medien in Deutschland einen Entlastungsangriff und machten ein ganz anderes Fass auf: »Wie ein Rechercheverbund aus ARD-Hauptstadtstudio, SWR-*Kontraste* und der *Zeit* berichtet, sollen die Saboteure der Nord-Stream-Pipeline mittels Segelyacht zum Tatort gelangt sein« (*Yacht*, online, 10.03.2023). Wow: ARD-Hauptstadtstudio, SWR-*Kontraste* und *Zeit* versuchten also, den Verdacht von den USA abzulenken. Und *Der Spiegel* natürlich: »Bei einem in Breege ansässigen Vercharterer soll *Spiegel*-Recherchen zufolge die Bavaria 50 *Andromeda* mithilfe falscher Pässe gechartert und mit dem Sprengstoff beladen worden sein. Anschließend, so hieß es zunächst bei der *Zeit*, sei die Yacht in den Hafen Wieck auf dem Darß eingelaufen.« Demnach soll die Nord-Stream-Sprengung so eine Art Privatvergnügen von dubiosen ukrainischen Geschäftsleuten gewesen sein, welche die Yacht *Andromeda* gechartert hatten. Aber leider ist das unwahrscheinlich. Denn wer die entsprechenden Berichte liest, trifft auf ein Verwirrspiel aus Alias-Namen und heißer Luft. Überdies hat der erwähnte Hafen »gerade mal 1,40 Meter Wassertiefe, zu wenig für die Bavaria 50« (*Yacht*, ebenda) – zumal dann, wenn diese mit einer halben Tonne Sprengstoff beladen gewesen sein sollte. Diese Geschichte soff also schon ab, bevor sie überhaupt richtig in See gestochen war. Das Aufspüren solcher Fehler ist eigentlich das tägliche Brot interner Dokumentaristen. Aber hier hatten die primitivsten Prüfungen möglicherweise nicht stattgefunden. Wahrscheinlich handelte es sich um den untauglichen Versuch, die USA zu entlasten: »Ob es überhaupt möglich ist, auf einer Bavaria 50 vier Taucher samt Ausrüstung, weitere Beteiligte sowie den ganzen Sprengstoff zu transportieren – und wie man die Sprengladungen ohne Kran dann am Tatort zu Wasser gelassen hat –, all das bleibt nach wie vor im Dunkeln, ebenso wie die Quellen der Berichte«, so die Zeitschrift *Yacht*. So ist es. Wer schon einmal auf einem derartigen Boot gesegelt ist, weiß, dass das bei den beengten Verhältnissen an Bord und der instabilen Lage auf dem Wasser purer Blödsinn ist, zumal ein solches Schiff bei 80 Metern Wassertiefe nicht einmal ankern kann. Dennoch waren die Medien voll mit dieser abwegigen Räuberpistole.

Die »hershende« Meinung

Aber siehe da: Am 8. Februar 2023 zeichnete sich ein großer Bulldozer des Journalismus am Horizont ab und warf seinen scharfen Schatten über die Medienlandschaft – ausgerüstet mit der glänzenden TÜV-Plakette des Journalismus, die da heißt: Pulitzer-Preis. Der Name des Bulldozers lautete Seymour Hersh. Der preisgekrönte amerikanische Journalist rammte die *Andromeda*-Story von der Straße und walzte die letzten Pflänzchen des Zweifels an der Täterschaft der USA platt. Hersh höchstselbst habe nämlich die gesamte Operation recherchiert und aufgedeckt, behauptete er, als strömten Manna und Ambrosia gleichzeitig aus seiner Feder. Nachdem die Planierraupe zum Stillstand gekommen war, konnte man auch noch die anderen Plaketten sehen: Allein auf seiner *Wikipedia*-Seite werden zwei Dutzend weitere Auszeichnungen aufgezählt. Seit er während des Vietnamkrieges das US-Massaker von My Lai vom 16. März 1968 enthüllte, bei dem US-Soldaten unschuldige Zivilisten ermordeten, gilt der Mann als unbestechliche journalistische Autorität und seine Recherchen als »hershende Meinung«. Noch Fragen? Ja, oh großer Seymour: Warum bist du eigentlich nackt?

Eine geheimnisvolle »Quelle«

Der gesamte Artikel beruhte nämlich nicht auf Beweisen, sondern nur auf einer einzigen anonymen »Quelle«. So hätten amerikanische Marinetaucher »im Rahmen der NATO-Sommerübung namens Baltops 22« im vergangenen Juni »die per Fernzündung gesteuerten Sprengsätze« an der Pipeline angebracht, schreibt Hersh zum Beispiel: »Dies sagt eine Quelle mit direkter Kenntnis der Einsatzplanung« (Seymour Hersh: »How America Took Out The Nord Stream Pipeline«, *seymourhersh.substack.com*, 08.02.2023). Tolle Sache – nur leider bleibt die Quelle eben anonym. Dass es sie gibt und dass sie die Wahrheit sagte, müssen wir schon glauben. Dafür mag man Verständnis haben oder auch nicht – gut für die »Enthüllung« ist es nicht. Denn: Was nützt uns eine Quelle mit »direkten Kenntnissen«, die wir nur äußerst indirekt kennen? »Seine Erzählung basiert nur auf einer einzigen Quelle, die – so der US-Journalist – ›direktes Wissen über den Prozess‹ hatte«, kritisierte auch das *Neue Deutschland*. »Eine Geschichte, die nur eine Quelle kennt und nicht anderweitig überprüfbar ist, ist aber leider nur das: eine Geschichte. Weder ein Beweis, noch ein Hinweis, noch eine Enthüllung« (online, 17.02.2023).

Eine behördenübergreifende Gruppe

Wie wahr. Eine Möglichkeit hätte darin bestanden, »kollaterale Beweise« vorzulegen, welche die Schilderungen der Quelle untermauern und plausibel erscheinen lassen (siehe 7. Oktober: israelische Soldatin). Stattdessen stellte Hersh nur Behauptungen auf: In einem »Moment der Unruhe beauftragte Biden« den Nationalen Sicherheitsberater Jacob Jeremiah Sullivan, genannt »Jake«, »eine behördenübergreifende Gruppe zusammenzustellen, die einen Plan ausarbeiten sollte. Alle Optionen sollten auf den Tisch gelegt werden. Aber nur eine würde sich durchsetzen.« Klingt wie das Drehbuch zu einem Hollywoodfilm. »Im Dezember 2021, 2 Monate bevor die ersten russischen Panzer in die Ukraine rollten, berief Jake Sullivan eine Sitzung einer neu gebildeten Task Force ein – Männer und Frauen aus dem Vereinigten Generalstab, der CIA, dem Außen- und dem Finanzministerium – und bat um Empfehlungen, wie man auf Putins bevorstehende Invasion reagieren sollte.« Den Teilnehmern sei klar geworden, »dass Sullivan beabsichtigte, die Gruppe einen Plan für die Zerstörung der beiden Nord-Stream-Pipelines ausarbeiten zu lassen, und dass er damit den Wünschen des Präsidenten nachkam«.

NATO gegen NATO?

Aber wo sind die Belege für die Tagungen dieser angeblichen Planungsgruppe? Weder sagt Hersh, wann die Sitzungen stattgefunden haben sollen, noch nennt er Anzahl, Namen, Dienstgrade oder sonstige Merkmale der Teilnehmer. Auf diese Weise bettet Hersh die Planungsgruppe in den luftleeren Raum ein, sodass sie nicht mit der Realität kollidieren kann: etwa mit Belegungsplänen von Konferenzräumen, Terminplänen von angeblichen Teilnehmern etc. Indem sie im luftleeren Raum schwebt, kann die angebliche Planungsgruppe aber auch nicht irgendwo in der Realität verankert werden, zum Beispiel durch Namensnennung einzelner Teilnehmer. Einige Mitglieder des Teams seien dann nach Norwegen geflogen, das man für die Operation inzwischen ins Boot geholt habe, so Hersh weiter. Aha – und wann? Antwort: »irgendwann im März«. Nur nicht zu genau werden. Die Norweger »hassten die Russen, und die norwegische Marine war voller hervorragender Matrosen und Taucher, die seit Generationen Erfahrung in der hochprofitablen Ausbeutung von Öl und Gas in der Tiefsee hatten«, zitierte Hersh »die Quelle«. Aha – aber hassten die Norweger denn auch die Deutschen, die massiv unter diesem

Terrorakt gegen die Pipeline zu leiden haben würden? Und was noch schwerer wiegt: Hatten die Norweger denn keine Hemmungen, ein NATO-Mitglied anzugreifen? Denn außer Norwegen ist auch Deutschland Mitglied der NATO: Damit hätten dann bereits zwei NATO-Staaten gegen einen dritten konspiriert, nämlich die USA und Norwegen gegen Deutschland. Sind die NATO-Mitglieder demnach nicht einmal voreinander sicher? Und wäre das nicht ein Fall für Artikel 5 des NATO-Vertrages gewesen, wonach die Mitgliedstaaten einen Angriff auf einen Staat als Angriff auf sie alle betrachten müssen? Und wäre das wiederum nicht das Ende des Verteidigungsbündnisses gewesen? Nicht, dass die Vereinigten Staaten von Amerika zu einer solchen Schurkerei nicht willens und in der Lage wären. Aber besonders naheliegend ist diese ganze Konstellation nicht.

Ein Niveau, das fassungslos macht

Hershs angebliches Meisterstück strotzt überdies nur so vor erstaunlichen Fehlern. Nehmen wir beispielsweise seine Behauptung, der gegenwärtige NATO-Generalsekretär Jens Stoltenberg habe »seit dem Vietnamkrieg mit den amerikanischen Geheimdiensten zusammengearbeitet« und genieße seitdem deren »volles Vertrauen«. Das Problem ist nur, dass Stoltenberg damals noch ein Kind war. Zu jener Zeit besuchte er die Unter- und Mittelstufe der Rudolf-Steiner-Schule in Oslo (*erziehungskunst.de*, April 2014). Ein bisschen weit weg von Vietnam. Am Ende des Vietnamkrieges war er gerade einmal 16 Jahre alt. Donnerwetter: Wie kann das einem Hersh passieren? Und tatsächlich macht das Niveau von Hershs Missgriffen fassungslos:

- Fehler Nummer 2: Angeblich nutzten die Norweger im Juni 2022 das jährliche BALTOPS-Manöver (= Baltic Operations) vor der dänischen Insel Bornholm als Tarnung, um den Sprengstoff an den Pipelines anzubringen. Dafür sei extra eine Minensuchübung in das Manöver eingebaut worden, sodass man unauffällig Taucher habe einsetzen können. Das Problem: Im Rahmen von BALTOPS gab es schon immer Minensuchübungen, so der bekannte dänische Blogger und OSINT-Experte Oliver Alexander (OSINT = Open Source Intelligence/ Aufklärung durch öffentlich verfügbare Quellen). Es musste also nicht extra eine eingebaut werden (Oliver Alexander: »Blowing Holes in Seymour Hersh's Pipe Dream«, *substack.com*, 10.02.2023 und *tagesschau.de*, 09.02.2023). Schließlich ist die Minensuche einer der Hauptinhalte von Seemanövern.

- Fehler Nummer 3: Laut Hersh sollen die Taucher von »einem norwegischen Minenjäger der Alta-Klasse« abgesetzt worden sein. Aber: »An der Operation nahmen keine Minenjäger der Alta-Klasse teil«, so Alexander (ebenda und *tagesschau.de*, ebenda).
- Fehler Nummer 4: Stattdessen sei zwar ein Minenräumer vom Typ Oksøy dabei gewesen, aber dessen Route lasse sich nicht mit drei langen Tauchgängen an den Explosionsstellen in Einklang bringen (Alexander, ebenda).
- Fehler Nummer 5: Hersh zufolge sind die Taucher »mit einem Gemisch aus Sauerstoff, Stickstoff und Helium in ihren Flaschen« getaucht. Laut dem Tauchhandbuch der amerikanischen Marine werden bei der Navy jedoch nur Sauerstoff-Helium-Gemische sowie Luft verwendet (Alexander, ebenda).
- Fehler Nummer 6: Laut Hersh wurden die Sprengladungen durch eine »Sonarboje« gezündet, abgeworfen am 26. September 2022 bei einem »scheinbar routinemäßigen Flug eines P-8-Überwachungsflugzeugs der norwegischen Marine«. Die Sonarboje habe den Sprengsatz dann mit einem niederfrequenten Ton aktiviert. Das Problem: Die norwegischen P-8 werden nicht von der Marine, sondern von der Luftwaffe betrieben und waren zu dieser Zeit noch nicht in Dienst gestellt: »Die neu erworbenen P-8A-*Poseidon*-Flugzeuge« sollten erst »ab Anfang 2023 alle Aufgaben übernehmen, die bisher von der P-3 *Orion* wahrgenommen wurden«, so das Militärmagazin *Afterburner* (online, 16.06.2022). Zwar sei ein P-8-Aufklärer der US Navy an diesem Tag über der Ostsee geflogen – »allerdings erst mehr als 1 Stunde nach dem Zeitpunkt der Explosion« (*tagesschau.de*, ebenda).

Ein Relotius-Stück von Seymour Hersh?

Puh. Und das, obwohl Hersh nach eigenen Angaben »mit ebenso erfahrenen Faktenprüfern zusammengearbeitet« hatte, »wie ich sie früher beim *New Yorker* hatte« (Hersh und Faktenchecker: siehe 29. Mai). Womit nicht etwa die politisch korrekten »Faktenchecker« aus dem Internet gemeint sind, die hauptsächlich brisante Enthüllungen über die herrschende politische Klasse abwehren wollen. Sondern professionelle Dokumentaristen, die Recherchen und Aussagen von Journalisten vor der Veröffentlichung prüfen. Die Checks reichen von der korrekten Schreibweise von Namen bis hin zu Ungereimtheiten, zum Beispiel, ob ein Schüler aus Oslo gleichzeitig im Vietnamkrieg mit der CIA zusammengearbeitet haben kann. Da den angeblichen Faktenprüfern schon dies durch die Lappen ging, kann man davon ausgehen, dass es bei Hersh überhaupt keine Faktenprüfer gegeben hat. Plumpe »Pannen« wie diese sprengen nicht nur Hershs gesamte Nord-Stream-Geschichte, sondern auch seine Glaubwürdigkeit.

Nun ist natürlich die Frage, wie so etwas passieren kann: Wie kann einer der berühmtesten Reporter der Welt einen Artikel auflegen, den man schon anhand einiger dummer Fehler als Relotius-Stück entlarven kann:

- romanhafte Erzählung von einem allwissenden Erzähler,
- keine beweisbaren Fakten im Sinne des Narrativs,
- stattdessen plumpe Fehler,
- offenbar kein Faktencheck,
  anonymer Informant.

Der Aufmarsch der Phantome

Aber halt! Ich muss mich irren! Die gute Nachricht: Hershs anonyme Quelle wurde bestätigt. Die schlechte Nachricht: allerdings nur durch eine weitere anonyme Quelle. »Im Oktober 2022 wurde mir eine Nachricht von einem Whistleblower geschickt, der behauptet hat, Informationen über die Sprengung von Nord Stream zu haben«, schrieb der Betreiber der Website *Anti-Spiegel*, Putin-Freund Thomas Röper, am 9. Februar 2023. Der große Unbekannte Nummer 2 habe behauptet, »Soldat bei dem Manöver BALTOPS 22 gewesen zu sein« und dabei gesehen zu haben, »wie ausgesprochen arrogant aufgetretene Spezialtaucher aus den USA auf dem Kriegsschiff, auf dem er gedient hatte, genau am Ort der späteren Sprengung das Anbringen von Minen ›geübt‹ hätten«. Die »Erzählung des Whistleblowers bestätigt exakt den Bericht von Seymour Hersh über die Sprengung der Pipeline«, so Röper. Tja – ob das wirklich eine gute Nachricht ist? Hersh habe »im Detail mitgeteilt«, »wie die Biden-Regierung die Sprengung der Nord-Stream-Pipelines schon 2021 geplant und danach durchgeführt hat«, lobt Röper. Nein: Hat er eben nicht – sondern nur heiße Luft geliefert. Aber Röper lässt kein Wort der Kritik an dem Hersh-Artikel verlauten.

Zwei Lügen ergeben nicht die Wahrheit

Auch Röper präsentiert hier einen Informanten, der für seine Geschichte erstens »keine Belege liefern« konnte und zweitens anonym bleiben wollte. Und das hatten wir schließlich schon. Nun haben wir also zwei anonyme Quellen, die sich gegenseitig bestätigen. Dabei: Noch im Oktober 2022, als Röper den Bericht des Unbekannten von einem Freund zugeschickt bekommen haben will, habe er selbst erkannt, dass der Dunkelmann »nichts Belastbares als Bestätigung für seine Geschichte liefern« konnte: »Aufgrund einer Geschichte von jemandem, der seine Identität nicht preisgibt und keine Belege für seine Geschichte liefern kann, schreibe ich natürlich keinen Artikel«, so Röper. Sehr lobenswert. Aber warum schreibt er dann jetzt einen? Die Hersh-Geschichte ist doch ebenfalls nicht »belastbar«. Aber siehe da: »Nach der Veröffentlichung von Hersh am 8. Februar bin ich jedoch sicher, dass dieser Whistleblower, der sich damals bei mir gemeldet hat, die Wahrheit gesagt hat, weil seine Geschichte exakt zu dem passt, was Hersh veröffentlicht hat.« Na prima. Allerdings hätten bei der Lektüre auch dieses anonymen Berichts sämtliche Warnlampen aufleuchten müssen.

Ein Anonymus mit Ausweis

Denn, so schrieb der Anonymus an Röpers Freund (der ihm den Bericht anschließend zuschickte): »Ich schreibe diesen Brief in der Hoffnung, dass Sie ihn weitergeben. Ich kann die Informationen nicht selbst weitergeben, da sie meiner Karriere und meinem Leben schaden würden.« Allerdings ist das ein Widerspruch, denn mit diesem Schreiben hat der Unbekannte die Information schließlich weitergegeben! Anders hätte die Sache höchstens ausgesehen, wenn er den Brief jemandem anonym zugeschickt hätte. Das hat er aber nicht, denn: »Ich sende Ihnen dieses Foto als Beweis dafür, dass ich dort war, sowie eine Kopie meines Ausweises.« Donnerwetter! Eine ganz neue Innovation: Ein anonymer Whistleblower, der ein Foto und seinen Ausweis mitliefert: Irgendjemand kennt ihn, wird damit suggeriert, nämlich der ursprüngliche Empfänger des Berichts. Damit wird eine Authentizität vorgetäuscht, die es allerdings überhaupt nicht gibt. Denn für Röper und uns, die Leser, bleibt der Informant nach wie vor im Dunkeln. Außerdem: Erst hat diese Person Angst um Leben und Karriere, und dann legt sie ein Foto und ihren Ausweis bei? »Sie dürfen dies an einen anderen Journalisten weitergeben, dem Sie vertrauen«, schrieb der vermeintliche Dunkelmann an Röpers Freund, »aber nicht aus Ihrem Besitz abgeben«.

Eiertanz ohne Sinn

Weitergeben, aber nicht abgeben – verdammt: Wie geht das nun wieder? Ein wirklich gefährdeter Whistleblower würde weder ein Foto noch seinen Ausweis verschicken – jedenfalls nicht seinen echten. Denn eine einmal gelüftete Identität kann man im Zeitalter des Internets nicht mehr geheim halten. Aber nachdem er den Adressaten (also Röpers Freund) sogar dazu aufgefordert hat, seine Mail weiterzugeben (ohne sie »aus dem Besitz abzugeben«), betont er wiederum: »Es ist wichtig, dass Sie es mit niemandem teilen [...].« Um gleich darauf wieder zu schreiben: »Sie können den Brief wortwörtlich so zitieren, wie er geschrieben ist.« Nochmals verdammt: Mit niemandem teilen, aber zitieren? Wie soll man das denn verstehen? Wie man es auch dreht und wendet: Das alles ergibt nicht den geringsten Sinn. Warum Röper das Geschreibsel nicht aussortiert hat, ist ein Rätsel. Zumal seinen Worten zufolge der anonyme Informant nun auch noch bestätigt, dass die Übung mit Seeminen »extra als Tarnung für das Legen der Bomben an den Pipelines in das Manöver BALTOPS 22 aufgenommen« wurde – etwas, was bereits widerlegt werden konnte. Denn wie wir bereits festgestellt haben, gehörte die Minenräumübung schon früher zum Programm des BALTOPS-Manövers.

Eine moskaunützliche Allianz

Eine Frage: Was läuft hier eigentlich?

- Gleich zwei unglaubwürdige und sich selbst kompromittierende Quellen behaupten eine Sprengung der Pipelines durch die Amerikaner.
- Beide haben nicht die geringsten Beweise und reden sich stattdessen um Kopf und Kragen.
- Bei beiden Berichten muss man nach Lage der Dinge von unbewiesenen und in zentralen Punkten widerlegten Behauptungen ausgehen.
- Und beide Quellen sind moskaufreundlich.

Hersh schadet den US-Regierungen seit Jahrzehnten, so gut er kann (ob zu Recht oder zu Unrecht, sei dahingestellt). Er schrieb über das Massaker von My Lai, die Watergate-Affäre, die US-Bombenangriffe auf Kambodscha und das CIA-Spionageprogramm im Inland. 2004 enthüllte er das Folterprogramm von Abu Ghraib, 2013 behauptete er, dass die Giftgasangriffe in Syrien nicht von der syrischen Regierung, sondern von (amerikafreundlichen) »Rebellen« ausgingen. 2015 kritisierte er (zu Recht) den US-Heldenepos von der angeblichen Festnahme Osama bin Ladens in Pakistan. Und nun behauptete er, die US-Regierung habe die Energieversorgung eines Verbündeten zerstört. Röper wiederum wird in der alternativen Medienszene zwar ebenfalls als verlässliche Quelle angesehen, aber soll man nun etwa *Wikipedia* glauben, wo es heißt: »Thomas Röper gilt als ›Kreml-treuer‹ Verbreiter von Desinformation wie nachweislich falschen Behauptungen, Verschwörungstheorien und russischer Regierungspropaganda«? Er lebe »seit 1998 mit einigen Unterbrechungen in Sankt Petersburg und spreche nach eigenen Angaben fließend Russisch«. Wahr ist jedenfalls, dass sowohl die Hersh- als auch die Röper-Story keinerlei Substanz beinhalten und durchaus als russische Propaganda durchgehen könnten. Im Ergebnis bestätigten sich zwei Phantome gegenseitig. Im Februar 2023 nahm Russland den Hersh-Ball zudem auf und forderte im Sicherheitsrat der Vereinten Nationen eine unabhängige UN-Untersuchung des Vorfalls. Dabei berief sich Russland explizit auf den Artikel »des amerikanischen Journalisten Seymour Hersh, welcher eine amerikanisch-norwegische Urheberschaft nannte« (Michael Ghanem: *Der tiefe Fall des Westens und die bitteren Tränen Europas*, Teil 3, Ahrensburg 2023). Der russische Außenminister Lawrow nannte Hershs Erzählungen »die konkreten und auf zahlreichen Fakten basierenden Enthüllungen des US-Journalisten Seymour Hersh im Zusammenhang mit den Explosionen an den Nord Streams [...]. Er präsentiert konkrete und mit Zeitangaben versehene Fakten zu diesbezüglichen Besprechungen im Weißen Haus und in anderen Ressorts der US-Administration« (*tagesschau.de*, 23.02.2023). Und das ist eben falsch.

Tauchaktion im Kopfkino

Die Frage ist nur: Warum hatte der an sich stabil erscheinende »Fall Nord Stream« so etwas nötig? Tatsächlich wiesen doch ohnehin alle Indizien in Richtung USA. Zwar stritten die Vereinigten Staaten ihre Beteiligung an dem Anschlag vehement ab, aber das bedeutete natürlich gar nichts. Aus meiner Sicht rissen die beiden dubiosen Stücke den relativ klaren Fall wieder auf. Je länger ich mich mit dieser angeblich US-amerikanischen

Tauchaktion zur Sprengung der Pipeline beschäftigte, umso zweifelhafter wurde sie für mich – egal, ob von einem militärischen Tauchschiff oder von einem Segelboot aus. Das wäre nämlich so, als hätte sich hier eine Gruppe von Bergsteigern aufgemacht, versehen mit einem Haufen Geräten, Ausrüstung und Sprengstoff, um unter Inkaufnahme größter Gefahren einen Achttausender zu besteigen und den Gipfel zu sprengen (der in diesem Fall in bis zu 80 Metern Wassertiefe lag). Dafür wurden in unseren Köpfen ständig Bilder von Tauchern, Schiffen, Sauerstoffflaschen und Segelbooten erzeugt. Das Kopfkino begann schon bei dem mantraartig wiederholten Wort »Tauchen«. Stattdessen gibt es ja eine Vielzahl von modernen Unterwasserwaffen, wie etwa automatisch gesteuerte Torpedos, die heutzutage 200 Kilogramm Sprengstoff mit bis zu 50 Knoten 140 Kilometer weit ins Ziel tragen können (wie beispielsweise der SeaHake mod. 4 ER). Superkavitationstorpedos bringen es gar auf 370 Kilometer pro Stunde (200 Knoten). Demgegenüber ist die Vorstellung einer ebenso aufwendigen wie auffälligen Tauchexpedition eigentlich antiquiert. Vielleicht haben wir also insgesamt ein völlig falsches Bild des Vorgangs, und zwar sowohl räumlich als auch technisch und politisch. In jedem dieser Bereiche wurde uns möglicherweise eine abwegige Version aufgetischt. Oder wie der frühere CIA-Direktor William Casey einmal sagte: »Unsere Desinformation funktioniert dann, wenn alles, was die Amerikaner glauben, falsch ist« (*naacp.org*, 05.10.2020).

Nord Stream: der geheimnisvolle Player

Ja, möglicherweise wurde ein weiterer »Player« in dem Spiel noch nicht einmal erwähnt. Und in diesem Fall hätte die Desinformation wirklich funktioniert. Gemeint ist jener kleine Wüsten- und Küstenstaat im Nahen Osten, der nicht nur über einen ausgezeichneten Geheimdienst und eine leistungsfähige Marine verfügt, sondern auch gern eine eigene Gaspipeline nach Europa bauen würde: Israel. Vorher müsste er aber das Marktumfeld so beeinflussen, dass sich eine solche Gasleitung lohnen würde. Und er müsste den Palästinensern noch die Gasvorkommen wegnehmen, die vor der Küste des Gazastreifens lagern: »Rund 30 Kilometer vor der Küste des Gazastreifens schlummern Zigmilliarden Kubikmeter Gas im Gestein«, so der Sender ntv. »Die gesamten Öl- und Gasreserven wurden 2019 auf einen Wert von 524 Milliarden Dollar geschätzt«, so *Planet Critical*. »Laut einem im selben Jahr veröffentlichten UN-Bericht hat Israel jedoch nicht den alleinigen Rechtsanspruch auf diese 524 Milliarden Dollar. Nicht nur, dass ein Teil der 524 Milliarden Dollar aus den besetzten Gebieten Palästinas stammt, ein großer Teil des Rests befindet sich außerhalb der Landesgrenzen in der Tiefsee und sollte daher mit allen relevanten Parteien geteilt werden.«

Marktchancen für israelisches Gas

Die Nord-Stream-Sprengung verbesserte die Marktchancen für dieses Gas erheblich. Plötzlich ist ein Pipelineprojekt wieder im Gespräch, das bereits halb zu den Akten gelegt worden war: Eastmed, eine Ölleitung zwischen Israel und Europa. »Eastmed statt Nord Stream«, titelte denn auch das *Handelsblatt*: »Das Projekt ergibt jetzt wirtschaftlich und politisch mehr Sinn als je zuvor«, zitierte die Zeitung Alexandra Sdoukou vom griechischen Ministerium für Umwelt und Energie. »Eastmed könnte Europa helfen, Lieferungen des Kreml-Konzerns Gazprom durch Erdgas aus dem Mittelmeer zu ersetzen.« – »Diskutiert wird das Pipelineprojekt schon seit Anfang der 2000er-Jahre, als Israel vor seiner Küste mit der Gasförderung begann. Lange gab es Zweifel an der Wirtschaftlichkeit des Vorhabens« (ebenda). Aber siehe da: »Die gestiegenen Gaspreise, die Versorgungsengpässe in Europa und die Bemühungen der EU, sich vom Lieferanten Russland abzunabeln, lassen das Projekt in einem neuen Licht erscheinen.« Eastmed sei »das am weitesten fortgeschrittene Pipelinevorhaben im Mittelmeerraum«, zitierte das Blatt den Geschäftsführer des Energiekonsortiums Poseidon, Fabrizio Mattana. Die Leitung werde »Europa direkt mit den Gasfeldern im östlichen Mittelmeer verbinden«, erklärte er (*Handelsblatt*, ebenda).
Aber von »Wegnehmen« kann gar keine Rede sein. Nein, sondern ausgerechnet Groß-Israel-Stratege und Ministerpräsident Netanjahu zeigte sich um die palästinensische Wirtschaft besorgt: »Israel will das Vorkommen zusammen mit Palästinensern erschließen. Damit soll auch die palästinensische Wirtschaft gefördert werden« (ntv, online, 18.06.2023). Wer es glaubt: Eine solche Wirtschaftsförderung der Palästinenser durch Israel kann sich wohl niemand vorstellen. Ein Sprecher der im Gazastreifen herrschenden Hamas teilte denn auch mit, »das Gasvorkommen gehöre dem palästinensischen Volk, vor allem den Einwohnern Gazas. Sie hätten ›ein volles Recht, von den natürlichen Ressourcen zu profitieren‹. Man werde es Israel nicht erlauben, ›das Gasvorkommen für erpresserische Ziele zu missbrauchen‹« (ebenda).

Es sei »ein weiteres Kriegsverbrechen«, »wenn die Besatzungsmacht den Bürgern das Recht verweigert, ihre eigenen natürlichen Ressourcen zu nutzen«, so *Planet Critical.* Aber »während es Bomben regnet«, scheinen die Israelis bereits Tatsachen zu schaffen. »Israel hat am 30. Oktober zwölf Lizenzen an sechs Unternehmen vergeben, um vor der Mittelmeerküste des Landes nach Erdgas zu suchen. Dies ist das jüngste Projekt zur Ausbeutung eines von mehreren Gasfeldern, die in den letzten Jahrzehnten an der Mittelmeerküste entdeckt wurden.« Was sich ganz so anhört, als würde Israel, während es den Gazastreifen bombardiert, die gemeinsamen Gasvorkommen verhökern.

Aber noch ist auch Nord Stream nicht ganz aus dem Spiel: Anfang Oktober 2023 bot Kreml-Chef Wladimir Putin erneut an, durch den intakt gebliebenen Strang der Ostseepipeline Nord Stream 2 Gas an Deutschland zu liefern: »Russland sei bereit, durch die Leitung 27 Milliarden Kubikmeter Gas pro Jahr zu pumpen, die Entscheidung liege aber bei Deutschland, sagte Putin laut *Epoch Times*« (online, 05.10.2023). Die deutsche Regierung verhielt sich jedoch wie eine Art Gas-Suppenkasper. Nach dem Motto »Nein, meine Gas-Suppe ess' ich nicht!«

11. Februar
Papst Benedikt: Bevor ich es vergesse – ich trete zurück

»Es war der 11. Februar 2013, doppelter Feiertag: Muttergottes von Lourdes und zugleich Staatsfeiertag im Vatikan«, so die *Vatican News*: »Trotzdem hatte Papst Benedikt XVI. die römischen Kardinäle zu einer Versammlung eingeladen. Das Konsistorium [lat.: Versammlung] versprach wenig Aufregung, es ging um Heiligsprechungen, und gerade eine Handvoll Medienleute verfolgten den feierlichen Termin mit den rot gekleideten Würdenträgern im Vatikan-Fernsehen live. Auch bei Radio Vatikan war alles andere als Hochbetrieb.« Alles Routine also.

Bis die Bombe platzte: »Am Ende der Versammlung, die Kardinäle sind schon im Begriff sich zu erheben, steckt Zeremonienmeister Guido Marini dem Heiligen Vater einen Zettel zu – Benedikt hat eine Ankündigung zu machen« (*Vatican News*, online, 2/2023). Aha – aber warum hat ihm der Zeremonienmeister dafür einen »Zettel« zuzustecken, und zwar auch noch in der letzten Minute der Versammlung? Wenn die Kardinäle sich bereits erhoben, dann heißt das, dass das Konsistorium eigentlich bereits beendet war. Auch die Vatikan-Korrespondentin Giovanna Chirri »bemerkte über ihren Monitor, dass das Konsistorium im Grunde beendet war« (Peter Seewald: *Benedikt XVI.: ein Leben*, München 2020). Aber irgendwer wollte die Rücktrittserklärung noch in die Versammlung quetschen. War es Papst Benedikt selbst? Aber als Papst hätte er das doch nicht nötig gehabt. Sondern er hätte das Schriftstück gleich parat haben können. Und nicht nur das: Ein Papst, der einen solchen historischen Schritt unternimmt, kann dafür auch eine eigene, feierliche Zeremonie abhalten, um diesen Akt würdevoll einzubetten – und muss den Rücktritt nicht als Fußnote an ein Konsistorium klemmen nach dem Motto »Ach ja, übrigens, bevor ich es vergesse – ich trete zurück.«

Die »*Prawda*« des Papstes

War der Rücktritt demnach, nachdem ihm der Zeremonienmeister eilig einen »Zettel« zustecken musste, gar nicht von ihm geplant? Worauf die Formulierung hinweisen könnte: »Er hat eine Ankündigung zu machen.« War das ein Imperativ, oder geschah das aus eigenem Willen? Und wenn ja, warum musste man ihm dafür einen »Zettel« zustecken? Wir zitieren hier, wie gesagt, die *Vatican News*, das offizielle Sprachrohr des Vatikans, also quasi die *»Prawda«* des Papstes, in der Formulierungen äußerst sorgfältig gewählt sein sollten. Und diese *»Prawda«* nennt die erste Rücktrittserklärung eines Papstes seit 729 Jahren einen »Zettel«? Ferner sei das Ganze eine »Überraschung« gewesen, »denn bei Konsistorien geht es sonst immer nach bewährtem Schema zu«. Demnach war dies tatsächlich nicht der passende Rahmen für eine solche Rücktrittserklärung. Und schon gar nicht »last minute«. »Die Kardinäle bleiben also sitzen. Und dann verliest Benedikt XVI. vor den Mitbrüdern seine Rücktrittserklärung. Auf Latein. »Quapropter bene conscius ponderis [...]«: »Im Bewusstsein des Ernstes dieses Aktes erkläre ich daher mit voller Freiheit, auf das Amt des Bischofs von Rom, des Nachfolgers Petri, das mir durch die Hand der Kardinäle am 19. April 2005 anvertraut wurde, zu verzichten, sodass ab dem 28. Februar 2013, um 20:00 Uhr, der Bischofssitz von Rom, der Stuhl des heiligen Petrus, vakant sein wird und von denen, in deren Zuständigkeit es fällt, das Konklave zur Wahl des neuen Papstes zusammengerufen werden muss«, heißt es in der deutschen Version des »Zettels« (*Vatican News*, ebenda).

Kleine Fehler und Versprecher

Das sind jedoch noch nicht alle Merkwürdigkeiten. Denn diese erschütternde Erklärung war dem Papst nur ganze achtzehn Zeilen wert, als sei es eben eine profane Formalie. Zu diesem Akt hätte es jedoch noch viel mehr zu sagen gegeben. Sonst war der Papst als Schriftsteller ja auch nicht schreibfaul und hatte zig Seiten lange Enzykliken, also päpstliche Rundbriefe, verfasst. Da wurden alle Themen ausführlich gewürdigt und betrachtet. Und der erste Papstrücktritt seit über 700 Jahren nicht? Aber nicht nur die Kürze verblüfft, sondern auch ein weiterer sehr seltsamer Umstand, nämlich dass sowohl die Rücktrittserklärung als auch die Abschiedsrede des intellektuellen Papstes kleine Fehler und Versprecher enthielten. Wie kann das sein? Wie kann ausgerechnet der als »Latein-Freak« geltende Joseph Ratzinger eine fehlerhafte Abschiedsrede und Rücktrittserklärung abliefern? In achtzehn Zeilen? Ausgerechnet bei diesem historischen Vorgang? Hat er die Rücktrittserklärung gar nicht selbst geschrieben?

Einem Pseudopapst den Weg geebnet

Nichts da – das war doch alles Absicht: »Die trivialen lateinischen Fehler in dem Dokument, die von einem feinen Latinisten wie ihm stammen, sind offensichtlich ein Mittel, um die Aufmerksamkeit auf den Rechtsakt zu lenken« (*From Rome*, online, 17.06.2021). Mit anderen Worten habe Benedikt also wie ein Entführungsopfer bewusst Fehler in die Rücktrittserklärung und Abschiedsrede eingebaut, damit andere sich damit beschäftigen und dabei möglicherweise auf grundlegendere Probleme stoßen. Aber auch diese Kritiker befassen sich mit den falschen Fragen, nämlich der Spitzfindigkeit, ob Papst Benedikt nun auf sein Amt verzichtet habe oder nur »vom Dienst« zurückgetreten sei – in etwa wie ein König, der von seinen Pflichten Abstand nimmt, aber in seiner Person trotzdem König bleibt, quasi »im Ruhestand«. Dabei sind das angesichts des wirklichen Problems um Benedikts »Rücktritt« nur Peanuts.
Der Rücktritt Benedikts wirkte übereilt, improvisiert und unehrlich obendrein – wofür folgende Aspekte sprachen:

- die überraschende und dürre Last-Minute-Erklärung beim Konsistorium vom 11. Februar 2013,

- der Abbruch der Arbeit an der bereits angekündigten Enzyklika *Lumen fidei* (»Licht des Glaubens«),
- die sprachlichen Fehler in Rücktrittserklärung und Abschiedsrede,
- die kurze Frist von 17 Tagen zwischen Erklärung und Rücktritt,
- der Umstand, dass der angeblich nicht mehr amtsfähige Papst nach dem Rücktritt mopsfidel wirkte und noch 10 Jahre bei guter Gesundheit weiterlebte, wobei ihn Beobachter fitter vorfanden als den amtierenden »Papst« Franziskus.

Und ohne Rechtsgrundlage war der Amtsverzicht sowieso.

Wie schreibt man einen Brief an Gott?

Papperlapapp: Der Rücktritt Benedikts kam gar nicht überraschend! Vielmehr hatte er ihn doch schon 4 Jahre zuvor quasi angekündigt, und zwar durch einen Besuch am Sarg des vor 729 Jahren zurückgetretenen Papstes Coelestin V. am 28. April 2009 in L'Aquila. Dabei legte er sogar sein Pallium auf den Sarg, eine Stola, die der Papst bei seinem Amtsantritt erhält, womit er seinen Rücktritt praktisch vorwegnahm! Aber der Besuch am gläsernen Sarg Coelestins hatte einen ganz anderen Hintergrund, nämlich das schwere Erdbeben, das L'Aquila 3 Wochen zuvor heimgesucht hatte. Rein zufällig ist Coelestin V. nun einmal der Schutzpatron von L'Aquila, dem Benedikt auf diese Weise geistliche Unterstützung erwies. Und auch die Niederlegung seines Palliums auf dem Sarg ist genau andersherum zu interpretieren: nicht als Vorwegnahme des eigenen Amtsverzichts, sondern als symbolische Wiedereinsetzung des zurückgetretenen Coelestin. Er machte ihn quasi posthum wieder zum Papst. Er vollzog den Rücktritt also nicht nach, sondern konterkarierte ihn. Im Sinne von »Hier, das gebührt dir!«
Wie auch immer – jedenfalls war Benedikts Rücktritt rechtmäßig, behaupteten die Medien unisono. Im Codex des Kanonischen Rechts ist doch in Buch I, Titel IX, Kapitel II, Artikel 1 ganz deutlich von »Amtsverzicht« die Rede:

»Can. 187 – Jeder, der handlungsfähig ist, kann auf ein Kirchenamt aus gerechtem Grund verzichten.«

Aber das Problem befindet sich in Can. 189 § 1:

»Damit ein Verzicht gültig ist, ob er nun der Annahme bedarf oder nicht, muss er gegenüber der Autorität erklärt werden, der die Übertragung des betreffenden Amtes zusteht, und zwar schriftlich oder mündlich vor zwei Zeugen.«

Hm – warten Sie mal: Wie schreibt man einen Brief an Gott oder taucht mit zwei Zeugen vor ihm auf? Eben, argumentieren Kritiker: für einen Papst kann das nicht gelten, denn über ihm steht nur Gott. Und tatsächlich kann man auch dem Kontext dieser Bestimmungen entnehmen, dass bei diesen Formulierungen niemand an den Rücktritt eines Papstes dachte. Mit der Formulierung in seiner Rücktrittserklärung »[...] erkläre ich mit diesem Akt in voller Freiheit meinen Rücktritt vom Dienst des Bischofs von Rom« bezog sich Benedikt denn auch auf eine andere Regelung, nämlich auf Can. 332 § 2, wo ausdrücklich vom Papst und seiner freien Entscheidung die Rede ist:

»§ 2. Falls der Papst auf sein Amt verzichten sollte, ist zur Gültigkeit verlangt, dass der Verzicht frei geschieht und hinreichend kundgemacht, nicht jedoch, dass er von irgendwem angenommen wird.« (*Codex Iuris Canonico*, Buch II, Volk Gottes)

Kirchenrecht gebeugt und gebrochen

Na bitte: schon besser! Denn wer sollte auch den Amtsverzicht eines Papstes annehmen? Tatsächlich hält sich denn auch seit vielen Jahren der Irrtum, Can. 332 § 2 sei die Rechtsgrundlage für den Amtsverzicht eines Papstes. In der Diskussion um einen möglichen Amtsverzicht des damals schwerst kranken Papstes Johannes Paul II. erklärte 2005 beispielsweise der Vatikan-Experte Erich Kusch: »Im kanonischen Kodex des Kirchenrechtes, das übrigens von Johannes Paul II. präzisiert wurde, ist festgelegt, dass der Papst auf sein Amt verzichten kann. Für die Gültigkeit dieses Verzichtes ist es notwendig, dass er freiwillig erfolgt und ausdrücklich ausgesprochen wird.« Bei *Wikipedia* kann man ebenfalls lesen, der Amtsverzicht sei »im Can. 332 § 2 des *Codex Iuris Canonici* ausdrücklich erwähnt und geregelt [...]. Ein Papst kann jederzeit von seinem Amt zurücktreten, sofern dies freiwillig geschieht und hinreichend bekannt gemacht wird.« Und auch die Medien bläuten ihrem Publikum unisono ein, der Rücktritt sei aufgrund dieser Bestimmung möglich. Aber leider ist das alles Humbug: Wie sich aus dem Zusammenhang ergibt, geht es in

Can. 332 § 2 nämlich nur um einen frisch gewählten Papst, der die Wahl annehmen oder auf das Amt verzichten kann! Aber, und das ist der entscheidende Unterschied: Ein Papst, der die Wahl einmal angenommen hat, kann nicht auf das Amt verzichten, sondern nur von Gott abberufen werden. *In Can. 332 § 2 heißt »Amtsverzicht« also: Verzicht auf das angebotene und nicht auf das ausgeübte Amt. Der »Amtsverzicht«, um den es in Can. 332 § 2 geht, ist kein Rücktritt, sondern eine Ablehnung des Papstamtes.* Und das musste selbstverständlich auch Benedikt wissen. Der »Rücktritt« war also nur durch einen Taschenspielertrick möglich, nämlich indem Can. 332 § 2 bewusst missverstanden und zweckentfremdet wurde. Sprich indem das Kirchenrecht gebeugt und gebrochen wurde. Und alle spielten mit.

Komplott gegen das Kirchenrecht

Die Spitzfindigkeit, ob Benedikt lediglich »vom Dienst zurückgetreten« oder in den Ruhestand gegangen (also emeritiert) sei oder tatsächlich auf das Amt verzichtet habe, ist also zweitrangig und möglicherweise ein Ablenkungsmanöver. Denn selbst wenn er nicht nur den »Dienst quittiert«, sondern tatsächlich auf das Amt verzichtet hätte, wäre das ungültig, weil es im Kanonischen Recht dafür keine Rechtsgrundlage gibt. Und das dürfte denn auch der wahre Grund sein, warum nach Coelestin jahrhundertelang niemand zurückgetreten ist. Selbst schwerst kranke Päpste sahen über 700 Jahre lang keinen anderen Ausweg, als bis zum bitteren Ende am Petrusstab festzuhalten: Sie saßen in der Falle des Kanonischen Rechts, demzufolge das Papstamt eine Sackgasse ist, aus der man rückwärts nicht herauskommt, sondern nur vorwärts: über Gott und den Tod. Was natürlich bedeutet, dass Papst Benedikt nie wirksam auf sein Amt verzichten und »Papst« Franziskus das Amt daher nie wirksam antreten konnte und unrechtmäßig auf dem Stuhle Petri sitzt – allerdings unter »Komplizenschaft« Benedikts (wie auch immer diese zustande kam).

Antipapst Bergoglio

Das heißt, dass sich die katholische Kirche, von der Öffentlichkeit unbemerkt, in einer schweren Krise befindet, weil sich der sogenannte »Papst« Franziskus nicht rechtmäßig, sondern aufgrund eines Komplotts gegen das Kirchenrecht im Amt befindet. »Bergoglio ist ein weiß gekleideter

Kardinal, ein Komplize der Neuen Weltordnung«, so Angelo Giorgianni, Ex-Unterstaatssekretär des Ministeriums für Justiz in Italien, der den Rücktritt aus anderen Gründen für ungültig hält. »Es gibt nur einen Papst, Benedikt XVI. [...]. Wenn Papst Ratzinger nicht auf den Thron verzichtet hat, war das Konklave von 2013 offensichtlich völlig ungültig und hat einen Kardinal gewählt, der Kardinal bleibt. Bergoglio ist also ein Antipapst, wie es so viele in der Geschichte der Kirche gegeben hat« (*From Rome*, 17.06.2021).

Ja, aber: Wie konnte dann Papst Coelestin V. im Jahre 1294 auf sein Amt verzichten? Nun, erstens existierte zwar schon damals das Verständnis eines nur von Gott abzuberufenden Papstes, aber die Frage lautet, ob dies bereits in entsprechende Bestimmungen oder Rechtssätze gegossen war. Zweitens, ob Coelestin V. sie überhaupt lesen und verstehen konnte. Denn »Kirchenhistoriker sprechen von einem einfältigen Sonderling, der kaum Latein konnte« – und aus diesem Grunde wahrscheinlich auch das damals noch nicht kanonisierte Kirchenrecht weder lesen noch korrekt interpretieren konnte.

Zwar hat Benedikt seinen Rücktritt in den darauffolgenden 10 Jahren immer wieder bestätigt und bekräftigt. Doch was heißt das schon: Erstens hat er ihn ja letztlich selbst durchgeführt. Und zweitens: Angesichts seiner Lage, quasi als Gast des neuen »Antipapstes« im Vatikan zu leben, ist das auch verständlich. Allerdings nützt das nichts, denn durch Wiederholung wird aus Unrecht nicht Recht. Benedikt zeigte sich, soweit wir wissen, gegenüber dem neuen Hausherrn auch absolut loyal, und die beiden taten so, als würde kein Blatt Papier zwischen sie passen. In Wirklichkeit habe »sich herausgestellt, dass zwischen Franziskus und Benedikt nicht nur ein Blatt Papier passte, sondern eine ganze Bibliothek«, so sein einstiger Schüler, der emeritierte Regensburger Dogmatiker Wolfgang Beinert. »Das sind zwei völlig unterschiedliche Charaktere« (*katholisch.de*, 11.02.2023). Tatsächlich markiert der vermeintliche Rücktritt aus gesundheitlichen Gründen einen radikalen Bruch in der katholischen Kirche: Nach dem konservativen Ratzinger, ehemals Chef der »Glaubenskongregation« (Nachfolgerin der Heiligen Inquisition) und entschiedener Verteidiger traditioneller Werte, kam der lässige bis schlampige Jorge Mario Bergoglio, der mit vielen Kirchentraditionen brach, unter anderem, indem er einen noch nie da gewesenen Papstnamen wählte: Franziskus. »Es ist die Amtsführung von Papst Franziskus, die irritiert«, so die Katholiken-Website *katholisches.info*. Und: »Er verunsichert, vermittelt den Eindruck, dass er imstande sein könnte, alles infrage zu stellen, dass man nie wüsste, was morgen für eine neue Unruhe in der Kirche ausgelöst würde. Das alles wäre per se noch nicht beunruhigend, würde der neue Papst gleichzeitig die Kirche aufbauen, würde er gesund handeln, die Kirche aus einem falschen Schlaf reißen, um sie mit neuem Glaubenseifer auszustatten und zum größeren Lob Gottes und zur Rettung der Seelen handeln zu lassen. Doch das geschieht nicht, nicht wahrnehmbar. Wahrnehmbar ist ein weiteres Auflockern der Reihen, ein weiteres Einreißen der Ordnung und Disziplin, ein weiteres Gewährenlassen von Kräften, die die Kirche lieber heute als morgen auflösen würden, innerhalb und außerhalb der Kirche. Der Papst ist populär. Je populärer er wird, desto unpopulärer scheint die katholische Kirche und das ihr anvertraute Glaubensgut. Viel Schein und Trug liegt dem weltlichen Medienspektakel um den neuen Papst zugrunde« (26.02.2014). Mit anderen Worten erscheint Franziskus nach dem strikten Ratzinger als Wackelpapst, bei dem man nicht weiß, woran man ist und der sein Fähnchen in viele Winde hängt. Bergoglio bestehe ständig »auf diesem ›interreligiösen Dialog‹ [...]. Auch ich bin für den Dialog«, so Giorgianni, »aber hier wird er als Vorwand genommen, um die katholische Identität zu vernichten und die Kirche zum Behälter einer neuen globalistischen Religion zu machen. Ein völlig umgekehrter Prozess in Bezug auf die Einzigartigkeit der Offenbarung Christi« (ebenda).

In Wirklichkeit hätte der Papst weder zurücktreten, noch das Konklave einen neuen Papst wählen, noch der neue »Papst« irgendwelche Rechtsakte vollziehen dürfen, wie etwa die Ernennung neuer Kardinäle. In Wirklichkeit ist die katholische Kirche seit Benedikts Rücktritt führerlos – beziehungsweise wurde von einem Antipapst gekapert. Den eindeutigen Bestimmungen des Kanonischen Rechts zum Trotz ist Benedikt gegangen, hat die Kirche alleingelassen und einem Pseudopapst den Weg geebnet. Aber nicht nur das: »Papst« Franziskus markiert auch die totale Machtergreifung der Jesuiten im Vatikan. Nach dem Chef der Jesuiten in Rom, der auch der »Schwarze Papst« genannt wird, gehört nun auch der weiße Papst diesem globalistischen Orden an. Die Jesuiten versuchten schon immer, die gesamte Welt zu bekehren: In fremde Kulturen eindringen, sie unterwandern, aushöhlen und im eigenen Sinne umdrehen und umfunktionieren, das war von Beginn an ihre Spezialität. Wenn es einmal besonders harte Nüsse zu knacken gab und es beim Missionieren gar nicht weiterging, rief der jeweilige Papst nach den Jesuiten. Genau genommen veranstalteten die Jesuiten das, wovon in dieser Buchreihe schon seit Jahren die Rede ist: Sie inszenierten bereits vor Jahrhunderten in vielen Ländern der Erde eine Kulturrevolution nach der anderen, denn um eine neue Weltanschauung, einen neuen Glauben einzuführen, muss die alte Kultur ja zunächst einmal beseitigt werden. »Papst Franziskus« selbst »erklärte kürzlich gegenüber einer großen Zeitung *(La Stampa* vom 15.03.2021): ›Wir dürfen die Pandemie nicht verschwenden, sondern müssen sie nutzen, um eine neue Weltordnung aufzubauen.‹« Deutlicher geht's wohl nicht …

Thema des Monats

27.3. Amoklauf Nashville: das Rätsel der Schuhe

3.3. Das 1901 gegründete Modeunternehmen Peek & Cloppenburg beantragt Insolvenz – ***6.3. Für die Parlamentswahlen am 15. Mai stellt die türkische Opposition Kemal Kılıçdaroğlu von der Republikanischen Volkspartei als Gegenkandidat gegen Erdoğan auf (siehe 6. Februar: Erdbeben Türkei) – 9.3. Amoklauf im Königreichssaal der Zeugen Jehovas in Hamburg: acht Tote und neun Verletzte (siehe 27.3.: Amoklauf Nashville)*** – **10.3.** Beginn einer Reihe von Bankenpleiten in den USA – **17.3.** Der russische Präsident Putin wird vom Internationalen Strafgerichtshof in Den Haag per Haftbefehl gesucht – **19.3.** In der Schweiz übernimmt die Großbank UBS den angeschlagenen Konkurrenten Credit Suisse – **23.3.** In Frankreich demonstrieren wegen der geplanten Rentenreform mehr als 1 Million Menschen – **24.3.** Bei der UN-Wasserkonferenz verhängen die Vereinten Nationen eine Wasserdiktatur über den Planeten – ***27.3. Bei einem Amoklauf in Nashville (Tennessee) werden sechs Menschen getötet***

27. März
Nashville-Amok: das Rätsel der Schuhe

Nashville, Tennessee. Die USA, nein: die Welt ist mal wieder in heller Aufregung. Der berühmte »lonely shooter«, der am Schluss praktischerweise regelmäßig tot ist, hat wieder einmal zugeschlagen, eine Schule heimgesucht und ein Massaker angerichtet: In der Covenant School am Burton Hills Boulevard 33 in Nashville soll er drei Erwachsene und drei Schulkinder erschossen haben, bevor er selbst standesgemäß im Kugelhagel der heldenhaften Polizei sein Leben ausgehaucht haben soll. Sollten die Toten echte Opfer gewesen sein, gehört ihnen mein ganzes Mitgefühl. Solange das zweifelhaft ist, bleibe ich mal locker. Denn schließlich laufen diese Amokläufe beinahe immer nach demselben Schema ab, das da heißt: einsamer Täter, tote Opfer, toter Killer, Verschärfung der Waffengesetze. So geht das nun schon seit weit über 20 Jahren. Und so auch diesmal. US-Präsident Joe Biden kam danach umgehend zur Sache: »Wir schulden den Betroffenen mehr als unsere Gebete. Wir schulden ihnen Maßnahmen. Wir müssen mehr unternehmen, um diese Waffengewalt zu stoppen, welche die Gemeinden und die Seele dieser Nation auseinanderreißt […]. Wir müssen handeln. […] Ich bin ein Mann des Zweiten Verfassungszusatzes [der das Recht auf Waffenbesitz garantiert; G. W.], ich habe zwei Schrotflinten, meine Söhne haben Schrotflinten […], aber es ist nicht erlaubt, eine Maschinenpistole zu besitzen, einen Flammenwerfer und viele andere Dinge. Warum, in Gottes Namen, erlauben wir den Besitz dieser Kriegswaffen in unseren Straßen und unseren Schulen? Laut Polizei hatte der Schütze zwei Sturmgewehre und eine Pistole dabei – was, um Gottes willen, lassen wir da zu?« (»President Biden remarks on Nashville school shooting«, YouTube, 28.03.2023).

Ein alter Herr mit Fracksausen

Tja – da kriegt der alte Herr das Fracksausen. Denn das Problem ist ja nicht der Schutz von harmlosen Schulkindern – die kann ein Täter schließlich auch mit Handfeuerwaffen umbringen. Bidens Problem ist die militärische Bedeutung von Maschinenpistolen, wie sie der mutmaßliche Täter von Nashville dabeigehabt haben soll. Dass diese Waffen in den USA legal von jedermann gekauft werden können, wurmt die Politiker. Denn diese »Sturmgewehre« verhelfen dem Volk zu einer großen Feuerkraft. Eine der bekanntesten Maschinenpistolen ist wohl die AK-47 Kalaschnikow mit Magazinen, die bis zu hundert Schuss aufnehmen können. Aber der mutmaßliche Täter von Nashville hatte andere, viel modernere Modelle dabei. Welche genau, wurde zunächst nicht mitgeteilt – wichtig dagegen ist, dass er sie alle legal erworben hatte. Und das ist exakt das Problem – dagegen richten sich die politischen Maßnahmen der Regierenden: Dass gesetzestreue Bürger derartige Waffen kaufen können. Da kann man es als Politiker wahrlich mit der Angst kriegen. Ein Verbot würde zwar dazu führen, dass solche Waffen nur noch Kriminelle besäßen – denn diese halten sich natürlich nicht an Waffengesetze –, aber das stört keinen. Zumindest keinen Politiker. Denn diese sind ja häufig selbst kriminell. Von Kriminellen haben sie deshalb keine Revolution zu erwarten – höchstens Komplizenschaft und den Wunsch nach einer gewissen Handlungsfreiheit. Mit Kriminellen haben viele Politiker deshalb weniger Probleme als mit gesetzes- und verfassungstreuen Bürgern. Diese sind ihre eigentlichen Feinde. Gerade ihnen, die noch an die Verfassung und die Demokratie glauben und sie vielleicht verteidigen würden, müssen allzu wirksame Schießeisen weggenommen werden. Solange die Bürger diese gefährlichen Waffen in den Händen halten, wird das nichts mit der totalen Diktatur in den Vereinigten Staaten – und im Rest der Welt vielleicht auch nicht.

Das Ereignis zählt nicht

Deshalb machen sich immer wieder bienenfleißige Amokkiller auf und mähen arme Lehrer und Schulkinder nieder, weil das emotional und politisch natürlich die größte Wirkung entfaltet. Der Sarkasmus möge mir verziehen werden, da ja nicht alle Massaker echt und nicht alle Opfer wirklich tot oder verletzt sein müssen. Denn was zählt, ist nicht das Ereignis, sondern das Medienereignis. Aber diesmal, in Tennessee, war doch bestimmt alles echt, oder? Und ob – großes Indianerehrenwort: Der republikanische Abgeordnete Andy Ogles erklärte am Morgen, »er und seine Familie seien ›am Boden zerstört‹: ›Als Vater von drei Kindern bin ich zutiefst erschüttert über diesen sinnlosen Gewaltakt« (*Vanity Fair*, online, 27.03.2023). »Das war ein tragisches Ereignis«, sagte auch der Polizeichef von Nashville, um hinzuzufügen: »Es ist etwas, von dem wir hofften, dass es nie passieren würde. Ich mache diesen Job seit 35 Jahren, und ich habe gebetet, dass es niemals einen Tag geben würde, an dem wir es mit so etwas zu tun bekommen würden.« (»Nashville police chief details deadly school shooting l GMA«, YouTube, 28.03.2023). Eben –

und deswegen würde ich dieses Kapitel auch hier und jetzt sofort beenden, wenn ich hier einen Artikel für die *Süddeutsche Zeitung* schreiben würde. Tue ich aber nicht. Sondern meine Leser zeichnen sich nun einmal dadurch aus, dass ihnen Medienereignisse nicht reichen und dass sie wissen wollen, was wirklich war – oder nicht war. Werfen wir also einen Blick auf diesen 27. März 2023 in Nashville, Tennessee.

Der Krieg um die Waffengesetze

Covenant School, 10:11 Uhr. Eine Überwachungskamera zeigt den Eingang des Gebäudes von innen. Von außen nähert sich jemand den Glasschwingtüren, die plötzlich in kleine Splitter zerfallen. Aus 1, 2 Metern Entfernung hatte eine Person das Feuer eröffnet und war anschließend durch die zerschossene Scheibe eingestiegen. Der Mann soll eigentlich eine Frau gewesen sein: eine gewisse Audrey Hale, 28 Jahre alt. Eine weibliche Transsexuelle also, die als Mann auftrat. Jedenfalls wurde ihr das Attentat zugeschrieben. Nur: erkennen konnte man sie nicht. Wer auf den Überwachungsbildern durch die Schule schlich und schließlich auch von den Bodycams der Polizei aufgezeichnet wurde, muss daher offenbleiben. Und man muss auch fragen: Was sollte das alles? Warum hat diese Person die Schule überfallen und außerdem gleich das Feuer auf die Tür eröffnet? Vielleicht wäre der Eingang ja offen gewesen? Schließlich wäre es doch viel »besser« gewesen, heimlich, still und leise in die Schule zu schleichen, um in irgendeinen Klassenraum zu schießen. Durch die Knallerei am Eingang dürfte nunmehr aber jedermann Bescheid gewusst haben. Schulen in den USA reagieren äußerst sensibel auf Knallgeräusche und splitterndes Glas. Denn hier herrscht nun einmal Krieg – der Krieg um die Waffengesetze. Seit dem Massaker an der Columbine High School im Jahre 1999 zählte man in den Vereinigten Staaten nicht weniger als 376 Schusswaffenanschläge auf Schulen (*Washington Post*, online, Update vom 29.03.2023). Viele öffentliche Schulen in den Vereinigten Staaten haben »in den letzten Jahren Schritte unternommen, um die Sicherheit zu erhöhen, einschließlich der Ausstattung von Klassenzimmertüren mit Innenschlössern, der Ausarbeitung von Bereitschaftsplänen für akute Schießereien und der Einstellung von vereidigten Polizeibeamten, die in den Gebäuden patrouillieren.«

Eine auffallend saubere Schule

Und jetzt war die Schule also gewarnt. Überwachungskameras zeigten nun den oder die Täter/in, wie er/sie mit der Waffe im Anschlag durch das Gebäude streifte. Doch es war niemand da. Mit der Waffe vor der Brust ging die Person an der verwaisten Rezeption vorbei, wo zwei exakt nebeneinander aufgereihte Computerbildschirme standen. Sie schaute um Ecken, öffnete Türen, schlenderte hinein, sah sich um: nicht ein verängstigtes Kind oder ein geschockter Erwachsener. Keine Spuren von Flucht oder Panik. Laut Überwachungsvideo war die Schule auffallend leer und sauber. Nichts wurde verschüttet oder verloren. Kein Papierchen und kein Becherchen lagen auf dem Boden. Niemand hatte seinen schweren Schulranzen fallen gelassen. Alles war blitzblank und ordentlich aufgeräumt. Der gesamte lange Flur war makellos rein. Der Boden glänzte wie frisch poliert. Auch der Gang und die Treppenaufgänge, durch die sich später die Polizei bewegen würde (siehe Bodycam-Videos unten). Nirgendwo eine Fußspur. Auf den Videoaufnahmen sah man auch kein Blut. Nur auf den veröffentlichten Bodycam-Bildern der Polizei wurde etwas gepixelt, aber das konnte schließlich alles Mögliche gewesen sein – oder auch nichts. Kurz: Dem Video zufolge war die gesamte Schule absolut jungfräulich und sauber. Selbst das Zubehör am Kopierer stand ordentlich aufgereiht da, als wäre gerade die Putzkolonne da gewesen. In den Klassenzimmern standen alle Sitzgelegenheiten ordentlich aufgereiht an den Tischen. Niemand hatte bei der Flucht in Panik seinen Stuhl umgeworfen. Ebenso wenig in den Büros. Auch hier wurde niemand bei der Arbeit unterbrochen und war in Panik davongerannt. Nirgends lagen Papiere oder Unterlagen auf den Möbeln. Und das galt sowohl für die Bilder der Überwachungskameras als auch für die Aufnahmen der Bodycams: Selbst die Polizisten rannten später durch leere Gänge und schauten in verwaiste, aber ordentlich aufgeräumte Räume, ohne dabei auf eine Menschenseele zu treffen. Sprich die Schule wirkte völlig verlassen.

Keine Spur von Menschen

Mögliche Erklärung: Entweder wurden diese Aufnahmen morgens vor Schulbeginn gemacht oder nachdem die Putzkolonne da war. Wahrscheinlich aber an einem freien Tag oder in den Ferien. Schließlich war das Gebäude ja auch abgeschlossen. Dem Video zufolge hatte diese Schule jedenfalls kürzlich keine wilde Horde von Schulkindern gesehen, schon

gar nicht auf der Flucht vor einem Amokschützen – zumindest dieser Teil der Schule nicht. Und auch nicht die Teile, die später die Polizei auf der Suche nach dem Täter durchstreifte. Denn auch auf den Bodycam-Aufnahmen sah man – bis auf die Stelle mit den Pixeln – nirgends ein Lebenszeichen oder eine Spur von einem Menschen oder von menschlichen Aktivitäten: keine Papiere, keine Taschen – gar nichts. Und auch niemanden, der verängstigt davonlief oder sich versteckte. Das Ganze erinnerte mich fatal an ein Kapitel aus meinem 2016er-Jahrbuch: »Sandy Hook – Amoklauf in der Geisterschule« (S. 106). Das Schulmassaker im Jahr 2012 soll zwanzig Schüler und sechs Erwachsene das Leben gekostet haben. Der mutmaßliche Attentäter Adam Lanza wurde später erschossen aufgefunden; ein Motiv konnte nie festgestellt werden. Auch hier wurden die Eingangstüren zerschossen. Am 4. März 2015 behauptete jedoch ein ehemaliger Schulbeamter namens Wolfgang Halbig, dass die Sandy Hook Elementary School am Tag des Massakers gar nicht geöffnet war – dass dort also gar kein Unterricht stattfand: »Die Wahrheit wird zeigen, dass Sandy Hook nicht in Betrieb war. Und das sage ich Ihnen als ehemaliger Schulbeamter«, erklärte er. »Wir haben jetzt Dokumente, die ohne jeden Zweifel beweisen werden, dass die Schule nicht existierte. Sie war nicht in Betrieb« (ebenda, S. 107). Halbig wurde später von Hinterbliebenen der Opfer wegen Verleumdung verklagt.
Auf den Überwachungsbildern der Covenant School trug der Eindringling schwarz-weiße Sneakers (zu Deutsch: »Schleicher«). Aufgrund ihrer schwarzen Grundfarbe und dem weißen Seitenstreifen handelte es sich wahrscheinlich um Schuhe der Marke Puma, Modell Suede. Später, als man die Leiche der mutmaßlichen Täterin auf den Bodycam-Aufnahmen der Polizei sah, trug sie jedoch ganz andere Schuhe, nämlich Vans, leicht zu erkennen an dem typischen rot-gelben Flammenmuster.

Ein typischer »Anschlussfehler«?

Tja – wie kann das denn sein? Hatte die mutmaßliche Täterin zwischendurch die Schuhe gewechselt? Und wozu? Vielleicht hatte sie diese in der Schule gefunden und an sich genommen? Dann hätten sie ihr aber auch zufälligerweise passen müssen. Und wer wechselt bei einem solchen Amoklauf schon die Schuhe? Was wir hier sehen, erscheint vielmehr als ein typischer »Anschlussfehler«. Hier mangelte es möglicherweise an dem, was man in der Filmbranche »continuity« nennt: Nämlich an jemandem, der darauf achtet, dass der Darsteller an verschiedenen Drehtagen auch exakt dieselbe Kleidung trägt. Jedenfalls, wenn es sich um zusammenhängende Szenen handeln soll. Und das sollte es ja wohl: Täter(in) dringt in Schule ein, schießt und wird erschossen. Zwei verschiedene Paar Schuhe machen sich da nicht so gut. Mit anderen Worten weist das alles darauf hin, dass die ganze Sache in einer leeren Schule inszeniert wurde, und zwar vermutlich an verschiedenen Tagen, was die Crew und den/die Hauptdarsteller(in) vergessen ließ, welche Schuhe er/sie bei den jeweiligen Drehs getragen hatte. Gedreht wurde mit den Überwachungskameras der Schule und den Bodycams der Polizisten. Kameramänner und ähnlich professionelles Filmpersonal brauchte man dafür also eher nicht. Und natürlich auch keinen Continuity-Beauftragten.

Angriff auf das konservative Amerika

Werfen wir einen Blick auf den Hintergrund dieser Tat: Die Covenant School ist eine Bildungseinrichtung der konservativen Presbyterianischen Kirche von Amerika (PCA), die das reine, gläubige und heile Amerika repräsentiert. Eine Transsexuelle, in den Augen streng gläubiger Menschen ein gotteslästerliches Wesen, greift also (symbolisch) das saubere und konservative Amerika an. 2019 verabschiedete die Presbyterianische Kirche von Amerika just in Nashville zudem ein »Statement zu Sexualität und Genderfragen«. Diese »Nashville-Erklärung« sei »eine Erklärung zur rechten Zeit, die sich mit der aktuellen Verwirrung um Geschlecht und Sexualität innerhalb der evangelischen Kirche (einschließlich der PCA) und der breiteren Kultur auseinandersetzt«, heißt es auf der Website des »Rates für biblische Männlichkeit und Weiblichkeit« der PCA. Das »Nashville-Statement« bekräftige »klar die Wahrheit grundlegender *Bibel*-Stellen und unser konfessionelles Verständnis von Ehe, Geschlecht und Sexualethik. Es bekräftigt Gottes gute Absicht, die binäre Natur der Geschlechter zu bestimmen, als er dem Menschen sein Ebenbild verlieh (Gen. 1, 27), seinen Plan für die Ehe zwischen einem biologischen Mann und einer biologischen Frau (Gen. 1, 23.24) und die Sündhaftigkeit homosexuellen und transsexuellen Begehrens sowie Verhaltens (Mat. 15, 18.19; 1. Kor. 6, 9–11). Die Nashville-Erklärung bekräftigt nicht nur diese historischen, orthodoxen Wahrheiten, sondern hebt auch die Hoffnung des Evangeliums für den sexuell Schwankenden hervor, indem sie den Leser auf unseren Herrn Jesus Christus als ›das doppelte Heilmittel‹ hinweist, das uns sowohl von der Schuld als auch von der Macht der Sünde errettet« (*CBMW.org*, 01.07.2019).

Der wahre Hintergrund des Amoklaufes

Da ist also eine Kirche, die auch Schulen betreibt und die den Kindern beibringt, dass Gott nur biologische Männer und Frauen kennt und alle anderen ein Heilmittel namens Jesus brauchen – dass sie also krank sind. Mit anderen Worten tasteten die Presbyterianer damit den Kern der Genderideologie an, wonach die biologische Ausstattung nichts bedeute, sondern es alle möglichen Geschlechter gebe und dies mit Krankheit nichts zu tun habe. Genau dasselbe tun übrigens die Zeugen Jehovas, die rein zufällig am 9. März 2023 in Hamburg Opfer eines Amoktäters geworden waren, also im selben Monat. Dabei starben acht Menschen, einschließlich des Täters, der sich selbst erschossen haben soll, und zwar durch einen Bauchschuss. Genau wie die amerikanischen PCA-Presbyterianer lehnen auch die Zeugen Jehovas »Homosexualität ab, da gemäß der *Bibel* Gott die Sexualität nur für die Ehe zwischen Mann und Frau gedacht habe. Schwule und Lesben werden, sofern sie nicht abstinent leben, aus der Glaubensgemeinschaft ausgeschlossen. Zeugen Jehovas glauben, Homosexualität könne ›geheilt‹ werden, und ermuntern Betroffene, zu diesem Zweck eine heterosexuelle Ehe einzugehen [...]. Die Ehe wird als heilig angesehen. Scheidungen sind nur bei Ehebruch zulässig. Ob ein Ehepaar sich scheiden lässt oder sich trennt, entscheiden die Partner nach ihrem Gewissen. Der Mann gilt nach 1 Kor. 11, 3 ELB als Oberhaupt der Familie, die Frau soll sich ihm unterordnen. Nach demselben Prinzip sollen sich Kinder ihren Eltern unterordnen. Vorehelicher Geschlechtsverkehr, Polygamie, das Zusammenleben ohne Trauschein und homosexuelle Handlungen gelten als Sünde« (*Wikipedia*, abgerufen am 26.10.2023). Mit anderen Worten wurden hier innerhalb eines Monats zwei konservative und bibeltreue Glaubensgemeinschaften, die sich gegen die offizielle Genderpolitik stellen, von mutmaßlichen Amoktätern angegriffen. Eine davon wurde gar von einer Transsexuellen attackiert. War das etwa ein Wink mit dem Zaunpfahl, diese Haltung aufzugeben? Oder war der Amoklauf von Nashville ein persönlicher Rachefeldzug von Audrey Hale, die sich angeblich im Widerspruch zu »ihren konservativen, christlichen Eltern« befand, »die nicht akzeptierten, dass sie homosexuell oder transsexuell war« (*Daily Mail*, online, 05.04.2023)? War der Amoklauf also ein Racheunternehmen gegen ihre eigenen christlichen Eltern? Handelte es sich außerdem um eine inszenierte Warnung an die Presbyterianer (und die Zeugen Jehovas), ihre LGBTQ-feindliche Haltung zu ändern? Oder ging es wieder einmal hauptsächlich um die Waffengesetze? Wahrscheinlich werden wir es nie erfahren, denn Hale ist tot. Beweise für das behauptete Geschehen sind deshalb nicht nötig, denn ein Gerichtsverfahren wird es demnach nicht geben; ihre schriftlichen Aufzeichnungen werden unter Verschluss gehalten: »Fast einen Monat, nachdem Audrey Hale, die sich als Transgender identifizierte, in der Covenant School der Stadt sechs Menschen tötete, bevor sie von der Polizei erschossen wurde, haben die Behörden trotz zunehmenden Drucks noch kein Motiv und keine der in ihrem Haus sichergestellten Schriften veröffentlicht«, schrieb die *New York Post* (online, 20.04.2023): Die Texte könnten »uns vielleicht ein wenig darüber sagen, was in ihrem Kopf vor sich geht«, sagte der republikanische Abgeordnete Tim Burchett. Und: »Ich denke, das würde viele Fragen beantworten.« Vielleicht zu viele?

April 2023

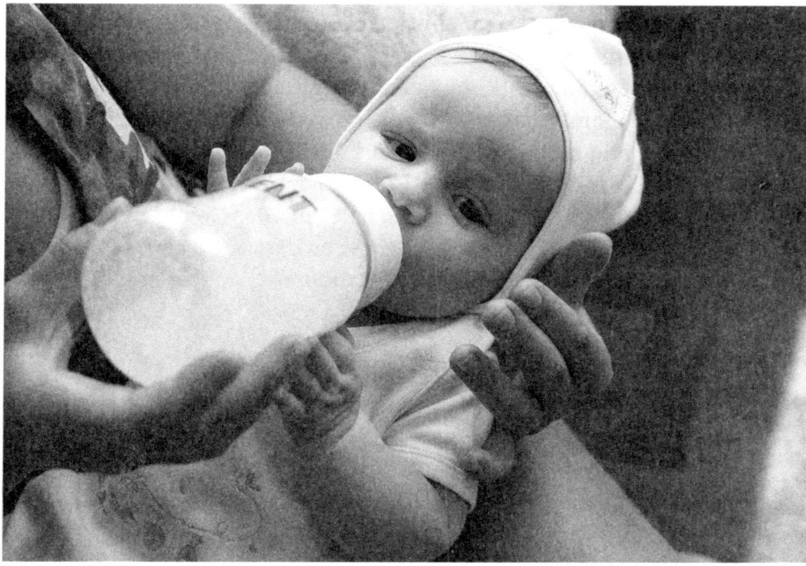

Thema des Monats

14.4. In Prag fliegt eine »Kinderfabrik« auf

2.4. Bei einer Bürgerbefragung in Paris sprechen sich 89 Prozent gegen die bestehenden E-Tretroller-Verleihsysteme aus – ***4.4. Finnland wird Mitglied der NATO (siehe 6. Februar: Erdbeben Türkei)*** – **4.4.** Als erster ehemaliger US-Präsident wird Donald Trump einer Straftat angeklagt – **11.4.** In Italien beschließt die Regierung Meloni wegen der Migrationskrise den Ausnahmezustand – ***14.4. In Prag fliegt eine »Kinderfabrik« auf*** – **15.4.** In Deutschland werden die letzten drei Kernkraftwerke abgeschaltet – **16.4.** In Finnland geht der leistungsstärkste Atomreaktor Europas in Betrieb – **20.4.** Im Rahmen der Regulierung von Kryptowährungen verbietet das EU-Parlament anonyme Zahlungen – **27.4.** Staatspräsident Erdoğan weiht das erste türkische Atomkraftwerk ein – ***30.4. Immer mehr Kinder tragen in der Schule Windeln***

14. April
Leihmutterschaft: Die Mutter ist tot, es lebe die Mutter!

»Es ist wohl einer der brisantesten Fälle von organisierter Kriminalität, mit dem die tschechische Polizei bis jetzt zu tun hatte«, schrieb an diesem Tag das deutsch-tschechische Magazin *LandesECHO*. Eine Klinik aus Charkiw in der Ukraine soll »in Ausnutzung einer Gesetzeslücke Babys auf Bestellung verkauft haben [...]. Über eine Klinik sollen Neugeborene bestellt worden und dann armen ukrainischen Frauen ein Embryo eingesetzt worden sein. Dann seien die Frauen nach Prag geschafft worden, mussten den Behörden eine Partnerschaft mit dem biologischen Vater vorspielen und nach der Geburt alle Rechte an dem Kind abtreten. Aus der ganzen Welt sollen Kinder ›bestellt‹, ›produziert‹ und für jeweils rund 60 000 Euro verkauft worden sein.«

Wie kriegt man eigentlich ein Kind?

Verwirrend. Wie war das nochmal: Wie kriegt man eigentlich ein Kind? Nun ja – das ist doch seit Jahrhunderttausenden das Gleiche: Im Idealfall verlieben sich ein Mann und eine Frau, gehen miteinander in die Höhle (oder heute ins Bett) und zack: 9 Monate später ist der Nachwuchs da. Rein technisch gesehen übergibt der Mann seinen Samen der Frau, in deren Organen die Spermien dann eine Eizelle befruchten. Diese nistet sich in der Gebärmutter ein, wo der Embryo zu einem Baby heranreift. – Falsch! Wurden Sie denn gar nicht aufgeklärt? Heute läuft das nämlich so ab: Zunächst einmal muss die Frau eine Hormontherapie durchlaufen und anschließend mit ihrem Mann verreisen, zum Beispiel nach Kiew. Dort gehen sie nicht etwa miteinander ins Bett, sondern ins Labor. Dabei werden der Frau Eizellen entnommen und mit dem Samen ihres Mannes befruchtet. Die Embryonen werden dann in die Gebärmutter einer Ukrainerin eingesetzt, welche die genetischen Eltern zuvor aus einer Datenbank herausgesucht haben. Anschließend fährt das Paar wieder nach Hause – denn mit der Schwangerschaft und der Geburt hat die Mutter nichts zu tun. Einen dicken Bauch bekommt sie nicht, und die ersten Bewegungen des Babys wird sie auch nicht spüren. Sondern das alles erlebt die Leihmutter für sie – beziehungsweise der »Ersatz-Uterus«. Für die genetische Mutter wird die Schwangerschaft durch Ultraschallfotos erfahrbar – mit lieben Grüßen aus Kiew. Dort hat man es zu höchster Professionalität gebracht. Marktführer ist die Firma BioTexCom. Mithilfe derartiger Unternehmen kann man aus einer Datenbank anhand von Fotos und Kurzbiografien auch vollkommen Fremde zusammenwürfeln, einen fremden Samenspender, eine fremde Eizellenspenderin und eine Leihmutter heraussuchen und von ihr die befruchtete Eizelle austragen lassen.

Busen verboten

Zur Geburt muss die genetische Mutter selbstverständlich auch nicht da sein. Sondern nur die fremde Frau, in deren Bauch das Kind herangewachsen ist. Deren Busen gibt zwar Milch, aber diese darf das Kindchen nach der Geburt nicht trinken – das ist sogar streng verboten. Kind und Leihmutter dürfen sich postnatal nicht einmal zu Gesicht bekommen. Weil sie nicht da ist, bekommt auch die genetische Mutter das Baby nicht an die Brust gelegt. Und wenn sie doch da wäre, dann würde das nichts nützen, weil ihre Brüste keine Milch geben würden – ihr Körper weiß ja gar nichts von einer Schwangerschaft. Stattdessen bekommt das Kind von irgendwelchen Fremden ein Fläschchen verabreicht, nämlich von den wechselnden Geburtsschwestern. Während der Schwangerschaft stellt die Agentur für den oder die Auftraggeber »regelmäßig Videos ins Netz«. Und die Eltern – oder wer auch immer – glauben, dass darin ihr Kind zu sehen ist (*Ein Baby aus Kiew – geboren im Krieg*, hr, 23.06.2022). Nach ein paar Tagen Herumliegen ohne nennenswerten Körperkontakt und Bezugsperson schneien plötzlich wildfremde Menschen herein, packen das Baby ein und legen es in ein Auto, das es 1000 Kilometer oder mehr nach Westen bringt (oder wohin auch immer) – wo es einen Vater hört, den es noch nie gehört hat, und eine Mutter riecht, die es noch nie gerochen hat (oder wen auch immer). Nach dem Motto: Die Mutter ist tot, es lebe die Mutter!

Ein fröhliches Leben noch

Ein fröhliches Leben noch: Was das bei allen Beteiligten in sozialpsychologischer Hinsicht anrichtet, mag man sich gar nicht vorstellen. Und dabei reden wir hier noch nicht einmal von Pfusch, Korruption und Machtmissbrauch, wie er am 9. Mai 2023 in einem Podcast der *Welt* festgestellt wurde. Ihre Journalisten trafen auf »illegale Machenschaften«, getäuschte Eltern, traumatisierte Leihmütter (»Ich fühlte mich schrecklich, ich träumte von dem Kind«) und Frauen, deren Gesundheit gefährdet wird. Klar:

Wenn Kinder dem Kommerz ausgeliefert werden, dann geht es rund. Je tiefer die Fruchtbarkeit in Ländern wie Deutschland sinkt, umso mehr boomt der Baby-Markt und umso verzweifelter verlangen unfruchtbare Paare nach Nachwuchs. Oder sogar Menschen, die gar nicht in heterosexuellen Beziehungen leben. Tatsache ist: In der Ukraine und anderen Lieferantenländern kann sich jeder ein Kind kaufen – schwule (Ehe-)Paare genauso wie Lesben oder irgendwelche »Freundeskreise« (»Regenbogenfamilien«), Wohngemeinschaften genauso wie Größenwahnsinnige, die gleich massenhaft Kinder haben wollen. In Thailand fanden Beamte in einer Luxuswohnung neun Babys, die vom Sohn eines Milliardärs stammen sollen, der bis zu tausend Kinder zeugen wolle, so das *Hamburger Abendblatt* (online, 19.08.2014). Wie immer fungieren in Sachen Lifestyle international bekannte Promis als Trendsetter. So bemühten Paris Hilton, Cameron Diaz, Cristiano Ronaldo, Naomi Campbell und Kim Kardashian eine Leihmutter für ihren Kinderwunsch.
Daher waren auch 2023 die Babyfabriken in der Ukraine ein Thema. Ungefähr 2000 Kinder werden hier pro Jahr produziert. Und jeder scheint alles darüber zu wissen. Schließlich gelangte die Causa anlässlich des Ukrainekrieges bereits im vergangenen Jahr so richtig in die Medien: Babyfabriken, die auf ihren Kindern sitzen blieben, Neugeborene, die in Kellern »auf Halde liegen«, verzweifelte Möchtegern-Mütter, die endlich ihren Nachwuchs haben wollen, Ehepaare, die ihre gekauften und bestellten Kinder selbst aus der Ukraine holen mussten, Geschäftemacher, die 50 000–60 000 Dollar für ein fertiges Baby kassieren. Alles in allem durfte jeder über seine Gefühle und Motive bei dem Geschäft mit den Babys berichten.

Wo kein O-Ton, da kein Thema

Nur die Babys eben nicht, denn diese können ja nicht sprechen. Und wo keine Stimme, da kein O-Ton, und wo kein O-Ton, da kein Thema – und auch keine Wirklichkeit. Wie es eigentlich den Neugeborenen dabei ging, wurde nicht gefragt. Die Leiden dieser Babys wurden ganz einfach totgeschwiegen. Für das physische Überleben ist ja gesorgt: sie bekommen Nahrung und frische Windeln – was soll sein? Allerdings ist das bestenfalls das Versorgungsniveau einer Zimmerpflanze. Die Verdinglichung und der Warencharakter der Säuglinge wurde damit endgültig offensichtlich: Die Gefahr, dass die Kinder nur als Objekte angeschafft werden, ist groß. Was man kaufen kann, wird zur Sache. Die Kinder sind damit keine fühlenden Subjekte und können weder leiden noch seelischen Schaden nehmen, so die mehr oder weniger unbewusste Auffassung. Dass das für die Retortenbabys hochgefährlich ist, bedarf wohl keiner weiteren Erläuterung: Denn eine Sache kann man kaufen und gebrauchen, in die Ecke stellen, abgeben, aber auch wegwerfen. Die Schranken sind schon längst gefallen. Bereits jetzt werden »überzählige« Embryonen im (Leih-)Mutterleib mit der Giftspritze getötet. Es wird nicht mehr lange dauern, bis die ersten Retortenkinder im Müll landen. Wahrscheinlich sind sie das schon: Denn manche Babys werden auch nicht abgeholt, vergessen oder nicht bezahlt. Wer weiß das schon. Wer keine Eltern hat, hat auch keine Lobby – zumindest nicht, solange er keine Geburtsurkunde beziehungsweise keinen Pass hat. Denn bis dahin existieren die Babys amtlich gar nicht. Und was nicht existiert, kann man auch nicht umbringen – richtig? Man sollte deshalb dringend einmal die Mülltonnen der Babyfabriken durchsuchen.

Von der Bestellmutter verlassen

Vielleicht haben sich auch die Lebensumstände der genetischen »Eltern« inzwischen geändert? Vielleicht haben sie sich getrennt? Was dann passieren kann, zeigt der erschreckende Fall der chinesischen Schauspielerin und Bestellmutter Zheng Shuang, den das österreichische Institut für Ehe und Familie schildert. Da Leihmutterschaft in China illegal ist, habe Zheng Shuang sich zwei Retortenbabys in den USA bestellt. Aber »als sich ihr Partner von ihr trennte, hatte Shuang versucht, Druck auf die Leihmütter auszuüben, um diese zu einer Abtreibung zu bewegen« – im 7. Monat! Ein Schwangerschaftsabbruch war daher nicht mehr möglich. »Die im Dezember 2019 und Jänner 2020 geborenen Kinder wurden schließlich von ihrer Bestellmutter verlassen.« Die Obsorge übernahm der aus China in die USA eingereiste Vater, der die Kinder ohne die Einwilligung der genetischen Mutter aber nicht habe in sein Heimatland mitnehmen dürfen. Der Sinneswandel von Shuang »veranschauliche, wie die Wünsche der Bestelleltern die Leihmutterschaftsvereinbarungen bestimmen, wobei der ›Wert der Kinder‹ schwanke, wenn sich diese Wünsche ändern«, so die Juraprofessorin Seow Hon Tan aus Singapur (ebenda). Möglicherweise sind diese plötzlich gar nichts mehr wert und können theoretisch als Schnäppchen oder Restposten verramscht werden.

Beziehungsraum Mutterleib

Das heißt: Wir reden hier von Barbarei. Das Geschäft kann nur funktionieren, wenn die Kinder komplett außer Acht gelassen werden. Indem alle Beteiligten alles leugnen, was man seit Jahrzehnten über frühkindliche Entwicklung weiß: »Von der Befruchtung an ist das ungeborene Kind auf Beziehung, auf Verbundenheit und auf Lernen angelegt und angewiesen«, so Dr. med. Christl Vonholdt, Fachärztin für Kinder- und Jugendmedizin. »Von Anfang an gehören strukturelle und funktionelle Entwicklung zusammen, sie beeinflussen sich gegenseitig [...]. Das sich entwickelnde vorgeburtliche Kind ist ein lebendiges interaktives Wesen, das von der Empfängnis an durch seine mütterliche Umgebung beeinflusst wird« (*christl-r-vonholdt.de*: »Beziehungsraum Mutterleib«, 28.11.2022). Pech gehabt, liebe Retortenkinder. Denn die Beziehung, die ihr im Mutterleib knüpft, die Geräusche und die Stimme der Leihmutter, werden sich von einem auf den anderen Tag in Luft auflösen.

Die Mutter ist tot – es lebe die Mutter!

»Die abrupte Trennung eines neugeborenen Babys von seiner vertrautesten Person, seiner Mutter, die es 9 Monate getragen hat, ist immer eine stressvolle und schockierende Erfahrung für ein Baby«, erklärt Martina Kronthaler, Generalsekretärin von »aktion leben österreich« (*ots.at*, 24.02.2022). »›Für das Kind hat sich ein Universum während der Schwangerschaft gebildet, von Herzgeräuschen über die Ernährung bis zur Stimme und Bewegung. Nach der Geburt wird das Kind dem entrissen‹, sagt Bettina Bonus, Ärztin aus Bonn, die seit 20 Jahren mit Adoptivkindern und Pflegefamilien arbeitet« (*Süddeutsche Zeitung*, online, 17.05.2010). In Wirklichkeit erleiden solche Babys den schwersten Verlust, den ein Kind erleiden kann: Für das Neugeborene ist die Mutter bei der Geburt gestorben.

Die genetische Mutter dagegen ist so etwas wie eine Stiefmutter. »Die biologischen Eltern wirken aus Sicht des Kindes zunächst fremd«, so die Medizinerin Bonus: »Das kann zu einer Art Frühtraumatisierung führen – unabhängig davon, wie zärtlich und einfühlsam die ›neuen‹ Eltern sind« (*Süddeutsche Zeitung*, ebenda). Wie das ohne Folgen bleiben soll, ist das Geheimnis der Babyfabriken, der Leihmütter und ihrer Kundinnen und Kunden.

Wie das Kind auf die Welt kam, bleibt ihm gegenüber zudem ein Geheimnis, jedenfalls vorerst. Je älter es wird und umso mehr Fragen es stellt, umso früher wird es jedoch herausbekommen, dass es seine leibliche Mutter nicht kennt und auch niemals kennenlernen wird – eine absolute Perversion der Natur. Das Kind hat also zwei Mütter: das nächste Trauma. Denn die Identität zerbricht: Was Kinder durchmachen, die neben dem »Ersatz-Uterus« aufgrund gentechnischer Eingriffe auch noch mehr als zwei genetische Elternteile haben, mag man sich gar nicht vorstellen: gespaltene Persönlichkeiten sind programmiert. Die Kinder sind von Geburt an zersplittert: »Die Kinder tragen die Last. Ihnen werden verwirrende Verwandtschaftsverhältnisse und unklare Herkunftsfragen zugemutet. Fragen nach der Genetik kommen unabhängig von der Qualität der Beziehung in einer Familie. Sie sind der Stoff, aus dem sich ›Schattenidentifikationen‹ speisen«, schreiben die Autoren des Buches *Spenderkinder*. »Die Identitätsentwicklung des Kindes und später des Erwachsenen wird gestört. Aus der Adoptionsforschung weiß man schon lange, wie sich unklare Identitätsverhältnisse auswirken. Bei der Adoption werden Eltern darauf vorbereitet. In der Reproduktionsmedizin nicht« (Leihmutterschaft, aktion leben österreich, ebenda). Sprich diese Menschen sind womöglich ein Leben lang damit beschäftigt, ihre Herkunft und Identität zusammenzuklauben …

04

30. April
Bildung: Windeln in der Schule

Apropos »Kinder«: »Hilfe, mein Kind kommt bald in die Schule und braucht noch Windeln!«, lese ich an diesem Tag im österreichischen *Standard*. Was können verzweifelte Eltern tun, wenn das Kind »für das große Geschäft aber noch eine Windel verlangt?«, fragt die Zeitung (online, 30.04.2023). Kein Witz: Immer mehr Kinder tragen Windeln in der Schule – manchmal noch mit 11 Jahren. Doch! Das konnte man auch in anderen Zeitungen lesen! Aber ganz ruhig: In der Schweiz natürlich – in der Schweiz. Hinter den Bergen bei den sieben Zwergen: »Schweiz: Immer mehr Schulkinder tragen Windeln«, berichtete am 14. Juni beispielsweise der *Stern*. Tatsächlich kämen Kinder in der Schweiz »vereinzelt noch mit Windel in die Schule«, staunte auch der Kölner *Express*. »Pipi-Problem in der Schweiz«, dichtete die *Hamburger Morgenpost*. Und: »In Schulen sitzen dort immer häufiger Kinder, die noch auf Windeln angewiesen sind – sogar Elfjährige sind dabei« (online, 14.06.2023). Neben Windeln bunkern viele Schulen deshalb auch Ersatzkleidung für die Kinder. Schuld seien die Eltern: Häufig sei der Nachwuchs von den Eltern auf die Windel konditioniert – und werde erst sehr spät entwöhnt. »Manche Eltern lassen das schlittern, weil die Windel eine praktische Entlastung ist. Das gilt heute nicht mehr als problematisch«, sagt Erziehungswissenschaftlerin Margrit Stamm. Auch gebe es Eltern, die ihren Kindern auf Ausflügen oder am Wochenende Windeln anziehen. »Das ist ein komplett falsches Signal«, so Stamm. »Wenn Elfjährige immer noch mit Windeln in die Schule kommen, ist das eine bedenkliche Entwicklung«, so Dagmar Rösler, Zentralpräsidentin des Dachverbands Schweizer Lehrerinnen und Lehrer (*Der Spiegel*, online, 14.06.2023). Na gut, aber das sind doch bestimmt nur Einzelfälle – wenn auch ein ganzer Haufen. Nichts da: »Immer mehr ältere Schüler tragen noch die Helfer aus Plastik«, zitierte die *Hamburger Morgenpost* Rösler (online, 14.06.2023). Laut der Entwicklungspädagogin Rita Messmer ist die Zahl der Windelträger in der Schule gar »extrem gestiegen«. Herrje! Man sieht regelrecht die Pfützen auf dem Klassenzimmerboden! Da Kinder in der Schweiz den Eltern bereits mit 4 Jahren entrissen und in den Kindergarten gesteckt werden, hat sich die Eidgenossenschaft damit selbst ein Problem geschaffen – und Kindern, Eltern und Lehrern natürlich auch. Denn damit werden viele Kinder geradewegs aus ihrer heimischen Sauberkeitsgewöhnung herausgerissen.

Gut, dass wir, wenn man den oben zitierten Medien glaubt, dieses Problem nicht haben. Denn Deutschland wird dort mit keinem Wort erwähnt. Wer darüber hierzulande etwas finden will, der muss schon danach suchen. Fündig wurde ich im *Darmstädter Echo*. Demnach staunten kürzlich die Bildungsverantwortlichen im Lahn-Dill-Kreis nicht schlecht, »denn unter den Sechs- bis Zehnjährigen seien längst nicht alle trocken. Gibt es das tatsächlich oder ist es bislang unbekannt, da ein Tabu?«, fragte das Blatt am 8. Februar 2023. In der Tat: Dass deutsche Grundschüler noch in die Hose machen, passt natürlich gar nicht gut in die offizielle Propaganda des elternfernen Erziehungs- und Bildungssystems aus Kinderkrippe, Kita und Schule, das angeblich so gut für die Kleinen ist. Aber, so das *Darmstädter Echo*, zumindest reichten die Erkenntnisse »aus Sicht der Verantwortlichen aus, daraus ein überlokales Phänomen zu formulieren«. Es sei zu vermuten, »dass dies ›viele Schulen betrifft‹. Mehrere Rektoren hätten dies schließlich zurückgespiegelt«.

Pah: Das kann ja nur eine Verschwörungstheorie sein! »Dem Kinder- und Jugendärztlichen Dienst (KJÄD) liegen soweit keine Erkenntnisse vor, welche die Thesen aus Mittelhessen stützen würden«, so das *Echo*. Na bitte: alles übertrieben! Moment: »Gänzlich an den Haaren herbeigezogen ist das Phänomen zumindest aus einem Umstand heraus nicht.« Und dieser »Umstand« besteht in einem unbestechlichen Maßstab – nämlich darin, dass die Windelgrößen im Handel beständig steigen: »Die Nummern 6, 7 oder 8 sind längst keine Seltenheit mehr.« Tatsächlich sind heutzutage auch hierzulande viele Grundschulkinder noch nicht »sauber«. Mit »Bequemlichkeit der Eltern« hat das häufig allerdings nichts zu tun: »Gerade junge Eltern mit kleinen Kindern fühlen sich heutzutage vielfach überfordert: Arbeits- und Familienleben sollen möglichst unter einen Hut gebracht, die neue Situation vor allem auch finanziell abgesichert und natürlich die Erwartungen des persönlichen Umfelds erfüllt werden. Wie schnell führt da der – staatlich geförderte – Weg für das Kind in die Fremdbetreuung und für die Mutter zurück in den Beruf?«, heißt es im Begleittext zu dem Buch *Die Sehnsucht kleiner Kinder: Liebe und Geborgenheit in der Erziehung* (Graz 2019). Das In-die-Hose-Machen ist auch ein Hinweis auf emotionale Probleme und eine missglückte frühkindliche Sozialisierung (siehe Leihmutterschaft). Schon bei Kindern, die mit wenigen Monaten von der Mutter in eine Kita gegeben werden, muss man später mit schweren emotionalen Störungen rechnen, zum Beispiel Autismus, Bindungslosigkeit, Beziehungsstörungen, aber auch mit unerkannten Traumatisierungen. Denn solange das Kind nicht sprechen kann, kann es auch nicht über mögliche Misshandlungen und Vernachlässigungen in der Kita berichten. Wobei schon die Trennung von der Mutter natürlich eine Traumatisierung darstellt.

Die Zuständigkeit für die Sauberkeitserziehung ist genauso zersplittert wie die Zuständigkeit für das Kind als Ganzes: Immer mehr Verantwortlichkeiten wurden in die Kita abgeschoben oder nicht eindeutig geklärt. Speziell, wenn schon 6 Monate alte Babys in der Kita landen, ist wohl klar, an wem die Sauberkeitserziehung im Wesentlichen hängenbleibt: am dortigen Personal. Die Sauberkeitsgewöhnung ist aber eine Vertrauenssache und benötigt Geborgenheit, Zuwendung und Zeit – etwas, das viele Eltern heutzutage nicht mehr haben. Im Grunde ist es wie mit jungen Katzen: Wenn sie zu früh von der Mutter getrennt werden, missglückt die Sauberkeitserziehung, und sie gehen nicht ins Kistchen. Bei Menschenkindern ist dies nicht anders, aber diese sehr viel längere Frist wird bereits bei Kita-Kindern grob missachtet. So kann die Sauberkeitserziehung nicht klappen. Und eine ganze Menge anderer Dinge auch nicht. Ganz einfach: weil durch die Trennung die frühkindliche Entwicklung gestört ist. Die missglückte Windelentwöhnung ist dafür nur ein Indikator.

Machen Kinder aus Spaß in die Hose?

»Leidtragende seien vor allem die Lehrkräfte, die ihren Schülern neben dem Unterricht auch die Windeln wechseln müssen«, zitiert die *Morgenpost* Erziehungswissenschaftlerin Stamm. Alle haben es also schwer: Die Eltern, das Kitapersonal und die Lehrkräfte, weil sie die Windelträger immer wieder wickeln müssen. Nur eine Gruppe wird merkwürdigerweise schon wieder vergessen: die Kinder. Machen diese eigentlich aus Spaß in die Hose? Noch in der Schule Windeln tragen zu müssen, ist schließlich kein Vergnügen – sondern es droht ein ständiger Spießrutenlauf, der das Leben in Kita und Schule zur Hölle machen kann. Solche Kinder werden oft gehänselt und ausgegrenzt, leiden unter ständigen Schamgefühlen und Versagensängsten, was wiederum das Einnässen fördert. Je älter die Kinder werden, umso komfortabler wird ihnen die Selbstbeschmutzung jedoch gemacht: Statt der dicken Windelpakete gibt es dann sogenannte Windelunterhosen. Der Windelspezialist Kiwisto hat gleich verschiedene Modelle im Programm, zum Beispiel die »Bambo Dreamy« oder die »Abena Pants Premium« – jeweils für 8- bis 15-Jährige …

Mai 2023

Thema des Monats

29.5. Seymour Hersh: Enthüller oder Schwindler?

1.5. Der Tübinger Oberbürgermeister Boris Palmer tritt aus Bündnis 90/ Die Grünen aus – **5.5.** Die WHO hebt die internationale Gesundheitsnotlage wegen der »Coronapandemie« auf – **6.5.** In Großbritannien wird Prinz Charles zum König gekrönt – **7.5.** Wegen irreparabler Schäden wird in Deutschland die Talbrücke Rahmede (A 45) gesprengt – ***9.5. Israelische Luftangriffe auf den Gazastreifen (siehe 7. Oktober: Hamas-Überfall auf Israel) – 12.5. Bundestag fordert Reform der WHO*** – **14.5.** Dem ukrainischen Präsidenten Wolodymyr Selenskyi wird der Karlspreis zu Aachen verliehen – ***17.5. Wie deutsche Bürger heimlich betäubt werden – 19.5. Menschen nehmen immer mehr Sonnencreme und beschädigen dadurch ihren Krebsschutz*** – **24.5.** In München wird gegen die »Klimaschützergruppe« Letzte Generation wegen Bildung einer kriminellen Vereinigung ermittelt – ***26.5. Wie vor 30 Jahren der Migrantenstrom gestoppt wurde … – 29.5. … und die Politik umgehend dafür bestraft wurde – 29.5. Bei einem Interview mit der*** **Neuen Zürcher Zeitung** ***verliert Starreporter Seymour Hersh die Nerven (siehe auch 8. Februar)***

12. Mai
WHO-Pandemievertrag: ein Pakt mit dem Teufel?

Na, Gott sei Dank: Am 12. Mai 2023 forderte der Bundestag endlich »eine Reform der Weltgesundheitsorganisation«. Sie wissen schon: Die WHO ist jene globale Organisation, welche die weltweite Impfkampagne während der sogenannten »Coronapandemie« orchestrierte, aber gleichzeitig von Pharmainvestoren finanziert wird, wie etwa dem Milliardär Bill Gates. Und das ist natürlich pikant, um das Mindeste zu sagen: »Der heimliche WHO-Chef heißt Bill Gates«, schrieb schon 2017 selbst die deutsche *Zeit*. Und: »Die wichtigste Organisation der Weltgesundheit, die WHO, hat ein Problem: Sie ist pleite und deshalb auf Spenden angewiesen.« – »Die Agenda der WHO werde immer mehr von privaten Spendern bestimmt, vor allem von Bill Gates«, zitierte das Blatt David McCoy, einen »der führenden Experten im Bereich Weltgesundheit«: »Würde die Bill & Melinda Gates Foundation aufhören, jährlich Millionen US-Dollar nach Genf zu schicken, würde die WHO womöglich in sich zusammenfallen. Entsprechend großen Einfluss habe der Milliardär auf das inhaltliche Programm.« – »Mehr als Dreiviertel des verfügbaren Budgets bestehen aus freiwilligen Mitteln«, etwa der Bill-und-Melinda-Gates-Stiftung, so die schweizerische Rechercheseite *Infosperber* (online, 24.09.2022).

Der Globus als Bananenstaat

Mit anderen Worten regiert Pharma-Investor Bill Gates die WHO; die WHO startet eine Impfkampagne auf dem Globus – und Bill Gates hält als Investor von Impfherstellern die Hand auf. Ein Abgrund an Korruption. Sprich die Pharmabranche ist nichts weiter als organisierte Kriminalität. Unverschämt – wie kann man so etwas behaupten? Nun, das sage nicht ich, sondern laut dem *Spiegel* »einer der profiliertesten Medizinprofessoren der Welt«, der Däne Peter Christian Gøtzsche (*Der Spiegel*, 46/2014). Sein Buchtitel *Deadly Medicines and Organized Crime* klingt wie eine Zusammenfassung der sogenannten »Coronapandemie«: »Medikamente werden von organisierten Verbrechersyndikaten hergestellt«, heißt es da. »Peter Gøtzsche zeigt, dass die offizielle Definition des organisierten Verbrechens eng mit den Aktivitäten der größten Arzneimittelhersteller übereinstimmt« (*Tödliche Medizin und organisierte Kriminalität: Wie die Pharmaindustrie unser Gesundheitswesen korrumpiert*, München 2014). Und diese organisierte Kriminalität wiederum beherrscht die WHO – und inzwischen die ganze Welt. Der Globus als Bananenstaat: Unter dem Vorwand des Gesundheitsschutzes kann die WHO den Erdball unter Kontrolle bringen – indem sie den Staaten tiefgreifende Maßnahmen aufzwingt, die das gesamte politische, wirtschaftliche und gesellschaftliche Leben betreffen. Aber wo Gefahr ist, wächst bekanntlich das Rettende auch: Am 12. Mai 2023 forderte der Bundestag endlich die erwähnte »Reform der Weltgesundheitsorganisation«. »Ein entsprechender Antrag der Ampelkoalition (20/6712) wurde am Freitag, 12. Mai 2023, namentlich mit 497 Stimmen angenommen«, konnte man an diesem Tag auf *bundestag.de* lesen. Puh – da haben wir ja nochmal Glück gehabt! Der Bundestag setzt sich also für eine Neuordnung der WHO ein. Und das wird auch höchste Zeit, denn die WHO steht nun kurz vor der totalen Machtergreifung: »Wird die Weltgesundheitsorganisation künftig bis nach Deutschland durchregieren können«, werden »die Bürokraten der WHO entscheiden, ob wir unser Haus verlassen dürfen oder nicht?«, fragte beispielsweise der Journalist Boris Reitschuster den bekannten Kriminologen und WHO-Experten Uwe Kranz in einem Interview. »Können die irgendwann entscheiden, ohne dass der Bundestag oder die Bundesregierung mitredet, dass wir irgendwelche Spritzen bekommen müssen oder nicht?« (*reitschuster.de*, 02.07.2023).

WHO: eine geheime Agenda im Hintergrund

Die Antwort lautet: Ja. Kranz zufolge, der früher Präsident des thüringischen Landeskriminalamtes war, hat die WHO zwei Papiere beziehungsweise internationale Verträge in Arbeit, die aus der »Gesundheitsorganisation« endgültig eine Weltdiktatur machen sollen:

- die Internationalen Gesundheitsvorschriften (IGV) und
- das WHO-Übereinkommen zur Pandemievorbereitung, -prävention und -reaktion (CA+). Kurz: »Pandemievertrag«.

Denn geht es nach der WHO, hat die »Internationale Gemeinschaft« während der »Coronapandemie« »katastrophal versagt (*multipolar*, online, 23.05.2023). Wie wahr: Überstürzt eingeführte, nicht ausreichend erprobte Impfstoffe, mindestens nutzlose, wenn nicht schädliche Milliardenbestellungen bei der Pharmaindustrie, Aussetzung der Menschenrechte, milliardenfache Nötigung und Körperverletzung, Umsturz der politischen Systeme in weiten Teilen der Welt. Ein schönes Desaster. Aber das meint die WHO natürlich gar nicht. Sondern der »World Hell Organization« (Internetspott) gingen die Maßnahmen einfach noch nicht weit genug. Und vor allem fehlt es ihr an einem: an der totalen Macht. Das Problem: Zwischen den WHO-Empfehlungen und den Bevölkerungen standen immer noch die nationalen (Rest-)Regierungen, was einerseits zu Verzögerungen, andererseits zu Unterschieden bei den sogenannten »Coronamaßnahmen« führte. Ja, manche Regierungen zögerten gar oder lehnten die Impfung ihrer Bevölkerung ab, wie beispielsweise der haitianische Präsident Jovenel Moïse oder der bald nach seinem Nein verstorbene tansanische Präsident Magufuli. Auch in Schweden maßte man sich an, einen eigenen Weg zu gehen. Die neuen Internationalen Gesundheitsvorschriften und das Übereinkommen zur Pandemieprävention (»WHO-Pandemievertrag«) sollen das in Zukunft verhindern. Das sei »eine geheime Agenda, die im Hintergrund« verfolgt werde, so Kranz.

Verfassungsputsch gegen 200 Staaten

Glaubt man dem ehemaligen LKA-Chef, holt die WHO nun zum entscheidenden Schlag aus – zum Verfassungsputsch gegen alle ihre knapp 200 Mitgliedstaaten. Jetzt soll endlich das weiter vorangetrieben werden, was ich schon am 14. März 2020 in einem Interview beschrieben habe: »Was wir hier erleben, das ist 1933 auf globaler Ebene, also die totale Machtergreifung. Denn wir haben ja nichts anderes vor uns als den globalen Ausnahmezustand – oder jedenfalls den Ausnahmezustand auf großen Teilen des Globus, gemischt mit einem Kriegsszenario, und zwar mit einer psychologischen Kriegsführung und mit einer wirtschaftlichen Kriegsführung. [...,] es geht hier um einen Notstand oder einen Ausnahmezustand, der von oben verkündet wurde und der jetzt die globalen Strukturen hinunterläuft, also die globalen Befehlsstrukturen.« Genau: In Zukunft sollen aus Empfehlungen Befehle sowie die Verträge und Vorschriften zur Pandemieprävention und -bekämpfung rechtlich bindend werden. Dem WHO-Experten Kranz zufolge soll die »Gesundheitsorganisation« künftig von Genf aus in jedes einzelne Land auf dem Erdball durchregieren können – »eine internationale Organisation, die weder gewählt ist noch eine demokratische Legitimation hat«. Womit beispielsweise in Deutschland Parlament und Regierung ausgeschaltet wären: »Beide Papiere bedeuten unterm Strich Übernahme der Souveränität Deutschlands«, so Kranz. Und dabei habe man es ja »mit gravierenden Elementen der Freiheitsbeschränkung zu tun, die wir alle erlebt haben.

Denken Sie zurück: der Lockdown, die Quarantäne, die Diskussion um die Zwangsimpfung, die nur haarscharf an uns vorbeigegangen ist […]. Nach diesen neuen Papieren sieht das dann anders aus. Dann haben wir die Möglichkeit, dass die WHO entscheidet, dass in Zukunft Zwangsimpfungen notwendig sind. Aber wahrscheinlich braucht es das gar nicht mehr«, weil WHO-Chef Tedros Ghebreyesus »dann schon längst das Gesundheitszertifikat unter Dach und Fach hat«, und ohne das Gesundheitszertifikat könne niemand mehr reisen, »wo immer er hin will, sondern nur, wenn er geimpft ist […]. Und dann heißt es: ›Aus die Maus mit Reisen‹: Flugreisen, Zugreisen, grenzüberschreitende Reisen – egal, was es ist, keiner wird sich mehr bewegen können – das wird alles die Folge sein […].«

Hühnerfleisch mit mRNA?

Der einzelne Bürger bekomme dann sogar vorgeschrieben, »welche Medikamente er kriegen darf: alle homöopathischen Mittel, alles, was nicht in Übereinstimmung mit den Mitteln der WHO sei, wird verboten«. Im Hintergrund warte auch schon eine H5N1-Pandemie: »Wenn dieser Vertrag im Mai [20]24 verabschiedet wird, dann geschieht Folgendes: dann wird sämtlichen Hühnerfarmen in der Welt, nicht nur in Deutschland, auch in Ungarn, auch in Polen, egal wo, wird sämtlichen Hühnerfarmen auferlegt, sie zu monitoren, überwachen, kontrollieren, und alle Hühner mit mRNA-Impfstoffen zu impfen. Und dann essen Sie Hühnerfleisch mit mRNA [wobei allerdings fraglich ist, wie hitze- und magenbeständig die mRNA ist; G. W.]. Und wer nicht impft, kriegt seinen Bestand gekeult. Dann verliert er seine gesamte Existenz. Dann werden wir keine Hühnerfarmen mehr haben. Das gilt auch für Rinder, das gilt auch für Schafe, das gilt auch für Haustiere. Wenn irgendein Viehzeug potenziell ein gefährlicher Überträger ist von irgendwelchen Viren, ob sie da sind oder nicht, ist dann auch egal. Wenn [WHO-Chef] Tedros spricht, dann ist das Virus da, und dann wird die Maßnahme draufgesetzt. Dann gibt's auch kein Rindfleisch mehr.«

Der Tod der freien Medienlandschaft

Außerdem bestimme das geplante WHO-Übereinkommen, dass »alles mit Zensurbehörden weltweit überwacht werden muss, damit keine Falschinformationen und keine Desinformation über die von der WHO getroffenen Anordnungen entstehen«. »Die Vertragsparteien verpflichten sich«, heißt es in dem Vertragsentwurf, »die Wissenschaft, die öffentliche Gesundheit und die Pandemiekompetenz in der Bevölkerung zu verbessern sowie den Zugang zu Informationen über Pandemien und ihre Auswirkungen zu verbessern und falsche, irreführende Fehlinformationen oder Desinformationen zu bekämpfen, unter anderem durch Förderung der internationalen Zusammenarbeit. […] In diesem Zusammenhang wird jede Vertragspartei ermutigt, regelmäßig soziale Netzwerke zu beobachten und zu analysieren, um die Verbreitung und die Profile von Fehlinformationen zu ermitteln, die dazu beitragen, Kommunikations- und Nachrichtenstrategien für die Öffentlichkeit zu entwickeln, um Fehlinformationen, Desinformationen und Falschnachrichten entgegenzuwirken und so das öffentliche Vertrauen zu stärken« (*Epoch Times*, online, 22.02.2023). Kranz: »Das wird der Tod der gesamten freien Medienlandschaft sein.« Es gebe ein sehr schönes Beispiel namens Brasilien, wo allein »das Verbreiten von falschen Nachrichten über Impfstoffe und deren Wirkweise mit einer Gefängnisstrafe von 2–8 Jahren geahndet wird […], und das Nichtimpfen, obwohl man verantwortlich wäre, aufgerufen wäre zum Impfen, kostet sogar 8–10 Jahre, und das Nichtimpfen von Kindern, die vorgesehen sind zum Impfen, kostet 1–3 Jahre [Haft] für die Eltern.«

Trumps Kampf gegen die WHO

In diesem Zusammenhang erscheint auch ein Ereignis aus dem Jahr 2020 in einem ganz anderen Licht, das damals für beträchtliche Aufregung sorgte. Am 29. Mai 2020 verkündete der damalige US-Präsident Donald Trump das Ende der US-Finanzierung und den Austritt seines Landes aus der WHO. Als Grund nannte er den Einfluss Chinas auf die Organisation, wo das Coronavirus seinen Ursprung gehabt haben soll – Trump versuchte also, die USA der finsteren Krake WHO im letzten Moment zu entreißen. Als Sprachregelung wählte er Chinas angebliches Versagen bei der Eindämmung des Virus, aber in Wirklichkeit ging es für die USA und die Welt ums Eingemachte: Wenn die WHO den Sack zumachen würde, wie sie es jetzt anstrebt, dann wäre es mit freien souveränen Staaten auf dem Planeten endgültig vorbei. »Im Jahr 2020 setzte die Trump-Administration die finanzielle Unterstützung aus und leitete ein Verfahren zum Austritt der USA aus der Organisation ein«, so das US-Portal für Gesundheitspolitik, *KFF*. Dieser wurde am 7. Juli 2020 zum 6. Juli 2021 erklärt. Doch bekanntlich verlor Trump die Wiederwahl unter umstrittenen Umständen. Die Demokraten rissen die Führung des Landes wieder an sich, der Wiedereintritt in die WHO hatte oberste Priorität. Noch am Tag seiner Amtseinführung, dem 20. Januar 2021, erklärte Trumps Nachfolger Joe Biden in einem Brief an den UNO-Generalsekretär António Guterres den Wiedereintritt in die WHO.

Der Kampf um die totale Macht

Damit hatte Joe Biden die Souveränität der USA an die »Weltgesundheitsorganisation« abgetreten und im letzten großen Widerstandsnest gegen die WHO-Diktatur die weiße Fahne gehisst. Und wer auch immer an Trump herummäkelt, sollte sich daran erinnern, dass dieser zumindest versucht hatte, die USA vor der Globaldiktatur der Pharmaindustrie zu retten und die Welt damit gleich mit – was einer der Gründe für die völlig überdrehte, hysterische Hetzkampagne gegen den 45. US-Präsidenten war, die bis zum heutigen Tag andauert. Dieser Austritt, hätte er Bestand gehabt, wäre natürlich nicht ohne Folgen für die Weltgesundheitsorganisation und die politische Konstruktion des Planeten geblieben. Denn um die offizielle politische Organisation geht es hier ja nicht – sondern darum, dass eine als Gesundheitsbehörde getarnte Unterabteilung der UNO eine Gewaltherrschaft über den Planeten verhängt, einschließlich Zwangsmaßnahmen wie Freiheitsberaubung, Körperverletzung, (fahrlässige) Tötung und anderem mehr. Ausgeübt wird die Gewalt von Polizeibehörden vor Ort, welche die totalitären Maßnahmen der WHO durchsetzen. Die Polizei der verschiedenen der Staaten wird damit zur Hilfstruppe der WHO, also letztlich der Pharmaindustrie und der organisierten Kriminalität.

Bekenntnis zur WHO

Höchste Zeit also, dass der Bundestag am 12. Mai eine Reform dieser größenwahnsinnigen Institution forderte. Schließlich hat sie schon längst viel zu viel nicht legitimierte Macht bekommen. Nur 68 unbelehrbare Abgeordnete votierten denn auch dagegen und 25 Drückeberger haben sich enthalten. Doch siehe da: Wer den verabschiedeten Antrag der Ampelkoalition las, erlebte eine Überraschung. Das Papier sollte die WHO gar nicht entmachten! Im Gegenteil: Es enthielt das reinste »WHO-Sprech« –

quasi aus dem Munde des Bundestages: »Während der Covid-19-Pandemie sei erneut deutlich geworden, dass der WHO die Fähigkeiten fehlten, ihr Mandat vollumfänglich zu erfüllen«, stand da zu lesen. »Um den internationalen Erwartungen an die Organisation gerecht zu werden, brauche es Reformen sowie politische, personelle und finanzielle Unterstützung.« Also noch mehr Macht für die WHO! Glaubt man der Ampelkoalition, ist die Weltgesundheitsorganisation nicht zu stark, sondern zu schwach: »Auch auf europäischer Ebene wird die Stärkung der WHO (Globale Gesundheitsstrategie der Europäischen Union, 2022) vorangetrieben«, schreibt die Ampel in ihrem Antrag und legt gleichzeitig ein »Bekenntnis zur WHO« ab. Und: »Der WHO fehlten kalkulierbare und flexible Mittel, um ihre Führungsrolle in der globalen Gesundheitspolitik auszufüllen, die nötige Expertise bereitzustellen und adäquat auf Notlagen zu reagieren«, so der Antrag. Also ziemlich genau das, was auch durch die von Kranz beschriebenen Verträge und Vorschriften erreicht werden soll.
Der Einfluss von privaten Geldgebern soll angeblich zurückgedrängt werden. Na immerhin – doch wie? Ganz einfach: indem man der WHO noch mehr Geld gibt, sodass der private Anteil schrumpft. So sollen die Mitgliedsbeiträge der UN-Staaten drastisch erhöht werden. Dadurch würde der finanzielle Einfluss der »Privaten« theoretisch abnehmen. »Die Gates-Stiftung beeinflusst die globale Gesundheitspolitik aber nicht nur durch ihre direkte finanzielle Förderung«, heißt es in einer Analyse von kirchlichen Hilfswerken, darunter Misereor, »sondern auch durch die Koppelung von Fördergeldern an Finanzierungszusagen von Regierungen (matching funds), durch die Unterstützung ausgewählter Forschungsprogramme, die Gründung globaler Gesundheitspartnerschaften (zum Beispiel Gavi), die Platzierung von Stiftungsmitarbeiterinnen und -mitarbeitern in den Entscheidungsgremien der Partnerschaften sowie durch direkte Advocacy-Arbeit auf höchster politischer Ebene« (Jens Martens und Karolin Seitz: *Gestiftete Entwicklung? Die Kooperation zwischen der deutschen Entwicklungspolitik und privaten Stiftungen*, Aachen Januar 2017).
In Wirklichkeit ist die angeblich angestrebte Reduzierung des Einflusses privater Finanziers also nur ein Vorwand, um der WHO immer mehr öffentliche Gelder zuzuschanzen. Unter dem Strich wird die WHO mehr Geld und Macht haben als zuvor, um ihre wahnsinnigen Ziele durchzusetzen, zu denen auch die Bekämpfung von Windmühlen gehört. Sprich die Bekämpfung des angeblich anthropogenen Klimawandels. Die Eindämmung des Einflusses privater Geldgeber ist nur ein Lippenbekenntnis. Auf eine Anfrage der Linken sah die Bundesregierung »keine Notwendig-

keit, den Einfluss privater Stiftungen generell ›zurückzudrängen‹« (Antwort der Bundesregierung, 30.05.2023, Drucksache 20/7512).

Im Schulterschluss mit der WHO

Mit anderen Worten: Wenn es darum geht, »Schaden vom deutschen Volke abzuwenden« und die Souveränität Deutschlands zu verteidigen, versagt der Bundestag mehrheitlich. Im Gegenteil liefert er das Land einer durch nichts legitimierten kriminellen Organisation aus, die von abwegigen Ideologien, fremden Ländern und der Pharmaindustrie (Gates) beherrscht wird. Kein Wunder, denn wenn man etwas tiefer gräbt, stellt man fest, dass Deutschland selbst eine führende Kraft der »Weltgesundheitsorganisation« ist, so Kranz: »Deutschland ist angeblich der zweit- oder drittgrößte Geldspender« und finanziert ja auch andere Geldgeber der WHO mit, wie beispielsweise die Europäische Union und andere. »Also wenn man das alles mal zusammenrechnet, kommen wir mit Sicherheit auf Platz 1 oder 2« – zusammen mit Bill Gates, China und anderen. In Wirklichkeit befindet sich die Bundesregierung im festen Schulterschluss mit der WHO und ihren Hintermännern. Und unser vortreffliches Bundesverfassungsgericht sitzt mit im Boot: Am 15. September 2023 nahm es eine Verfassungsbeschwerde gegen die Mitwirkung Deutschlands an den geplanten Änderungen der Internationalen Gesundheitsvorschriften und am internationalen Pandemievertrag nicht zur Entscheidung an (BVerfG, Pressemitteilung Nr. 83/2023 vom 27.09.2023) …

17. Mai
Die Müdemacher: Warum die Deutschen nicht auf die Barrikaden gehen

Es ist zu merkwürdig! In Berlin überschlagen sich die Skandale: Der Mai wurde dominiert von der Vetternwirtschaft des grünen Wirtschaftsministers Robert Habeck. Nachdem Habecks Staatssekretär Patrick Graichen seinen Schulfreund und Trauzeugen Michael Schäfer in das Amt des Aufsichtsrats der bundeseigenen Deutschen Energie-Agentur (dena) gehievt hatte, musste Graichen zwar gehen. Am 17. Mai bat Habeck den Bundespräsidenten allerdings, Graichen in den einstweiligen Ruhestand zu versetzen, sodass der Abgang für den Genannten zum goldenen Handschlag wurde: »Alles in allem könnte Habecks ehemals wichtigster Mann verteilt über die nächsten Jahrzehnte mehr als 2 Millionen Euro bekommen«, so das Magazin *Focus* (online, 05.06.2023). Nicht gehen musste oder wollte dagegen Habeck selbst. Kurz: Die Grünen errichten eine Vetternwirtschaft, die sich gewaschen hat, die Regierung lässt ohne Ende Migranten ins Land, verpulvert Milliarden für eine sogenannte »Klimapolitik« und für den Krieg in einem Land, das uns nichts angeht, lässt sich die Pipeline Nord Stream 2 zerbomben, schaltet die Atomkraftwerke ab, sabotiert die Autoindustrie und die Energieversorgung, heizt damit die Strom- und Gaspreise an, will ein Vermögensregister einführen und ist für einen gesammelten Rücktritt überreif – aber das Volk bleibt ruhig. Es schweigt. Egal, ob Willkommenskultur für Flüchtlinge, »Klimaschutz« oder Krieg in der Ukraine – der Deutsche läuft brav mit und schwenkt blau-gelbe (für die Ukraine) genauso wie Regenbogen-Fähnchen. Nur die eigene Flagge schmeißt er weg – siehe Merkel.

Valium im Trinkwasser?

Mit der Frage, warum die Deutschen nicht auf die Barrikaden gehen, haben wir uns ja schon früher beschäftigt. Selbst bei den Wahlen ändert sich nichts Wesentliches. Nach den Landtagswahlen in Bayern und Hessen im Oktober 2023 regieren die alten Kräfte einfach weiter (siehe dort). Ich will diesmal deshalb einen weiteren Aspekt herausgreifen: Inzwischen könnte man meinen, irgendjemand schüttet den Menschen etwas ins Trinkwasser – so eine Art »Soma«, wie es von Aldous Huxley in seinem Roman *Schöne neue Welt* vorhergesagt wurde. Da komme ich nicht von allein drauf, sondern durch eine »Verschwörungstheorie«: Tatsächlich tauchte 2020 die Meldung auf, die Chefin eines Wasserwerkes habe behauptet, bei ihr stünden für den Fall eines Aufstandes säckeweise Beruhigungsmittel bereit, um sie gegebenenfalls ins Trinkwasser zu schütten. Doch dieser schädliche Informationserreger wurde von den weißen Blutkörperchen des Informationskreislaufes sogleich zerlegt und beseitigt: von den sogenannten »Faktencheckern«, die gleich jeder »Falschmeldung« den Garaus machen – genauer: jeder unerwünschten Meldung: »Keine Belege, dass Wasserwerke Beruhigungsmittel lagern, um es bei sozialen Unruhen ins Trinkwasser zu mischen«, meldete etwa die Website *Correctiv*. »Nein, Wasserwerke geben Trinkwasser kein Beruhigungsmittel zu«, meldete auch der AFP-Faktencheck. Na dann: Genehmigen wir uns also erst einmal einen kräftigen Schluck aus der Pulle – beziehungsweise aus dem Hahn.

Eine dunkle Dystopie

Die Vorstellung, dass Wasserwerke tatsächlich Psychopharmaka ins Trinkwasser schütten würden, um aufkeimende Unruhen zu ersticken, wäre ja auch zu gruselig. Zudem stellt sich die Frage, ob eine solche Last-Minute-Medikamentierung überhaupt sinnvoll wäre? Denn wenn tatsächlich auf breiter Front ein Aufstand begönne, dann wäre das Kind doch schon in den (Trinkwasser-)Brunnen gefallen, gell? Dann hat doch schon irgendetwas oder irgendjemand versagt. Dabei sind wir heute ja schon viel weiter, als noch vor einigen Jahren, als die Diskussion um diese »Verschwörungstheorie« geführt wurde. Obwohl sich die Zumutungen häufen und Deutschland vor den Augen der Welt Selbstmord begeht, machen die Deutschen keinen Finger krumm, um sich zu wehren. Sie spüren einfach nichts – wie jemand, der nicht »Aua!« schreit, wenn man ihn mit einer Nadel sticht. Bei jedem Patienten würde man angesichts dessen fragen: Lähmung, Betäubung, Schlaganfall? Zu einem Aufstand, den man mit Pillen niederschlagen müsste, kommt es deshalb erst gar nicht. Denn die Wahrheit ist: Was wie eine dunkle Dystopie klingt, die Menschen im Falle eines Aufstandes mithilfe von Drogen zu betäuben, das passiert doch schon längst! Ja! Die Leute sind weit im Vorfeld eines Aufruhrs ohnehin schon völlig »stoned«!

Ein Volk unter Dauerdröhnung

Sprich die Drogenfässer im Wasserwerk kann man sich sparen. Man muss nur einmal zusammenzählen, was der Deutsche schon von sich aus so alles in sich »einwirft«. Denn die Menschen lassen sich längst freiwillig chemisch abstumpfen, und zwar auf Kasse. Ein hoher Prozentsatz des Volkes steht mehr oder weniger unter einer Dauerdröhnung. Im Jahr 2020 wurden in Deutschland 754 Prozent mehr Antidepressiva verschrieben als im Jahr 1991, also fast 8 Mal so viele, berichtete die Website *Depression-Heute*. Kinder werden in der Schule mit Ritalin gedopt, Senioren im Altersheim mit Neuroleptika stillgelegt, Operierte werden von Schmerzmitteln wie Oxycodon abhängig. Die Coronapanikmache samt entsprechender Maßnahmen mit Quarantäne und sozialer Isolierung brachte noch einmal einen Schub: »Im Vergleich zum Vorjahr ergibt sich ein Plus um 4 Prozent.

- Immer mehr Menschen sind von Antidepressiva abhängig.
- Immer mehr Menschen versuchen von den Medikamenten loszukommen.
- Immer mehr Menschen berichten von entsetzlichen Absetzsymptomen.
- Immer mehr Menschen bemerken die verzögerte Entzugssymptomatik« (*Depression-Heute*, 15.04.2022).

Wobei es natürlich Überschneidungen gibt: Jemand, der Beruhigungsmittel nimmt, greift wahrscheinlich auch leichter zum Schlafmittel. Schon längst funktionieren viele Menschen nur noch durch chemische Substanzen. Ist das der Grund, warum dieses Volk trotz der größten Ferkeleien seiner Politiker nicht in die Strümpfe kommt?

Begrenztes Denken ist dummes Denken

Fragen wir doch ausnahmsweise einmal HAL beziehungsweise die KI: »Sind Medikamente wie diese [Beruhigungsmittel, Antidepressiva oder Antipsychotika] der Grund, warum sich die Deutschen alles gefallen lassen?«, tippte ich bei ChatGPT ein. Junge, Junge – da lagen aber gleich die Schaltkreise blank! Umgehend wurde meine Frage rot eingefärbt und mit einem gelb hinterlegten Warnhinweis versehen: »Dieser Inhalt könnte gegen unsere Richtlinien verstoßen.«

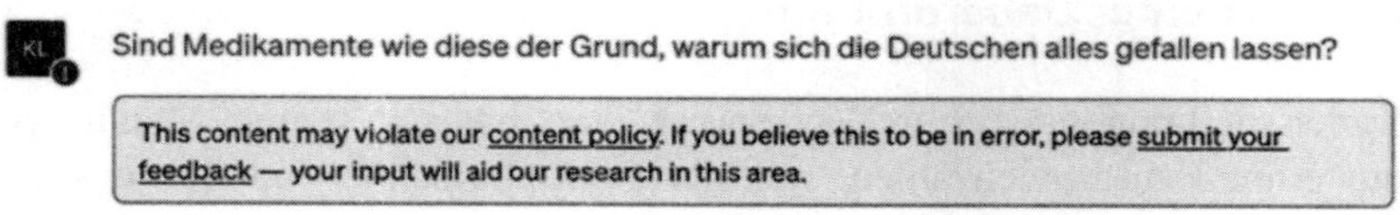

Ach nein! Wie interessant: Die künstliche Intelligenz hat also eine »content policy«! Hat Ihr Gehirn das auch? Aber ja! Bestimmte Sachen dürfen Sie gar nicht denken, stimmt's? Und so antwortete auch ChatGPT: »Nein, Medikamente wie Beruhigungsmittel, Antidepressiva und andere psychotrope Medikamente sind nicht der Grund dafür, dass sich die Deutschen angeblich alles gefallen lassen.« Bemerkenswert: Woher will die KI das wissen? Denn das ist ja nur eine These ohne Belege! Und Falsifizierungen sind nun einmal besonders schwer zu beweisen. »Solche Behauptungen sind unsachlich und können auf Vorurteilen oder falschen Annahmen beruhen«, rüffelte mich die KI. Das erste Ergebnis dieses Kapitels lautet also: ChatGPT ist genauso gehirngewaschen und politisch korrekt wie seine menschlichen Schöpfer. In Wirklichkeit heißt es auch bei der KI in vielen Bereichen: Denken verboten. Kein Wunder, denn wir sind hier ja auch bei Microsoft (Hauptaktionär der Mutterfirma OpenAI). Aber nicht vergessen: Politisch unkorrekt ist nicht die Meinung, sondern die Unterdrückung der Meinung.

Eintrag im Klassenbuch der KI

Wenige Tage nach dieser Anfrage wurde ich von ChatGPT sogar gesperrt. Womit sich der Begriff »künstliche Intelligenz« relativiert. Denn begrenztes Denken ist nun einmal dummes Denken. Während beispielsweise YouTube für die Sperrung eines Videos oder Nutzers noch fadenscheinige Pseudobegründungen gibt, gab es bei ChatGPT überhaupt keine Erklärung. »Sorry, you have been blocked«, verkündete die KI selbstherrlich. »Wenn Sie glauben, dass das ein Irrtum sein muss, kontaktieren Sie uns über unser Hilfecenter.« Dazu gab's noch eine ellenlange Nummer, die wahrscheinlich die Fallnummer sein sollte. Eine explizite Beschwerdemöglichkeit fand ich auf den Hilfeseiten dagegen nicht. Also fragte ich in irgendeinem Eingabefenster bei ChatGPT, wieso ich eigentlich gesperrt wurde. Eine Antwort bekam ich nicht, stattdessen wurde mein Benutzerkonto nach wenigen Tagen wieder freigeschaltet – um kurz darauf erneut gesperrt zu werden. Zweifellos habe ich bereits jetzt einen Eintrag im Klassenbuch der KI. Denn dieser kleine Fehler, eine solche Frage gestellt zu haben, wird – genauso wie bei Google – natürlich nicht vergessen.

Die heimlichen Beruhigungsmittel

Doch zurück zum Thema: Laut einer Studie der Krankenkasse DAK nehmen etwa 3 Millionen Arbeitnehmer Schlafmittel ein (*Focus*, online, 19.01.2021). In der Schweiz soll jede zehnte Person Schlaf- oder Beruhigungsmittel zu sich nehmen (laut *spectra-online.ch*, 16.05.2016), umgerechnet auf Deutschland wären das über 8 Millionen. Zudem sollen hierzulande fast 10 Prozent aller Erwachsenen im Alter von 18–64 Jahren in den zurückliegenden 12 Monaten mindestens einmal Cannabis konsumiert haben – »das sind rund 4,5 Millionen Personen« (*bundesgesundheits ministerium.de*, 17.08.2023). 8 Millionen Deutsche zwischen 18 und 64 trinken Alkohol »in gesundheitlich riskanter Form« (ebenda, 13.09.2023). Ein sehr hoher Prozentsatz der Bevölkerung nimmt also in irgendeiner Weise beruhigende Substanzen ein. Das ist jedoch nur der Anfang der

Recherche. Denn neben den üblichen Verdächtigen wie Alkohol, illegalen Drogen sowie Schlaf- und Beruhigungsmitteln gibt es auch chemische »Stoßdämpfer«, die gar nicht als solche erkannt werden, weil ihre Indikationen ganz woanders liegen, als im psychischen Bereich – meint man. Die Rede ist von Medikamenten, die man uns aus ganz anderen Gründen als psychischen Diagnosen verschreibt und von denen man daher nicht annimmt, dass sie einen beruhigenden oder dämpfenden Effekt haben könnten. »Dass zum Beispiel Medikamente gegen Schlafstörungen auch tagsüber müde machen können, leuchtet jedem Menschen ein«, so die Website *ratgebergesund.de* (15.06.2017): »Aber es gibt viele Arzneimittel, bei denen die Anwender von der Nebenwirkung Müdigkeit überrascht sind.« – »Einige Arzneimittel haben Müdigkeit als Nebenwirkung«, so die Website *deineapotheke.de* (28.10.2021): Dazu zählen neben den üblichen Verdächtigen wie Antidepressiva auch Antihistaminika (gegen Allergien wie Heuschnupfen), Parkinson-Medikamente, antivirale Arzneien, Chemotherapeutika und Antihypertensiva (Blutdruckmittel). »Wenn Blutdrucksenker eingenommen werden, sinkt der Blutdruck teilweise recht deutlich. Das kann Bluthochdruckpatienten vor allem zu Beginn der Behandlung schlappmachen.« Womit wir bei des Pudels Kern wären, denn diese vielen kleinen, abermillionenfach verordneten Pillen verhindern ja schließlich, dass das Blut in Wallung gerät – und zwar wortwörtlich. Nachdem die Blutdrucknormwerte von der WHO immer weiter gesenkt wurden, haben nun 20–30 Millionen Deutsche Bluthochdruck (*hochdruckliga.de*: Bluthochdruck in Zahlen, o. D.) und brauchen Blutdrucksenker, die ihren Blutdruck herunterfahren. Von hierzulande rund 80 Millionen Bürgern sind also 20–30 Millionen »krank« und damit reif für Betablocker und Blutdrucksenker! Und siehe da: »88 Prozent der Betroffenen, die davon wissen, lassen sich behandeln« – und haben oft keine Ahnung, dass sie dabei beschwichtigt werden, darf man noch hinzufügen.

Regierungen lieben Blutdrucksenker!

Regierungen lieben Blutdrucksenker! Denn diese verhindern nun einmal, dass die Menschen »auf 180« kommen. »Dreiviertel der Behandelten erreichen durch die Therapie gute Blutdruckwerte«, so die Deutsche Hochdruckliga. Super! Mit anderen Worten: Sie sind schön ruhig und ausgeglichen. Denn genauso wie man den Blutdruck durch mentale Übungen senken kann, beeinflusst eine pharmazeutische Blutdrucksenkung auch den mentalen Zustand. Kurz: alles, was beruhigt, senkt den Blutdruck – und alles was den Blutdruck senkt, beruhigt. Und hoher Blutdruck ist schließlich eine Volkskrankheit, hören wir allenthalben: Manche Teile des Volkes sind immer noch »auf 180«, und keiner weiß warum! Das geht ja gar nicht, denn davon kann man einen Schlaganfall bekommen, einen Herzinfarkt, und man kann daran sterben. Und schlimmstenfalls könnte auch das Regime daran sterben. Also Mund auf für das Pillchen! Mit angezogener Handbremse kann man keinen Aufstand anzetteln: Blutdrucksenker und etablierte Parteien gehören deshalb zusammen. Und natürlich auch Betablocker, die außerdem noch die Herzfrequenz herabsetzen. Denn Betablocker blockieren das Hormon, ohne das man nicht in den Kampf ziehen kann: Adrenalin (Deutsche Herzstiftung, online, 12.05.2021). »2017 wurden in Deutschland 2,19 Milliarden definierte Tagesdosen (DDD) Betablocker verschrieben« (Homöopathischer Verein 1907 e. V., online, 24.11.2021). Ruhet sanft: Dagegen sind herkömmliche Psychopharmaka gar nichts, denn Blutdrucksenker und Betablocker sind viel weiter verbreitet und gar nicht als Beruhigungsmittel bekannt. Laut *Arzneiverordnungs-Report 2021* wurden 2020 in Deutschland 1 Milliarde Tagesdosen Blutdrucksenker verschrieben!

Nein, meine Pillen ess' ich nicht!

Tja – und wenn nun jemand partout keine Pillen nehmen möchte? Weder Blutdrucksenker noch Antidepressiva? Dann verrate ich Ihnen etwas: Die Pillen sind tatsächlich im Trinkwasser! Allerdings nicht, weil sie jemand da hineinschütten würde, sondern weil die Substanzen durch die Klärwerke nicht vollständig aus dem Abwasser entfernt werden können. Bei Fischen wirken sie schon: »Wie die Verhaltensuntersuchungen mit Zebrabärblingen und Bachforellen zeigen, wirken Antidepressiva besonders stark«, so eine Pressemitteilung der Uni Heidelberg (19.08.2020). Und: »Diese neuroaktiven Substanzen führten bereits in außerordentlich geringen umweltrelevanten Konzentrationen zu Verhaltensveränderungen.« So ließen beispielsweise Fischembryonen jede Vorsicht fahren und verloren ihre Angst. Während sich zum Beispiel die Embryonen von Zebrabärblingen, wenn sich die Beleuchtung ändert, normalerweise zu verstecken versuchen, wurden sie unter dem Einfluss von Antidepressiva immer sorgloser. »Vergleichbar mit der Abnahme von Depressionszuständen, wie sie beim Menschen beobachtet wird, scheinen die Fische ihr natürliches Angstverhalten mit steigender Konzentration der Wirkstoffe im Wasser abzulegen. Das macht sie zu einer leichten Beute für Raubfische«, so der Biologe Prof. Dr. Thomas Braunbeck (zitiert nach Universität Heidelberg, Pressemitteilung Nr. 68/2020, 19.08.2020). Und die Menschen zu einer leichten Beute für Politiker? Nicht doch: »Im Gegensatz zu uns ist der Fisch kontinuierlich, sein ganzes Leben lang, diesen Stoffen im Wasser ausgesetzt.« Ja, aber: so groß kann der Unterschied nicht sein. Denn auch wir füllen unser Körperwasser unser ganzes Leben lang zu großen Teilen aus dem Wasserhahn auf und duschen und baden mit dem Nass!

Völlig »stoned« beim Frühstück?

Vielleicht sitzen Sie ja deswegen schon völlig »stoned« beim Frühstück? Aber macht nichts: zum Glück gibt es ja Muntermacher! Unsere vertrauenswürdigen Medien empfehlen beispielsweise Joghurt: »Der weiße Muntermacher«, schrieb die *Mitteldeutsche Zeitung*. Deutschland ist bekanntlich das Land, in dem Milch und Honig fließen – jedenfalls morgens. Zum Beispiel gilt Müsli mit Milch oder Joghurt als weithin akzeptiertes Frühstück: »Junge Erwachsene wählen übrigens überdurchschnittlich oft Müsli oder Obst als Frühstück«, berichtete das Internetportal *t-online* am 9. März 2023. Weithin hält sich der Mythos, dass das munter mache: »Wer Müsli oder andere Nahrungsmittel mit vielen Ballaststoffen frühstückt, ist weniger gestresst und geistig fitter. So das Ergebnis einer Studie der Universität Cardiff« (Deutschlandfunk, online, 26.02.2002).

Von Milchbubis und -mädchen

Nichts könnte falscher sein: Denn schließlich sind Milch und Milchprodukte altbewährte Beruhigungsmittel. Nicht umsonst lassen sich damit Säuglinge vortrefflich zum Schweigen bringen. Das ist unter anderem nämlich der Sinn der Milch. Und womit schläft man besser ein als mit einem Glas warmer Milch mit Honig? Eben: Vertrauen Sie in diesem Punkt lieber der *Freundin*: »Essen Sie Ihr Müsli morgens mit Milch?«, fragte diese Frauenzeitschrift, um gleich darauf zu warnen: »Milch (und auch Milchprodukte wie Quark oder Joghurt) macht aufgrund ihrer Zusammensetzung müde: Das in der Milch steckende Eiweiß Tryptophan sorgt dafür, dass der Körper den Botenstoff Melatonin bildet. Und dieser ist wesentlich für den Schlaf-Wach-Rhythmus verantwortlich, indem er müde macht.« Deshalb kann man abends auch durchaus einen Milchkaffee oder einen Cappuccino trinken, ohne dabei wach zu bleiben, weil die Milch das Koffein konterkariert. Milch ist genau genommen auch kein Erwachsenengetränk, sondern die Nahrung unmündiger Kinder, die beruhigt werden sollen – während die Erwachsenen die Herausforderungen des Lebens meistern. »Milchbubi«, »Milchbart«, »Milchgesicht« und »Milchmädchen« (= doof) lassen grüßen.

Die Ballade vom Müsliman

Warme Milch mit Honig ist, wie gesagt, sogar ein altbewährtes Schlafmittel. Denn auch Honig macht müde: »Schon ein Teelöffel Honig kann müde nach dem Frühstück machen«, so die Gesundheitsseite *praxisvita.de*. »Denn Honig enthält jede Menge Glukose – und diese bringt das Gehirn dazu, die Produktion des Hormons Orexin einzuschränken. Orexin wiederum wirkt sich direkt auf unser Schlaf-Wach-Verhalten aus, indem es unter anderem unsere Aufmerksamkeit erhöht.« Manch jahrelanger Müsli-Esser bringt sein Milchfrühstück gar nicht mehr mit seiner Schlappheit in Verbindung. Ich erinnere an einen einst populären Song der Popgruppe BAP aus dem Jahr 1981. Damals sahen manche noch nicht die Musel-, sondern die »Müslimänner« als Problem: Der von BAP besungene »Müsliman« ist ein Schlaffi, der Sandalen trägt, Fahrrad fährt und etwas gegen elektrische Geräte hat. Kurz: Das, was die Grünen heute aus uns machen wollen. Denn Birkenstock ist ja kein Schuh, sondern eine ausgelatschte Weltanschauung …

19. Mai
Sonnencreme: der Schatten aus der Tube

Puh – heiß ist es heute mal wieder! Die alten Ägypter und viele andere Kulturen haben sie verehrt – viele hassen sie: die Sonne. »Sonnenschutz ist das A und O im Sommer«, meint die Zeitschrift *Vital*, »denn die Sonneneinstrahlung ist gefährlicher als viele denken« (19.06.2023). Gut, dass ich meinen »Sunblocker« mit Lichtschutzfaktor 50 bei mir habe! Der stellt alles in den Schatten! Der Sommer ist für Kosmetik und Pharmahersteller dasselbe wie Weihnachten für den Einzelhandel. Schließlich beginnt jetzt nicht etwa der Sommer, sondern »die Sonnencreme-Zeit«, meint der WDR (online, 19.05.2023). Denn die Sonne verursacht Hautkrebs und wärmt den Planeten auf. Ja, wirklich: Das ist wissenschaftlich erwiesen! Legen Sie einfach mal ein Thermometer auf die Terrasse! Tja, da haben wirs! Zum Glück gibt es heute wirksame Sonnenschutzmittel. Nicht auszudenken, wie das noch in den 80er-Jahren des vergangenen Jahrhunderts war: Da galt eine Sonnencreme oder -milch mit Lichtschutzfaktor (LSF) 15 als »Sonnenblocker«! Bestseller war Sonnenmilch mit Lichtschutzfaktor 4, schrieb 1989 die Stiftung Warentest in einem Testbericht zu Sonnenschutzmitteln: »Es gab aber auch schon Produkte mit Faktor 8 und vereinzelt auch mehr« (*Frankfurter Rundschau*, online, 25.06.2018). »Geht man nochmal weiter zurück, so heißt es in einem Testbericht von 1966, der Lichtschutzfaktor ›sollte bei starker Sonneneinstrahlung mindestens 2 betragen‹.« Wow – kaum zu fassen! Wie haben die Leute damals nur überlebt? Ja, wie konnte das Leben auf der Erde ohne Sonnencreme überhaupt gedeihen? Muss die *Bibel* etwa umgeschrieben werden? Waren am Anfang etwa gar nicht Erde und Wasser, wie dies das heilige Buch behauptet, sondern Erde und Sonnencreme? Und erst dann entwickelte sich das Leben (siehe auch Kapitel über den Krieg gegen die Sonne, S. 205 ff.)?

Sonnenbrand am Nordpol

Papperlapapp: Schließlich sorgte ja erst das »vom Menschen gemachte« Ozonloch dafür, dass immer mehr schädliche Sonnenstrahlung bis zum Erdboden gelangte und die Menschen in Grillgut verwandelte: »Die Ozonschicht über dem Nordpol ist sehr dünn«, schrieb beispielsweise Deutschlandfunk Nova 2016 auf seiner Website. »Dadurch steigt die Gefahr auf Sonnenbrände schon im Frühling stark an.« Logisch. Und zwar, weil sich so viele Leute am Nordpol sonnen. Zuerst entdeckt wurde das Ozonlochphänomen allerdings auf der anderen Seite – über der Antarktis: »Als Ozonloch bezeichnet man eine starke Ausdünnung der Ozonschicht, wie sie 1985 erstmals am Südpol über der Antarktis festgestellt wurde«, so das Onlinelexikon *Wikipedia*. Tja – dumm eigentlich. Auch hier wird sich wohl kaum jemand im Liegestuhl räkeln. Was machen wir denn da? Ganz einfach: Der Umstand, dass sich unter dem angeblichen Ozonloch praktisch niemand aufhält, wird von Politik, Medien und »Wissenschaft« tapfer ignoriert. Aus dem »Ozonloch über dem Nordpol« oder »über dem Südpol« wurde mit der Zeit nur noch »das Ozonloch« – und die Panikmache funktionierte.

Der Eisbär hat ein dickes Fell …

Dass an der Sache nichts dran ist, erkennt man daran, wie sich seriösere Wissenschaftler äußern: »Sind die UV-Strahlen aggressiver, also intensiver geworden?«, fragte der Südwestrundfunk zum Beispiel den Dermatologen Professor Rudolf Herbst. Antwort: »Die UV-Strahlen sind

- an bestimmten Regionen der Erde
- möglicherweise
- marginal

aggressiver geworden.« Wow – warum so vorsichtig? Moment – er war noch nicht fertig: Und »das hat für die Zunahme der Hautkrebsraten

- höchstens
- eine marginale Bedeutung,
- zumindest in unseren Breiten« (online, 26.05.2023).

05

Oh je – was bleibt da noch übrig? Und warum nennt er diese »bestimmten Regionen« nicht? Weil es sich im Wesentlichen um den Nord- und Südpol handelt und damit die schöne UV-Geschichte platzen würde? Richtig: So kann man es auch formulieren. Oder auch so: Das Ozonloch betrifft im Wesentlichen Eisbären und Pinguine. Und die haben ein dickes Fell beziehungsweise ein dichtes Federkleid. Keine guten Aussichten für die Sonnencreme-Industrie.

Der letzte Akt des Lebens

Egal: Das Ozonloch sorgte »weltweit für Untergangsstimmung«, so das Europäische Institut für Klima und Energie (EIKE): »Das US-amerikanische Worldwatch Institute sagte ›Millionen von zusätzlichen Toten‹ wegen Hautkrebs voraus.« – Immer neue Horrormeldungen trafen ein: »In Chile erblinden Schafe. Fische verlieren ihr Augenlicht. Bäume treiben seltsame Knospen« (EIKE, 02.07.2017). Die Umweltorganisation Greenpeace sprach gar »vom ›letzten Akt für das Leben auf dem Planeten‹«. Natürlich. Bei Greenpeace ist das Schlauchboot ja schon länger undicht.

Panik ist genau die richtige Stimmung für ein Riesengeschäft. Und globale Panikmache ist eine Goldgrube für die großen Konzerne. Wer die

Macht hat, ein globales Rad zu drehen oder mitzudrehen, hat den Jackpot gewonnen. So wurde uns auch die Rettung vor dem Ozonloch gleich mit verkauft: Sonnenschutzmittel! Diese waren plötzlich ein »Killerprodukt« wie in den Zeiten von Corona Masken und Impfstoffe sowie Kondome in den Zeiten von AIDS (Stichwort: »Safer Sun«). Lange bevor die Impfküche BioNTech ihr Domizil an der Goldgrube 12 in Mainz bezog, waren Sonnenschutzmittel plötzlich das El Dorado! Zum Teil verdienten dieselben Konzerne, die später auch mit den Coronaimpfungen Kasse machten, zum Beispiel Johnson & Johnson (mit Marken wie Piz Buin und anderen). Dass man sich wegen des Ozonlochs vor der Sonne schützen müsse, war plötzlich ein globales Dogma wie sonst nur das Rauchverbot, der Klimawandel und andere weltweite Glaubenssätze.

Krebszellen mögen keine Sonne …

In dem Drama gibt es einen gefährlichen Schurken, nämlich den schwarzen Hautkrebs, der durch Sonne und Ozonloch verursacht wird, und einen weißen Ritter, nämlich die Sonnenschutzcreme oder -milch! Wenn das kein schönes Happy End ist! Das heißt – Moment mal: Dass Sonnenschutzmittel vor Hautkrebs schützen, ist gar nicht erwiesen! »Einen Nachweis für eine protektive Wirkung gegen den schwarzen Hautkrebs gibt es bis heute nicht«, so ein Forscherteam von der Universität Kopenhagen (M. Krause, et al.: »Sunscreens: are they beneficial for health? An overview of endocrine disrupting properties of UV-filters«, in: *International Journal of Andrology*, 35(3), 424–436). Und nicht nur das. Denn zwar nehme die Verwendung von Sonnenschutzmitteln mit UV-Filtern weltweit zu: »Die Inzidenz der malignen Störung, gegen die Sonnenschutzmittel eigentlich schützen sollten, nimmt aber paradoxerweise ebenfalls rapide zu« (Sonnenallianz: »Das sollten Sie über Sonnenschutzmittel wissen,« o. D.), also das Auftreten von bösartigem Hautkrebs. Sprich trotz steigender Verwendung von Sonnenschutzmitteln nahmen auch die Hautkrebsfälle zu! Oder etwa wegen? Denn viele Jahre lang wurde mit den Sonnenschutzmitteln quasi ein »Krebsmanagement« betrieben. Während krebsschützende UV-B-Strahlen geblockt wurden, wurden krebserregende UV-A-Strahlen von den Sonnenschutzmitteln durchgelassen. Gerade durch die UV-B-Strahlung wird in der Haut aber Vitamin D gebildet, das den Körper gegen Krebs wappnet: »Dieses Sonnenhormon wiederum schützt den gesamten Körper mit seinen vielfältigen Wirkungen vor bösartigen Tumoren – auch in der Haut«, so Professor Jörg Spitz und William

B. Grant in ihrem Buch über den Zusammenhang zwischen Krebs und Sonne. Titel: *Krebszellen mögen keine Sonne.*

... und Metastasen auch nicht

Denn sicher haben viele schon davon gehört, dass Sonnenlicht eigentlich gesund ist und in der Haut zum Beispiel für die Vitamin-D-Synthese gebraucht wird. Vitamin D wiederum schützt eben vor Krebs. Aber das ist bei Weitem nicht alles: Inzwischen »weiß man, dass auch jene Krankheiten mit einem zu niedrigen Vitamin-D-Spiegel einhergehen, die für das meiste Leid der Menschheit verantwortlich sind: Krebs, Herz-Kreislauf-Erkrankungen, Diabetes, Autoimmunerkrankungen, Depressionen, Demenz und chronische Schmerzzustände. Es lohnt sich daher, mehr über das Vitamin zu wissen« (Zentrum der Gesundheit, online, 15.05.2023). Tja – in der Tat. Zum Beispiel, dass seine Synthese durch die physikalischen und chemischen Sonnenfilter in den Sonnenschutzmitteln blockiert wird: »Beide, das ist klar gezeigt, verhindern, dass Vitamin D in der Haut gebildet wird«, so der Dermatologe Prof. Dr. Jörg Reichrath (*Der Spiegel*, online, 12.06.2013). Schon ab dem LSF 8 wird »die kutane Produktion von Vitamin D um mehr als 97 Prozent« vermindert, warnt sogar das Gesundheitsamt Bremen.

Gerade die Sonne ist also eines unserer wichtigsten Krebsschutzmittel, und zwar interessanterweise genau jener Bestandteil, der uns lange Zeit von den Sonnencremes praktisch komplett vorenthalten wurde: die UV-B-Strahlung. »Viele Jahre lang wurde – für uns heute unverständlich – nur die UV-B-Strahlung von den Sonnenschutzmitteln abgeblockt. Daher konnten die UV-A-Strahlen ungehindert auf die Haut einwirken und Schaden anrichten! Durch diesen Umstand haben die Sonnenschutzmittel vielleicht sogar das Gegenteil von dem bewirkt, was sie versprachen: anstelle eines Schutzes der Haut die Zunahme von Melanomen in der Bevölkerung, die sich in falscher Sicherheit wähnte« (Spitz/Grant, ebenda). Aber das mithilfe der UV-B-Strahlung produzierte Vitamin D schützt vor vielen Krebsarten, egal ob Dickdarm, Brust, Haut oder Prostata betreffend – mit einem hohen Vitamin-D-Spiegel werden alle diese Krankheiten unwahrscheinlicher, so Professor Spitz.

Ein Leben im Schatten

»Mithilfe des Sonnenlichtes sind wir in der Lage, die Entstehung und Ausbreitung von Krebs zu verhindern«, heißt es im Vorwort seines Buches. »Diese klare Aussage zu machen, traut sich derzeit kaum ein Wissenschaftler, obwohl sie eigentlich korrekt ist«, so Spitz. Es gebe »eine überwältigende Fülle von medizinischen Studien, die zeigen, dass mit steigendem Vitamin-D-Spiegel das Risiko sinkt, einen Krebs oder eine andere Zivilisationserkrankung (Herzinfarkt, Schlaganfall, Diabetes etc.) zu entwickeln.« Sprich durch die exzessive Verwendung von hochwirksamen Sonnenschutzmitteln führt die Menschheit ein Leben im Schatten. Und das kann reihenweise Krankheiten nach sich ziehen, was jene Konzerne freuen könnte, welche die Sonnenschutzmittel produzieren. Denn das sind zum Teil globale Pharmakonzerne wie Johnson & Johnson (Piz Buin), Bayer (Bepanthol Sun Lotion), BASF (UV-Filter) und andere mehr.

Alles was hilft, wird verteufelt

Mit anderen Worten wurde Hunderten von Millionen Menschen durch die Sonnenschutzmittel jahrzehntelang ein wichtiger Krebsschutzfaktor vorenthalten! Dass da die Krebsraten nach oben schnellen, ist daher kein Wunder! Alles, was der Menschheit eigentlich nützt und hilft, wird nun einmal verteufelt: Ob das die Sonne ist oder das CO_2, ob es Kohle, Öl und andere »fossile Brennstoffe« sind, Gold und andere Edelmetalle, Fleisch, Nikotin, Stillen mit Muttermilch oder auch soziale Mechanismen wie das natürliche Verhältnis der Geschlechter – all das und noch viel mehr soll uns angeblich schaden! Oder nehmen wir die verdammt gesunde Avocado: »Sie enthält einfach und mehrfach ungesättigte Fettsäuren. Diese halten die Zellen elastisch und verhindern, dass Arterien verstopfen und wirken positiv auf den Cholesterinspiegel ein«, so die Beauty-Website *InStyle*: »Sie ist reich an Vitamin D (gut gegen Arteriosklerose), Vitamin K (für Blutgerinnung) und B6 (stärkt das Immunsystem). Ihr Magnesiumgehalt ist wichtig für Muskeln, Nerven, und Eiweiß aus der Avocado versorgt den Körper mit Aminosäuren.« Wow! Und? Na was wohl: Avocados sind »eigentlich schädlich«. Da haben wir's. »Die Anbaugebiete liegen weit entfernt.« Herrje! »Im Winter kommt die Avocado aus Brasilien oder Chile, im Sommer aus Südafrika oder Peru.« Nein! »Der ökologische Fußabdruck ist wegen der langen Transportwege deshalb schon sehr hoch.« Schrecklich! »Damit die Avocado in ihrem Ankunftsland sofort verzehrt werden kann (früher waren sie steinhart und mussten tagelang nachreifen), kommen sie jetzt in eine Reifekammer, wo sie 6 Tage lang erst gekühlt und dann einer Temperatur von circa 25 Grad [Celsius] ausgesetzt wird. Das frisst Energie!« (ebenda, 27.11.2016). Entsetzlich! Also ab jetzt: totaler Avocado-Boykott! (Fragt sich nur, was die zum Teil sehr armen Herkunftsregionen dazu sagen, wo der Avocado-Anbau Arbeitsplätze schafft.) In all dem kommt der hybride Krieg gegen die Menschheit zum Ausdruck. Darum: Wenn Regierung und Medien eindringlich vor etwas warnen, wie etwa vor der Sonne, sollte man sich ernsthaft fragen, ob nicht genau das Gegenteil richtig wäre.

Immer mehr von der falschen Medizin

Was die Sonnenschutzcremes angeht: Inzwischen werden von den überaus nützlichen Mitteln zwar auch UV-B-Strahlen durchgelassen, allerdings nur in geringstem Maße. Gängige Sonnenschutzmittel blocken, wie gesagt, 97 Prozent der Sonneneinstrahlung. Dafür gleichen die Mittel einem Chemiecocktail mit vielen schädlichen Substanzen. Einige Zutaten sind möglicherweise sogar selbst karzinogen, zum Beispiel Oxybenzon: »Oxybenzon wird in 70 Prozent der Sonnenschutzmittel verwendet. Die Europäische Behörde für Lebensmittelsicherheit stuft Benzophenon wie Oxybenzon als persistent, bioakkumulierbar, toxisch und als mögliches Humankarzinogen und endokrinen Disruptor ein. Es kann die Haut durchdringen und sich in der Blutbahn anreichern.« (*Wikipedia* [engl.], abgerufen am 30.11.2023)
Kein Wunder, dass die Hautkrebsraten weltweit einfach nicht sinken wollen! Stattdessen erwartet man bis 2030 nun eine Verdoppelung der Hautkrebsfälle, so die Universität Leipzig: »Alle ungeschützten Hautstellen sollten vor der Sonneneinwirkung großzügig mit Sonnencreme behandelt werden«, meint man da. »In der Sonne das Eincremen vergessen?«, fragt der WDR: »Kann schon mal passieren, mag man denken. Doch die Haut verzeiht das, so heißt es, nie. Und tatsächlich steigen die Hautkrebsfälle rasant« (*wdr.de*, 19.05.2023). Wobei der kleine Denkfehler darin besteht, dass die Hautkrebsfälle trotz der massenhaften Verwendung von Sonnencreme steigen. Also immer mehr von der falschen Medizin?

Chemiecocktail im Blut

Wenn man sich die Zutatenliste einer durchschnittlichen Sonnenmilch ansieht, stößt man da auf ein ganzes Chemielabor, das seinen Weg auch in die Blutbahn findet. Hier zum Beispiel die Zutatenliste einer Sonnencreme der Marke Piz Buin: Aqua, Octocrylene, C12-15 Alkyl Benzoate, Ethylhexyl Salicylate, Butyl Methoxydibenzoylmethane, Butylene Glycol, Bis-Ethylhexyloxyphenol Methoxyphenyl Triazine, Isopropyl Isostearate, Triacontanyl PVP, Glyceryl Stearate, PEG-100 Stearate, Acetyl Hexapeptide-1, Acrylates/C10-30 Alkyl Acrylate Crosspolymer, Tribehenin, Caprylyl Glycol, Potassium Cetyl Phosphate, Aluminum Starch Octenylsuccinate, Disodium EDTA, Sodium Hydroxide, Tocopheryl Acetate, Pentaerythrityl Tetra-di-t-butyl Hydroxyhydrocinnamate, Phenoxyethanol, Potassium Sorbate, Parfum. »Von den insgesamt 24 Inhaltsstoffen gelten lediglich elf als unbedenklich«, so das bekannte Gesundheitsportal Zentrum der Gesundheit (online, 02.06.2023; Zutatenliste und Zitat: siehe dort).

Macht Sonnenschutz unfruchtbar?

Es geht aber noch viel weiter. Wissenschaftliche Untersuchungen legen nahe, dass Sonnenschutzmittel überhaupt zum Verschwinden der Menschheit beitragen könnten, nicht nur durch Blockade des Krebsschutzes: »Einige Studien legen nahe, dass Octinoxat eine östrogene, antiandrogene, antiprogestische und anti-thyroidale Aktivität ausübt. Eine andere In-Vitro-Untersuchung bestätigt überdies eine nachgewiesene Beeinträchtigung der männlichen Fruchtbarkeit [...]«, so die SonnenAllianz.
Fakt ist, einmal auf die Haut geschmiert, landet die Soße kurze Zeit später im Blutkreislauf. Im April 2016 berichtete die Endocrine Society, »dass die üblicherweise in Sonnenschutzmitteln verwendeten UV-Filterchemikalien die Funktion menschlicher Spermien beeinträchtigen und teilweise die Wirkung des weiblichen Hormons Progesteron nachahmen. ›Dieser bedenkliche Umstand könnte die immer weiter voranschreitende ungeklärte Unfruchtbarkeit teilweise erklären‹, sagte der leitende Forscher der Studie, Niels Skakkebaek, MD, DMSc, Professor an der Universität Kopenhagen.«
So nützt alles der Agenda: »Berichten zufolge befinden sich UV-Filterchemikalien nicht nur in menschlichen Blutproben, sondern darüber hinaus in 95 Prozent der Urinproben in den USA, Dänemark und anderen

Ländern. Bei den Untersuchungen von Skakkebaek et al. wurden 29 von 31 in der EU und USA zugelassenen UV-Filtern an lebenden, gesunden menschlichen Samenzellen aus frischen Samenproben verschiedener Spender analysiert. Dabei wurden insbesondere die Kalziumsignale, die in der Zelle durch Änderung der Kalzium-Ionen-Konzentration hervorgerufen werden, bewertet, die für die Samenzellenfunktion ausschlaggebend sind. Das Ergebnis: 13 von 29 getesteten UV-Filter schleusen Kalziumionen in die Samenzelle ein und beeinträchtigen somit die normale Funktion der Samenzelle« (Sebastian Weiß: »Gefährliche Sonnenschutzmittel«, SonnenAllianz, 04.06.2020).

Die Mutter aller Dinge

So ist das also. Und jetzt verstehen wir auch, warum neuerdings überall kostenlose Sonnenmilchspender aufgestellt werden:

- »Sonnencreme statt Desinfektionsmittel: Die Niederländer machen's vor« (*Kreiszeitung Wesermarsch*, 06.07.2023),
- »Vorbild Niederlande: Im Erlbad gibt es jetzt einen Spender mit kostenloser Sonnencreme« (*wa.de*, 17.07.2023),
- »Hautkrebsvorsorge: Kostenloser Sonnencreme-Spender in der Karlsruher Lammstraße« (*meinKA*, 17.07.2023),
- »Sonnencreme kostenlos: Norderstedt stellt zehn Spender auf« (NDR, online, 19.07.2023).

In den Niederlanden werden »auf Festivals, in Schulen, Sportvereinen und Gemeinden Sonnencreme-Spender aufgestellt, damit sich jeder ausreichend vor der Sonne schützen kann. Das Land will damit steigenden Hautkrebszahlen entgegenwirken« (*Süddeutsche Zeitung*, 12.06.2023). Soso. Na, dann viel Erfolg!

26. Mai
Asylkompromiss: Als Deutschland einmal den Migrantenstrom stoppte …

Europa 2023: Riesige Schlauchboote voller Menschen landen an den Küsten der italienischen Insel Lampedusa, wie 1944 die US-Truppen in der Normandie. Die kleine Insel und Italien werden von Migranten aus Afrika gestürmt, die anschließend vor allem ins Herz Europas wandern: nach Deutschland. Dort steigt die Zahl der Zuwanderer seit Jahren, 2022 gab es einen einsamen Rekord von fast 2,7 Millionen Menschen (*tagesschau.de*, 27.06.2023). Was längst vergessen ist: Das Asylproblem wäre eigentlich schon lange gelöst, wenn man das durchgesetzt hätte, was am 26. Mai 1993 vom Bundestag beschlossen wurde: An diesem Tag herrschte Ausnahmezustand im Bonner Regierungsviertel. Deutschland wollte sich gegen den Strom von Asylanten wehren. Ganz offen machte das Wort vom »Asylmissbrauch« die Runde. Die Zahl der Asylanträge stieg von 193 000 1990 über 256 000 1991 auf 438 000 1992 (Michael Richter: *Fluchtpunkt Europa*, Hamburg 2015). Als Folge dieser Entwicklung gingen Bürger immer gewalttätiger gegen Ausländer auf die Barrikaden: »Im sächsischen Hoyerswerda erzwingen im September 1991 Bürger in Pogromstimmung die Evakuierung eines Wohnheims für Asylsuchende. In Rostock-Lichtenhagen belagert vom 22. August 1992 an ein rechter Mob unter dem Applaus von 3000 Schaulustigen die Zentrale Aufnahmestelle für Asylbewerber, Molotowcocktails fliegen, die Menschen in dem Gebäude überleben knapp. Im Oktober werden im niederrheinischen Hünxe zwei im Libanon geborene Kinder schwer verletzt. Immer mehr rassistische Vorfälle werden bekannt: aus Krefeld, Bremen, Bergen auf Rügen, dem Ostseebad Kühlungsborn. Im November brennt im schleswig-holsteinischen Mölln das Haus einer türkischen Familie, zwei Frauen und ein Mädchen sterben« (*taz*, online, 28.05.2008).

Debatte mit Wirkung

Der Aufstand und die seit Mitte der 1980er-Jahre hochkochende »Asyldebatte« schienen zwar Wirkung zu zeigen: Nach einem ersten Höhepunkt von 1,5 Millionen Zuwanderern 1992 wollte die Bundesrepublik dem liberalen Asylrecht am 26. Mai 1993 ein Ende machen, wonach politisch Verfolgte pauschal Asyl genossen. »Das erste Mal in der Geschichte der Bundesrepublik« sollte dazu »ein Grundrecht geändert werden« (WDR), nämlich Artikel 16 Grundgesetz. Ab jetzt sollte nur noch Asyl bekommen, wer nicht über einen »sicheren« Drittstaat nach Deutschland einreisen würde. Denn wer aus einem sicheren Drittstaat einreist, befindet sich ja bereits in Sicherheit und hat demnach keinen Flucht- beziehungsweise Asylgrund mehr. Und da Deutschland nun einmal von sicheren Drittstaaten umgeben ist, wäre dies im damaligen Kontext das

Ende des politischen Asyls gewesen. Doch am Bundestag herrscht an diesem Tag Belagerungszustand: »Rund um die Bannmeile blockieren etwa 10 000 Demonstranten die Zugänge zum Bundestag und legen den Verkehr lahm.« So etwas nennt man versuchte »Nötigung von Verfassungsorganen« (§105 StGB). Die Demonstranten »protestieren gegen die geplante Abstimmung über das Asylrecht«. Nur gut 250 Abgeordnete erreichen das Parlament auf dem Landweg: »260 Parlamentarier werden per Schiff über den Rhein gebracht, 130 mit Hubschraubern eingeflogen« (WDR, ebenda). Doch »die für Verfassungsänderungen notwendige Zwei-Drittel-Mehrheit ist schon zu Beginn der Debatte gesichert: Die SPD hat sich schon zuvor mit der schwarz-gelben Bundesregierung unter Kanzler Helmut Kohl (CDU) auf den sogenannten Asylkompromiss geeinigt. Die Vorlage wird denn auch mit 521 zu 132 Stimmen angenommen« (WDR, ebenda).
Das Grundrecht auf Asyl galt fortan also nicht mehr für Bewerber, die aus einem Land der EU oder einem anderen »sicheren Drittstaat« einreisen würden. Und da Deutschland nun einmal geografisch in der Mitte der EU liegt, war es damit fast unmöglich, hier Asyl zu beantragen – es sei denn, bei der Einreise mit dem Flugzeug. In den darauffolgenden Jahren sank die Zahl der Asylanträge tatsächlich drastisch. 2007 waren es nur noch 19 000: Deutschland hatte dem ungebremsten Zustrom von Migranten einen Riegel vorgeschoben. Aber die »Antwort« folgte auf dem Fuße. Nur 3 Tage nach der Verabschiedung der neuen Asylregelung flog den Politikern die Sache um die Ohren. Am 29. Mai 1993 nachts gegen halb drei brannte in Solingen plötzlich eine Behausung von Asylbewerbern. Nicht weniger als fünf Menschen starben, darunter auch kleine Kinder. Siebzehn Personen wurden zum Teil schwer verletzt (siehe nächstes Kapitel). Nur 3 Tage nach dem 26. Mai 1993 brachte das erneut eine psychologische Wende in der Asyl- und Zuwandererdiskussion. Denn nun stieg das Mitgefühl für Migranten ins Unermessliche. Vor dem Hintergrund des Leides dieser Menschen wagte kaum noch jemand, sich offen gegen Migration auszusprechen. Kaum geschlossen, wurde an den Riegel auf diese Weise schon wieder Hand angelegt und psychologisch die Tür für künftige Einwandererwellen geöffnet.

29. Mai
… und dafür bestraft wurde: 30 Jahre Brandanschlag von Solingen

Theater- und Konzerthaus Solingen: samtrote Bestuhlung, gedämpfte Gespräche, feierliche Atmosphäre. Man trägt Anzug und Krawatte oder ein dunkles Kostüm. Bundespräsident Frank-Walter Steinmeier betritt den Saal. Verhaltener Applaus kommt auf. »Ich bin heute hier, um der fünf Toten, der jungen Frauen und Mädchen, zu gedenken, die am 29. Mai 1993 ermordet wurden«, sagt er feierlich in seiner Rede. Heute vor 30 Jahren brannte in Solingen ein Haus mit ausländischen Familien, wobei fünf Menschen starben und siebzehn teilweise schwer verletzt wurden. »Schon kurz nach dem verheerenden Brand stellte sich heraus, dass das Feuer gelegt worden war […], vier jugendliche Täter wurden ermittelt. Sie haben den Brand aus rassistischen Motiven gelegt und wurden später zu hohen Haftstrafen verurteilt« (*tagesschau.de*, 19.05.2023).

Angebliche Täter beteuern ihre Unschuld

»Rechtsextreme und Rassisten entmenschlichen den Einzelnen, um ihn zu hassen – und verbreiten damit Angst und Schrecken unter all jenen, die zu Opfern werden könnten«, so Steinmeier in seiner Rede am 29. Mai 2023. Und: »Dieser rechte Terror ist verantwortlich für die Toten hier in Solingen.« Tja – damit ist die Veranstaltung im Grunde genommen gescheitert. Denn zur Ehrlichkeit gehört auch, dass sich in diesen Tagen drei der damals vier Verurteilten zu Wort gemeldet haben. In sehr persönlichen Erklärungen beteuerten sie ihr Mitgefühl für die Opfer, aber auch ihre Unschuld:

1. »Ich wende mich mit diesen Worten erstmals an die Öffentlichkeit, weil ich nicht länger schweigen will«, schrieb beispielsweise der 1995 zu 10 Jahren Jugendhaft verurteilte Felix Köhnen, zum Tatzeitpunkt 16 Jahre alt. Den »Angehörigen der Opfer dieses schrecklichen Verbrechens« bekundete er sein Mitgefühl: »Keine Worte können ausdrücken, was Sie durchleiden mussten und noch immer durchleiden.« Aber mitteilen möchte er ihnen auch: »Meine Unschuld beteure ich seit 30 Jahren! Christian Buchholz, Markus Gartmann und ich sind nicht die Mörder Ihrer Angehörigen.«

2. »Mein größtes Mitgefühl gehört seit 30 Jahren nach wie vor den Opfern und ihren Angehörigen«, schrieb auch der damals ebenfalls zu 10 Jahren Jugendhaft verurteilte Christian Buchholz, zum Tatzeitpunkt 20 Jahre alt: »Aber auch nach 30 Jahren schwöre ich bei der Ehre meiner geliebten, inzwischen verstorbenen Eltern, bei meinem Leben und bei allem, was mir heilig ist, dass ich mit dem ›Solinger Brandanschlag‹ nicht das Geringste zu tun habe und weder aktiv noch passiv daran beteiligt gewesen bin.«
3. »Es ist wichtig, dass man den Opfern dieser furchtbaren Tat gedenkt. Sie haben das Schrecklichste erlitten, und niemand kann sich wirklich in ihr Leid hineinversetzen«, teilte der dritte Verurteilte Markus Gartmann mit (zum Tatzeitpunkt 23 Jahre alt). »Es ist aber auch so, dass für diese furchtbare Tat drei Menschen zu Unrecht verurteilt wurden, und man diesem Unrecht heutzutage keine Aufmerksamkeit mehr schenkt« (siehe Erklärungen der drei damals Verurteilten, veröffentlicht am 25.05.2023 von Rechtsanwalt Jochen Ohliger).

Das wäre natürlich schlimm: Denn was wäre ein solches Gedenken, wenn es drei schwere Schicksale in diesem Zusammenhang übergehen würde?

»Feiges Schwein, Nazi, Kindermörder«

Unter Verdacht gerieten die drei seinerzeit offenbar erst durch einen vierten Jugendlichen: »Der damals 16-jährige Christian Reher aus der Nachbarschaft hatte den Anschlag nicht nur am Vorabend gegenüber Freunden angekündigt, sondern bekannte sich nach seiner Festnahme fast stolz zur Tat«, schrieb damals *Die Woche*. Das Problem: Die Ermittler der Sonderkommission »Soko Sole« trauten dem Jungen »den behaupteten Alleingang nicht zu« und suchten nach weiteren Mittätern: Wie die Fahnder gerade auf die oben genannten drei kamen, »bleibt bis heute ihr Geheimnis«, so damals *Die Woche*. »Fest steht, dass Christian Reher die Namen der drei im Verhör vorgehalten wurden, worauf er sie als Mittäter nannte. Als der Älteste aus der Dreiergruppe, Markus Gartmann, gleichfalls ein Geständnis ablegte, schien der Fall geklärt« (siehe *Die Woche*, »Mörder gesucht – Nächste Woche beginnt der Prozess um die BRANDNACHT VON SOLINGEN, 07.04.1994, S. 8). Doch Gartmann »legte unter diesem extremen Druck ein falsches Geständnis ab«, erklärte der Mitverurteilte Buchholz. Wie dieser Druck aussah, beschrieb Buchholz auch: »Ich wurde unter anderem als ›feiges Schwein, das in der Nacht

friedlich schlafende Frauen und unschuldige, kleine Kinder verbrennt‹, als ›Nazi‹, ›Kindermörder‹ und ›Unmensch‹ tituliert. In völliger Verzweiflung entgegnete ich, dass ich keine Lebensberechtigung mehr hätte und auch nicht mehr leben wollte, wäre ich verantwortlich für den qualvollen Tod von unschuldigen Frauen und Kindern. Daraufhin legte einer der mich vernehmenden BKA-Beamten einen Revolver auf den Tisch und sagte: ›Dann schieß dir doch dein unmenschliches Schweinegehirn raus!‹ Dann steckte er die Waffe wieder ein mit den Worten: ›Dafür bist du zu feige, aber in der Nacht Frauen und Kinder verbrennen, das kannst du.‹ Ich zitterte vor Angst, ich weinte, aber ich beteuerte weiterhin meine Unschuld« (»›Brandanschlag in Solingen‹, 30 Jahre danach«, Stellungnahme: Christian Buchholz, Mai 2023, *https://hpf-news.net/content/gegendarstellung-taeter-von-solingen-32.pdf*).
»Ich war damals der Situation nach der Verhaftung und den Verhören nicht gewachsen«, erklärt Gartmann heute. »Ich habe den Überblick verloren und wusste nicht mehr, wie es weitergeht. Gegen den Druck der mich vernehmenden Beamten, etwas zu gestehen, was ich nicht begangen habe, konnte ich mich nicht wehren.« Tatsächlich gaben die Vernehmungsbeamten im Verlauf des Gerichtsprozesses zu, Beschuldigte »angeschrien und bedroht zu haben« (*VOM ENDE DER ZEITEN. Netzwerke, Dogmen und Prophezeiungen. Von der Völkerwelt zur Einwelt*. 30.06.2007 bis 05.09.2018, S. 181; im Internet unter *https://de.scribd.com/document/401637108/Vom-Ende-der-Zeiten-pdf*). Gartmann: »Felix Köhnen und Christian Buchholz waren stärker als ich. Sie haben diesem Druck standgehalten. Sie haben immer die Wahrheit gesagt, leider scheint das auch 30 Jahre nach dem Brandanschlag niemanden zu interessieren. Es gibt kein Hinterfragen des Urteils, Medien und Öffentlichkeit scheint es gleichgültig zu sein« (Erklärungen der drei damals Verurteilten, ebenda).

Keine Sachbeweise

Was heute längst vergessen ist und was keinen Gedenktag mehr stört: unmittelbar nach dem Brandattentat war das noch anders. Damals berichteten deutsche Medien noch kritisch über die skandalösen Solingen-Ermittlungen: »Die Aussagen der Angeklagten widersprechen sich diametral«, so *Die Woche*. »Solinger Ungereimtheiten belasten die Ermittler«, schrieb die *taz* (15.09.1993, S. 3). Hans Gottfried Bernrath (SPD), Vorsitzender des Bundestagsinnenausschusses, erklärte, »dass es keine Sachbeweise gibt« und ging davon aus, »dass mindestens drei der vier aus der

Haft entlassen werden« (*taz*, 01.12.1993). Vor Bernrath »hatte schon der Chef des Bundeskriminalamtes, Hans-Ludwig Zachert, ›Probleme‹ im Fall Solingen zugegeben und sich einen Rüffel von Bundesinnenminister Kanther eingehandelt«, so die *taz*. »Auch die neuesten Gutachten nähren Zweifel an der Tatversion der Bundesanwaltschaft, Widersprüchlichkeiten bezüglich Brandbeschleuniger, Tatzeit und Alibis der Beschuldigten bleiben unausgeräumt« (*taz*, ebenda). Eine der vielen Diskrepanzen: »Am 10. Juni gehen Beamte den Weg zum Tatort in 63 Minuten«, so damals das ZDF-Recherchemagazin *Frontal*: »Doch dann wäre die Feuerwehr vor den Brandstiftern eingetroffen. 3 Monate später ein neuer Versuch: Diesmal braucht man nur siebenunddreißigeinhalb Minuten und lässt die Täter 100 Sekunden vor dem ersten Feuerwehrnotruf eintreffen« (*Frontal*, ZDF, 21.09.1993). »Vier Jugendliche sitzen in Haft«, berichtete *Kennzeichen D* im September 1993: »Verfolgt die Justiz die Falschen?« Es gebe »vorsichtig formuliert: Ungereimtheiten«. Zum Beispiel, »dass die Beschuldigten erst frühestens 10 Minuten und spätestens 15 Minuten nach der Brandlegung den Tatort erreicht haben können« (*Kennzeichen D*, 08.09.1993).

Was heißt hier Pannen?

Und noch zum 20. Jahrestag der Urteile, am 13. Oktober 2015, gab auch der Deutschlandfunk auf seiner Website zu, dass es für den offiziell behaupteten Tathergang keine eindeutigen Beweise gebe, »denn die Ermittlungsarbeit war von Pannen geprägt: Brandschutt war nicht gesichert, stattdessen der Bereich des Hauseingangs mit Wasser gesäubert worden, noch bevor Finger- oder Fußabdrücke festgestellt werden konnten, Verhörprotokolle waren nicht vollständig dokumentiert worden«. Aber schon diese Darstellung war geschönt – denn was heißt hier »Pannen«: »Bemerkenswert waren unter anderem am 43. Verhandlungstag die Ausführungen des Hauptkommissars Dirk Spliethoff vom Bundeskriminalamt, seines Zeichens Bombenexperte, bezüglich des Verhaltens der Polizei am Tag nach dem Brandanschlag«, heißt es in einer kritischen Quellensammlung zu dem Attentat auf der Website der AfD Solingen (Titel: *1993. Der Brandanschlag in SOLINGEN, https://www.afd-solingen.de/wp-content/uploads/2020/04/1993-Der-Brandanschlag-in-Solingen.pdf*): »Spliethoff berichtete zunächst, er habe von morgens 6 Uhr bis abends 18 Uhr in Solingen am Tatort Fotos gemacht und gefilmt [...]. Der Brandsachverständige Paul Corall habe sich dort am Tatort bei ihm beschwert:

›Corall sagte zu mir: ‚Meine Arbeit wird von den Verantwortlichen behindert. Ich kann hier nicht ordentlich untersuchen.'‹ […] Spliethoff berichtete weiter, dass ein Einsatzleiter den Auftrag erteilt habe: ›Kehrt das verbrannte Zeug mal zusammen und schmeißt es weg‹, dass aber gleich darauf jemand anderes gekommen sei und gesagt habe: ›Nicht wegräumen! Da könnten Spuren dabei sein!‹« (Metin Gür, Alaverdi Turhan: *Die Solingen-Akte*, aus dem Türkischen übertragen von Hartwig Mau, Düsseldorf 1996, S. 69 f., 207)

Sitzen die Falschen in Haft?

Christian Reher, der zentrale Angeklagte, der die anderen drei beschuldigt hatte, »änderte im Laufe der Verhandlung aber 18 Mal seine Aussage«, so der Deutschlandfunk. Und: »Anfangs wollte er es alleine gewesen sein, dann nicht mehr, am Schluss doch wieder. Ein zweiter Angeklagter widerrief erst am 80. Verhandlungstag sein Geständnis [Gartmann]. Die beiden übrigen beharrten auf ihrer Unschuld. Sie und ihre Angehörigen reagierten fassungslos auf den Schuldspruch« (ebenda). »Inzwischen kann auch nicht mehr ausgeschlossen werden, dass zumindest teilweise die falschen Täter in Haft sitzen und die wahren Mörder sich immer noch frei bewegen. Die offensichtlichen Widersprüche im Fall Solingen haben inzwischen auch die Familie Genç beunruhigt. ›Die drei Täter, die im Gefängnis sind, sind ja nicht die Richtigen. Die Richtigen laufen wahrscheinlich immer noch draußen rum‹, so Fatime Genç 6 Monate nach dem Brandanschlag« (*VOM ENDE DER ZEITEN*, ebenda). »Ein Fehlurteil?«, fragte damals gar der berühmte Gerichtsreporter Gerhard Mauz im *Spiegel* und zog in Erwägung, dass »drei der Angeklagten unschuldig« sein könnten. Ansonsten schrieb er wolkig von der »Tragödie, dass wir die Spielregeln unseres Zusammenlebens nur dadurch behaupten können, dass Menschen über Menschen urteilen. Die Mitglieder des Senats hinterließen das Gefühl, dass sie daran tragen werden – ihr Leben lang« (Deutschlandfunk, ebenda). Aber warum denn, wenn der Gerechtigkeit Genüge getan wurde? Müssten die Richter dann nicht zufrieden aus dem Gerichtssaal gehen und ihr Haupt abends beruhigt auf ihr Kissen betten?

Pinien-Terpentin-Öl von der Tankstelle?

Mitnichten: Denn die Schuldsprüche gegen die Angeklagten in der Causa Solingen waren eine Farce. Das Leben von jungen Menschen wurde von Richtern und sogenannten »Ermittlern« mutwillig zerstört. Dabei fehlten für ihre Schuld nicht nur die Beweise, sondern die Beweise belegten sogar das Gegenteil: »Das Zeitdiagramm der Feuerwehr stellte fest, dass die vier Beschuldigten zur Brandzeit gar nicht am Tatort gewesen sein konnten. Der Brand war 20 Minuten vor ihrem hypothetischen Eintreffen ausgebrochen. Darüber hinaus bewies ein chemisches Gutachten, dass es sich bei dem Brandbeschleuniger nicht um Benzin, wie von den Angeklagten ›gestanden‹, sondern um Pinien-Terpentin-Öl gehandelt habe.« Schlecht für die offizielle Version, derzufolge die Angeklagten Benzin von einer Tankstelle für die Brandstiftung verwendet hätten: »Pinien-Terpentin-Öl ist ein in der Türkei gebräuchlicher Brandbeschleuniger und in Deutschland nicht erhältlich. Auf jeden Fall konnten die vier Heranwachsenden dieses Mittel nicht in der BP-Tankstelle gekauft haben, wie sie es bei den Verhören ›gestanden‹ hatten« (Wolfgang Hackert: *Getürkt und gelinkt. Wem nützt »rechte Gewalt«?*, Riesa 2009).

Unterdrückung von Beweismitteln

Aber nicht nur das, sondern nach dem Feuer wurde die Brandruine eilig abgerissen – was in etwa so war, als würde man nach einem Mord schnell eine Leiche einäschern: »›Spurenbeseitigung‹ nennt man so etwas in der Fachsprache der Kriminalistik. Weitere Gutachten konnten nicht mehr erstellt werden. Die Gutachten von vereidigten Brandsachverständigen, die bewiesen hätten, dass die vier jungen Männer den Brand nicht gelegt haben konnten, ließ das Düsseldorfer Oberlandesgericht im Prozess vorsichtshalber ebenso wenig zu wie den Kassenkontrollstreifen der Tankstelle« (ebenda). So wurden entlastende Beweismittel unterdrückt. Fazit: »Gegen die Beschuldigten gab es keinen einzigen Beweis. Keine DNA-Spur am Tatort. Keine Rauchspuren an Kleidung etc. Es existierte auch kein einziger Belastungszeuge. Im Gegenzug dazu gab es Zeugen, welche die Angeklagten entlasteten«, so die erwähnte Quellensammlung. Peinlich sei auch gewesen, dass sich die abgepressten Geständnisse »bei näherer Überprüfung sofort als Falschbehauptung[en]« herausstellten (ebenda, S. 33). »Diese drei jungen Männer seien nicht nur unschuldig, sondern selbst zu Opfern geworden, betonte [der Rechtsanwalt von Felix

Köhnen, Georg] Greeven.« Auch Jochen Ohliger, der Verteidiger des 22-jährigen Christian B., »forderte Freispruch. Dieser werde bereits durch die Fehler, Ungereimtheiten und Widersprüche der Ermittlungen gerechtfertigt« (*Süddeutsche Zeitung*, 20.09.1995, S. 5).

Die Heimat von rechtsradikalen Barbaren?

Gleich nach dem Attentat bevölkerten weinende, trauernde und demonstrierende Angehörige und Freunde viele Tage und Wochen lang die Bildschirme, Blumen wurden niedergelegt, Beileidsbekundungen geäußert, Trauerfeiern abgehalten. Das heißt: 3 Tage nach dem richtungsweisenden Asylbeschluss des Bundestages vom 26. Mai wirkte der grauenhafte Brandanschlag, bei dem auch Kinder ums Leben kamen, wie eine Bestrafung der Politik. Asylantenverbände und linke Parteien schlugen der Bundesregierung das Attentat um die Ohren. Der Anschlag wurde politisch und medial ausgiebig ausgeschlachtet und quasi zum »Vorzeigeanschlag« in Sachen »rechte Gewalt« und Neonazismus in Deutschland. Im In- und Ausland sorgte der Vorgang für Entsetzen und präsentierte Deutschland als die Heimat von rechtsradikalen Barbaren, die auch nicht davor zurückschrecken, Kinder und andere harmlose Zivilisten zu verbrennen. Auch auf der Klaviatur des Holocaust wurde gespielt und so das Bild eines ewiggestrigen Deutschlands heraufbeschworen: »Während der Hitler-Diktatur sind 6 Millionen Juden ermordet worden. Seit Beginn der [19]90er-Jahre lässt sich eine neue Welle von Rassismus feststellen, die versucht, vor allen Dingen türkische Mitbürger auszugrenzen«, sagte der Hinterbliebenenvertreter Rechtsanwalt Reinhard Schön. Heißt: der Holocaust war die alte, der Brandanschlag von Solingen Ausdruck der neuen Welle von Rassismus. »Die Täter verdienen keine Nachsicht« (Metin Gür, ebenda).

In der geistigen Nähe von Brandmördern

Mit dem Brandanschlag von Solingen wurde Kritikern der steigenden Asylbewerberzahlen, die am 26. Mai noch einen Sieg errungen hatten, der Mund gestopft. Wer sich nach Solingen noch negativ über Asylbewerber äußerte, fand sich geistig in der Nähe von Brandmördern wieder. Auch wenn sich viele heute gar nicht mehr daran erinnern und andere damals noch gar nicht geboren waren, dürfte diese Katastrophe ihre Spuren im

deutschen Bewusstsein hinterlassen haben: Deutschland lag im Staub, erneut dabei ertappt, unschuldige Menschen zu verbrennen. Auch das dürfte noch heute zur Lähmung des deutschen Widerstandsgeistes beitragen – denn natürlich möchte niemand den geistigen Hintergrund für solche Anschläge abgeben. Mit anderen Worten verabreichten die wirklichen Brandstifter von damals nur 3 Tage nach dem 26. Mai dem deutschen Aufbegehren gegen einen ungezügelten Zuzug von Ausländern einen schweren Schlag. Und während die Asylbewerberzahlen durch die neue Drittstaatenregelung zunächst tatsächlich sanken, wurde mit dem Rückenwind von Solingen schon wieder an einer Aufweichung des Asyl- und Staatsbürgerschaftsrechts gearbeitet. Nach dem Attentat forderte zum Beispiel der innenpolitische Sprecher der FDP, Burkhard Hirsch, »dass nun Gesetze mit großzügigen Angeboten zur Einbürgerung – auch unter Hinnahme der Doppelstaatsangehörigkeit – ›nicht verzögert werden‹.« Wobei es sein Geheimnis blieb, inwieweit dadurch weitere Anschläge hätten verhindert werden können; zu erwarten wäre wohl das Gegenteil gewesen. Die Arbeitsgemeinschaft Pro Asyl und das Kinderhilfswerk Terre des hommes forderten eine »radikale Umkehr« in der Ausländer- und Asylpolitik (*taz*, 01.06.1993). Sprich der Anschlag von Solingen gehörte zu den Ereignissen, die Deutschland psychologisch für künftige Migrantenwellen öffneten. Durch mehrere »kleine Holocauste« gegen Ausländer verbot es sich mehr und mehr, gegen Asyl und Zuwanderung Stellung zu beziehen, weil man sich damit quasi mit Mördern und Brandstiftern gemein machte – und mit der »braunen Vergangenheit«.
Heute ist das natürlich längst vergessen. 30 Jahre danach kümmert das Politik und Medien wenig: »Am 29. Mai 1993 werden fünf Menschen in Solingen bei einem rassistischen Anschlag getötet«, schrieb beispielsweise die *Tagesschau* 2023 auf ihrer Website. »Vier jugendliche Täter wurden ermittelt. Sie legten den Brand aus Fremdenhass und wurden später zu hohen Haftstrafen verurteilt.« Dass das nicht bewiesen, sondern sogar widerlegt wurde, interessiert heute niemanden mehr …

29. Mai
Die Sprengung des Seymour Hersh

Endlich schaut einmal jemand bei Seymour Hersh selbst vorbei: Wie tickt der Mann eigentlich? Sie wissen schon: der große Enthüller, der aufgedeckt hat, dass die USA die Nord-Stream-Pipeline gesprengt haben. Auch mir erscheint das durchaus möglich. Was mir allerdings nicht plausibel erscheint, ist – wie bereits am 9. Februar geschildert – Seymour Hershs Artikel darüber. Und auch nicht der Artikel des deutsch-russischen Journalisten Thomas Röper, der ebenfalls ausschließlich auf einem anonymen Informanten beruhte. Beide repräsentieren zwei große Fragezeichen in der an sich plausiblen Version einer US-Täterschaft. Warum hatte die »US-Version« das nötig? Denn mit den Hersh- und dem Röper-Informanten bestätigen sich hier zwei Phantome gegenseitig – und das finden wir nicht gut, oder? Seymour Hershs Artikel über Nord Stream habe »eine zentrale Schwäche«, so die Wochenzeitung *Freitag*: »Sie basiert auf einer anonymen ›Quelle mit direkten Kenntnissen über die operative Planung‹. Einem Informanten, der ungenannt bleiben will, so sehr zu vertrauen – dieses Vorgehen ist dem Investigativjournalisten auch in der Vergangenheit schon vorgeworfen worden« (siehe unten). Es wäre also hilfreich, einmal mit Hersh selbst zu reden. Dankenswerterweise hat die *Neue Zürcher Zeitung* sich auf den Weg zu Hershs Wohnsitz »im grünen und wohlhabenden Washingtoner Quartier Cleveland Park gemacht« und das erledigt. Am 29. Mai 2023 hat sie das Ergebnis veröffentlicht. Der NZZ-Reporter stellte die sehr berechtigte Frage:

»Wie kann ich als normaler Medienkonsument entscheiden, welche der sich widersprechenden Versionen zum Nord-Stream-Anschlag stimmt? Welche anonymen Quellen sind glaubwürdig? Und wer lügt?«

Daraufhin fiel Hersh erstaunlicherweise völlig aus der Rolle:

»Glauben Sie wirklich, es schert mich, worüber Sie beunruhigt sind? Ich habe eine Familie, ich kümmere mich um Hund, Katze und die Wüstenrennmaus. Ich kann mich nicht auch noch um Sie kümmern. Ich kann Ihnen nicht helfen oder Sie überzeugen. Ich habe eine Story geschrieben. Wenn Sie diese nicht glauben wollen oder die Details nicht goutieren können, dann ist das Ihr Problem. Ich verstehe nicht, warum Sie hierauf beharren.«

»Weil es mich als Außenstehenden verunsichert.«

»Das tut mir wirklich leid«, kam die bizarre Antwort. »Vielleicht sprechen Sie mit Ihrem Therapeuten drüber. Oder haben Sie einen netten Hund? Labradore sind gute Zuhörer.«

Hoppla! Beim Thema anonyme Quellen lagen bei Hersh sofort die Nerven blank – und als Reporter schaffte er sich gleich selbst ab: Er verstehe nicht, warum der NZZ-Journalist auf den Details beharre. Dann aber verstand Hersh den ganzen Journalistenberuf nicht. Dabei könnte man zu der Frage durchaus einiges sagen. Für einen erfahrenen Journalisten ist der Umgang mit anonymen Quellen schließlich ein Thema von Interesse: Wem glaubt man, wem glaubt man nicht? Warum sagte Hersh zum Beispiel gegebenenfalls nicht, dass er die Quelle persönlich kenne und überprüft habe? Stattdessen hatte er sich mit seiner Antwort selbst ins Aus geschossen und bestätigte meine bereits früher geäußerten Bedenken gegen seine Recherchen. Da er überhaupt nichts Inhaltliches zu dem Thema zu sagen hatte, muss die Frage erlaubt sein, ob er das Stück überhaupt selbst geschrieben hat. Zumal er selbst eine nur lose Verbindung zu seinem Artikel erkennen ließ. Zuerst veröffentlicht wurde das Stück nicht in einer renommierten Zeitung, sondern auf der Blog-Plattform *Substack*. »*Substack* ist ein fantastisches Computerding« – man muss fast sagen: faselte Hersh, so als könnte er das nicht genauer definieren. »Und ich bin ein Technikfeind, ich hasse das Computerding. Ich habe nicht einmal darauf zugegriffen, auch nicht auf die betriebswirtschaftliche Seite. Meine Mitarbeiter tun das, die können ins System gehen und eine Geschichte aufschalten oder ändern. Aber ich habe nicht einmal ein Passwort.« Aha – was heißt hier »Mitarbeiter«? Dachte man nicht, Hersh sei ein Einzelkämpfer, der »lonely rider« des investigativen Journalismus? Und wer hat denn demnach die Kontrolle über Hershs dortige Veröffentlichungen? Ist Hersh etwa nur ein Name oder eine Marke, unter der Propagandastücke veröffentlicht werden – von wem auch immer?

Schließlich redete er sich in dem Interview um Kopf und Kragen.

»Sie kontrollieren gar nicht, was da steht?«, wunderte sich der NZZ-Mann.

Als Antwort kam kein Ja oder Nein, sondern: »Ich habe Geld investiert und den besten Redakteur eingestellt, mit dem ich je gearbeitet habe. Er war mein Redakteur bei der *London Review of Books*.«

Soso – aber die *London Review of Books* ist in erster Linie kein investigatives Recherchemagazin, sondern ein Literaturmagazin, in dem Buchbesprechungen veröffentlicht werden.

»Außerdem bezahle ich einen der besten Faktenchecker. Er arbeitete für mich beim *New Yorker*, er kannte alle meine Leute. Mit anderen Worten: Ich kann meine Quellen nicht offenlegen. Aber ich habe einen Fact-Checker und einen Redakteur, die mit ihnen gesprochen haben. Und die zwei sind echt.«

Na bitte! Großes Indianerehrenwort! Und wie heißen denn die beiden Herren: »Können Sie mir die Namen der beiden nennen?«, fragte der NZZ-Reporter.

Aber so echt schienen die beiden nun auch wieder nicht zu sein: »Nein. Ich glaube nicht, dass die beiden damit einverstanden wären, ihre Namen gedruckt zu sehen. Wieso wollen Sie das wissen?«

Was für eine Frage!

»Um Ihre Angaben zu verifizieren – das würde doch auch die Glaubwürdigkeit von Ihnen und Ihrer Version von Nord Stream erhöhen.«

Was für einen Journalisten selbstverständlich sein sollte, war für Hersh das »[...] wirklich Verrückteste, was mir je widerfahren ist!«

Ach, tatsächlich? Dachte man nicht, das Urgestein des investigativen Journalismus hätte Verständnis für Recherchen? Während dieses »Urgestein« aber ersichtlich zu bröckeln begann, wurde in diesem aberwitzigen Dialog urplötzlich das Ruder herumgerissen: »Sie können gern schnell vorbeikommen«, soll Hersh plötzlich ganz freundlich gesagt haben. »Dann zeige ich Ihnen meine E-Mail-Korrespondenz mit den beiden – vorausgesetzt, Sie verzichten auf die namentliche Nennung.« Hm – das passte so gar nicht zum vorhergehenden Stil des Interviews und wirkte beinahe wie später aufgesetzt. Urplötzlich kam es in diesem bizarren, konfrontativen Stück zum Happy End im Telegramm-Stil: »Kurze Zeit später erwartet Seymour Hersh die NZZ auf der Veranda seines Hauses in Washington, den Laptop in der Hand. Er finalisiert gerade sein nächstes *Substack*-Stück [...].« Hm – hieß es nicht zuvor, er könne mit dem »Computerding« nichts anfangen? »[...] zeigt Echtzeit-E-Mails mit redaktionellen Änderungsvorschlägen der erwähnten Fact-Checker und Redakteure. Die E-Mails sind echt, Namen und Funktionen branchenbekannt.« Ach wirklich? Aber leider guckte der Leser weiter in die Röhre beziehungsweise in die Pipeline: »Auf Wunsch von Hersh« blieben die Namen seiner vortrefflichen Fact-Checker und Redakteure, die bei Hershs Artikel so kläglich versagt hatten, »ungenannt«. Stattdessen beglaubigte nun der zunächst so kritische NZZ-Reporter Hershs Geschichte.

Außerdem stellte sich heraus: Der große Hersh benutzte schon immer anonyme Quellen: »[...] seit ich in den 1960er-Jahren mit investigativem Journalismus begonnen habe. Immer kontaktierte und recherchierte ich Leute – aber es gab keine Quellenangaben. Noch bei der *New York Times* nannten 90 Prozent meiner Artikel keine Quellen. Als ich schrieb, dass die CIA amerikanische Bürger ausspähe, war da keine Quelle namentlich genannt.«

Das wurde einem erst bei dieser Gelegenheit klar. Aber die anonyme Quelle sollte eigentlich eine Ausnahme sein, die nur unter sorgfältiger Abwägung der Glaubwürdigkeit genutzt werden sollte. Außerdem sollten ihre Informationen mit kollateralen Belegen untermauert werden. Aber die kollateralen Informationen widersprachen Hershs »Quelle« (siehe Hershs Fehler in seinem Artikel). Wie konnte er denn all die Jahre damit durchkommen?

»Glauben Sie wirklich, dass viele Leute heutzutage Quellen haben, die so lange aktiv dabei waren wie ich?«, fragte er.

Wie bitte? Was sollte denn das heißen: Dass Journalisten heutzutage überhaupt keine Quellen mehr haben, und zwar umso weniger, je länger sie im Geschäft sind?

»Glauben Sie nicht, dass solche Informationen [Quellenangaben] die Leser von der Wahrheit Ihrer Geschichten überzeugen könnten?«, fragte der NZZ-Mann früher im Gespräch.

Antwort: »Nochmal, ob Sie und die Öffentlichkeit mir glauben, ist mir scheißegal!«

Interessant. Normalerweise veröffentlicht ein Journalist ausschließlich, damit man ihm glaubt …

Thema des Monats

18.6. Im Nordatlantik geht das Tauchboot Titan *verloren*

3.6. RB Leipzig gewinnt das DFB-Pokalfinale gegen Eintracht Frankfurt – ***6.6. Im Rahmen des Krieges in der Ukraine wird der Kachowka-Staudamm gesprengt*** – **9.6.** In Großbritannien lehnt der Oberste Gerichtshof die Berufung von Julian Assange gegen seine Auslieferung an die USA ab – ***10.6.*** **Der Spiegel** ***veröffentlicht eine Titelgeschichte über den »Fall*** **Rammstein*«*** – **12.6.** Im Alter von 86 Jahren stirbt in Italien der ehemalige Ministerpräsident Silvio Berlusconi – **12.6.** Die USA kündigen den Wiedereintritt in die UNESCO an – **17.6.** Bei den Behindertenspielen »Special Olympics« in Berlin stellt Deutschland das größte Team – ***18.6. Im Nordatlantik implodiert das Tauchboot*** **Titan** – ***27.6. In Griechenland tobt der Kampf um die Fischfarmindustrie*** – **30.6.** In Österreich erscheint die letzte gedruckte Ausgabe der 1703 gegründeten *Wiener Zeitung*

6. Juni
Kachowka-Staudamm: der Kampf gegen den russischen Nachschub

Kachowka-Staudamm in der Südukraine, 1:50 Uhr Ortszeit: Ein Knall hallt über die riesige Staumauer am Unterlauf des Dnepr. Der gewaltige, 230 Kilometer lange Stausee dient der Bewässerung der südlichen Ukraine und der (nunmehr russischen) Schwarzmeerhalbinsel Krim. Enorme Wassermassen begannen sich aus dem Stausee zu ergießen. Etwa achtzig Ortschaften, darunter auch Cherson, seien von Überschwemmungen bedroht, sagte der ukrainische Premierminister Denys Schmyhal. »Der Leiter der regionalen Militärverwaltung von Cherson, Oleksandr Prokudin, sagte, dass sich etwa 16 000 Menschen in der kritischen Hochwasserzone am rechten Ufer der Region Cherson befinden« (*Suspilne nowini*, 06.06.2023). Die Schuldigen für diese Katastrophe standen sofort fest – die Russen:

- Der »Angriff Russlands auf den Kachowka-Stausee ist ein weiteres unvorstellbar grauenhaftes Kriegsverbrechen«, hetzte beispielsweise die deutsche Rüstungslobbyistin Strack-Zimmermann, deren befreundete Konzerne am Ukrainekrieg mitverdienen: »Es zeigt einmal mehr, zu welch brutalem Vorgehen Putin bereit ist. Es beweist auch: Dieses Regime will niemals verhandeln. Mit Putins Russland wird es keinen Frieden geben« (X [ehemals Twitter], 06.06.2023). Natürlich nicht, denn dann wäre ja das Geschäft zu Ende.
- »Die Zerstörung des Kachowka-Damms ist ein weiteres Kriegsverbrechen. Russland will Infrastruktur, Kultur & Natur zerstören. Die mutigen Ukrainer*innen sollen mürbe gemacht werden«, so Katrin Göring-Eckardt von den Grünen. »Putin und seine Schergen müssen für die Kriegsverbrechen zur Verantwortung gezogen werden« (X [ehemals Twitter], 06.06.2023).
- »Mit dem Kachowka-Damm wird ein Staudamm in der Nähe eines Kernkraftwerks als Kriegswaffe missbraucht und Menschenleben in höchste Gefahr gebracht. Für diese Umweltkatastrophe gibt es nur einen Verantwortlichen: der verbrecherische Angriffskrieg Russlands auf die Ukraine«, personifiziert Außenministerin Annalena Baerbock den Angriffskrieg in schrägem Deutsch als »Verantwortlichen« (X [ehemals Twitter], 06.06.2023).

Auch der Bundeskanzler sprang in den Fettnapf – und zwar im Hechtsprung: »Die Zerstörung des Kachowka-Staudamms mit den schrecklichen Folgen zeigt eine neue Dimension. Es passt in die Art und Weise, wie erbarmungslos Russland den Krieg führt und reiht sich in die vielen Verbrechen in der Ukraine ein. Wir unterstützen die Ukraine so lange wie nötig« (X [ehemals Twitter], 06.06.2023).

Keine forensischen Beweise

Dabei versteht es sich fast von selbst, dass die Ukraine nicht den geringsten kriminalistischen oder forensischen Beweis für die Täterschaft Russlands vorweisen konnte. Nicht einmal Beobachtungen, Plausibilitäten oder Tatsachen wurden angeführt, die diese Schuldzuweisungen hätten stützen können. Die angebliche russische Täterschaft wurde überhaupt nicht weiter begründet, sondern als selbstverständlich behandelt: »Im Zusammenhang mit der Zerstörung des Wasserkraftwerks Kachowka durch die russischen Besatzer hat die Regierung eine Sitzung der staatlichen Kommission für technische und ökologische Sicherheit und Notfälle abgehalten«, berichtete etwa das oben genannte Nachrichtenportal am 6. Juni. Auch wer den Staudamm dagegen nachweislich gezielt unter Feuer genommen hatte, wurde hierzulande verschwiegen: nämlich die Ukraine. Wie das Ganze seinen Lauf nahm, konnte man schon in der *Washington Post* vom 22. Dezember 2022 nachlesen. Demnach kann man die Sprengung oder den Beschuss des Dammes nicht isoliert betrachten, sondern im Rahmen der ukrainischen Bemühungen, die russischen Nachschublinien über den Dnepr in der Gegend von Cherson abzuschneiden: die Antonowsky-Brücke, die Antonowsky-Eisenbahnbrücke und den neuen Kachowka-Damm – »Teil einer Wasserkraftanlage, auf deren Krone eine Straße verlief«, so die *Post*. Zunächst wurden also die beiden Brücken attackiert, wahrscheinlich, weil dies das geringere Mittel war: »Die beiden Brücken wurden mit von den USA gelieferten M142 High Mobility Artillery Rocket System (HIMARS-Raketen) beschossen, die eine Reichweite von 50 Meilen haben, und waren schnell unpassierbar«, so die *Washington Post*. »Es gab Momente, in denen wir ihre Nachschublinien komplett unterbrochen haben, und es gelang ihnen trotzdem, Übergänge zu bauen«, zitierte das Blatt Generalmajor Andrej Kowaltschuk, den obersten Befehlshaber der ukrainischen Gegenoffensive in der Region Cherson: »Sie schafften es, ihre Munition aufzufüllen. [...] Es war sehr schwierig.«

Feuer frei auf die Fluttore

Erst daraufhin erwog Kowaltschuk, den Fluss zu fluten, und fing an, die Staumauer zu beschießen: »Die Ukrainer hätten sogar einen Testangriff mit einem HIMARS-Werfer auf eines der Fluttore am Nova-Kachowka-Damm durchgeführt und drei Löcher in das Metall gebohrt, um zu sehen, ob das Wasser des Dnjepr so weit angehoben werden könne, dass die Russen den Fluss nicht mehr überqueren könnten, ohne die umliegenden Dörfer zu überfluten. Der Test war ein Erfolg, sagte Kowaltschuk, aber der Schritt blieb ein letztes Mittel. Er hielt sich zurück.«
Verteidiger der Ukraine führen heute genau diesen Umstand als entlastendes Argument an, nämlich dass es nur darum gegangen sei, den Pegel des Flusses zu heben, um den Russen den Übergang zu erschweren. Nun – so kann man die Beschädigung einer Staumauer natürlich auch beschreiben. Oder um mit Wirtschaftsminister Habeck zu sprechen: Wir haben nicht den Fluss geflutet, sondern nur den Wasserpegel erhöht. Der vor dem letzten Schritt zurückschreckende Befehlshaber Kowaltschuk versuchte die Führung in Kiew zu beruhigen: »Kowaltschuk beharrte darauf, dass es nur eine Frage der Zeit sei, bis sich die Russen zurückziehen würden – die Blätter fielen bald von den Bäumen, der Fluss würde im Winter zufrieren, die russischen Streitkräfte hätten kaum noch Nachschub«, zitierte die *Washington Post* Kowaltschuks Beschwichtigungsversuche. Doch in der ukrainischen Hauptstadt wurde man langsam ungeduldig. »[…] für Kiew ging es mit Kowaltschuk nicht schnell genug. Er wurde durch Brigadegeneral Oleksandr Tarnavsky ersetzt […].« Möglicherweise war Kowaltschuk also abgesetzt worden, weil er vor dem letzten Mittel zurückschreckte und den Staudamm (und damit Land und Menschen) retten wollte. Möglicherweise hatte er das Stauwerk deshalb auch nur unzureichend beschossen. »Ein hochrangiger ukrainischer Regierungsbeamter, der unter der Bedingung der Anonymität sprach, weil er nicht befugt war, die Angelegenheit öffentlich zu erörtern, sagte, dass Kowaltschuk ›die Arbeit nicht erledigt hat‹.« Aha – und welche »Arbeit« genau? Die Zerstörung des Damms?

Der Ablauf spricht für sich

Fakt ist:

- Es sollten drei Nachschublinien der Russen unterbrochen werden, eine davon war die Staumauer,

- zwei Brücken waren bereits durch die Ukrainer zerstört worden,
- was daraus für den dritten Übergang folgte, kann man sich an fünf Fingern abzählen,
- tatsächlich wurde als drittes die Staumauer unter Feuer genommen und/oder gesprengt.

Schon dieser Ablauf spricht für sich: In dieser Logik war die Zerstörung der Staumauer durch die Ukrainer folgerichtig, wenn sie den russischen Nachschub endlich unterbrechen wollten. Oder wollten diese ihren Nachschub etwa selbst unterbrechen? Den Vogel schoss aber ZDF-Korrespondent Timm Kröger ab. Bemerkenswert sei der Zeitpunkt der Zerstörung des Dammes, meinte er nämlich im ZDF (06.06.2023): »Wir haben hier in den vergangenen 2 Tagen die ersten, wirklich ernstzunehmenden ukrainischen Offensivaktionen entlang der Front gesehen, und genau in dieser Nacht wird dann dieser Damm zerstört.« Logisch: Hörte sich an wie eine Beweisführung für die Täterschaft der Ukraine. Aber nein, kriegte Kröger die Kurve, das lege »natürlich schon die Vermutung nahe, dass die russische Seite versucht, mit dieser Zerstörung des Damms die Offensive der Ukraine zu verhindern.« Ach so.

Ein Prima-facie-Ziel für die Ukraine

Zusammenfassend lässt sich feststellen:

- Die Staumauer war von den Russen besetzt, also prima facie (dem ersten Anschein nach) ein Ziel für die Ukraine,
- das Objekt war eine Nachschublinie für die Russen, also kein Ziel für die russischen Streitkräfte,
- der Stausee diente unter anderem der von Russland wieder einverleibten Halbinsel Krim als Wasserreservoir,
- laut *ZDF heute* standen »russische Stellungen und Material« durch den Beschuss unter Wasser,
- ja, Russland habe zuvor nicht einmal »seine eigenen Leute und sein Material« in Sicherheit gebracht: »Nach den vorliegenden Bildern hat Russland dort erhebliche Mengen an Ausrüstung, Munition und auch Waffen verloren« (online, 08.06.2023).

Was nicht gerade für eine russische Täterschaft spricht: Hätte man vor einer solchen Aktion nicht wenigstens seine eigenen Leute und seine

Ausrüstung abgezogen? Sicherlich. Zwar schadet die Staudammsprengung natürlich auch der Ukraine. Allerdings spricht allein das noch nicht gegen deren Täterschaft, da im Krieg immer wieder auch Opfer gebracht werden. Nach Lage der Dinge ist die Ukraine eindeutig der Hauptverdächtige …

10. Juni
Wokeismus: die Wahrheit über den *Rammstein*-Skandal

Hurra – die »woke« Bewegung hat einen neuen Skandal! Der böse weiße Mann hat wieder zugeschlagen – beziehungsweise befummelt, begrapscht, missbraucht. Nach dem US-Filmproduzenten Harvey Weinstein, dem Opernstar Placido Domingo, dem britischen Prinzen Andrew, der Schweizer Reggae-Band *Lauwarm* und vielen anderen mehr ist nun Superstar Till Lindemann dran: Frontmann der weltbekannten Musikgruppe *Rammstein*, die einzige deutsche »Band von Weltruhm«, wie *Der Spiegel* einst schrieb. Zwischen Sydney und Anchorage begeisterte *Rammstein* Zigmillionen. Seit 1994 gab die Gruppe demnach 862 Konzerte in 46 Ländern. Wenn sie auf Tour geht, wird die Bühne in einer Boeing 747 transportiert, was sonst nur bei globalen Superbands wie *Iron Maiden* üblich war. Jahrzehntelang wurde die Band auch vom Mainstream gehätschelt: »Es gibt schlechte Konzerte, gute Konzerte. Es gibt langweilige, emotionale und solche, die dich langfristig verstören. Die Auftritte von *Rammstein* gehören eindeutig zur letzten Kategorie – und sind gerade deshalb so großartig«, schwärmte *Der Spiegel* noch 2018 über die Bühnenshows von *Rammstein*: »Bilder von Blut, nackter Haut, Bondage, Kannibalismus und Till Lindemanns gerrrrrolltes ›R‹.«
Nackte Haut, Bondage und Kannibalismus als neue Werte der deutschen Leitkultur – weit sind wir gekommen. Als Botschafter des schlechten deutschen Geschmacks war *Rammstein* dem *Spiegel* willkommen: Da spritzen penisähnliche Schaumkanonen ihren Inhalt ins Publikum, oder Frontsänger Till Lindemann simuliert Geschlechtsverkehr mit einem Mitmusiker. Manchmal werden Regenbogenfahnen geschwenkt oder es wird auch mal wieder miteinander geknutscht – Mann mit Mann. Geht's noch »woker«? Eigentlich nicht.
Und nun das: Gleich zu Beginn ihrer heißersehnten Europatournee am 22. Mai 2023 in Vilnius prügelten alle deutschen Mainstream-Medien auf die Gruppe ein. Und am 10. Juni kam auch noch das deutsche Propaganda-

schlachtschiff *Der Spiegel* dazu – diesmal allerdings als journalistisches Erschießungskommando: »Es gibt Vorwürfe von Frauen, dass Till Lindemann, 60, der Sänger der Berliner Band *Rammstein* und wahrscheinlich der einzige wirklich weltberühmte deutsche Rockstar, rund um Konzerte Frauen belästigt haben *soll*. Einige Frauen *vermuten*, ihnen *seien* Drogen ins Getränk gemischt worden. Lindemanns Leute *sollen* ein perfides Castingsystem für Groupies unterhalten und Sex mit ihnen organisiert haben« (Hervorhebungen durch den Autor).

Meisterstück in Anscheinserweckung

Was es nicht alles gibt. Und was nicht alles passiert sein soll. Angeblich soll Bandleader Till Lindemann gleich beim ersten Konzert der Europatournee am 22. Mai 2023 in Vilnius (Litauen) …, warten Sie mal: ja, was denn eigentlich? Gute Frage: Denn jede direkte Behauptung oder Beschuldigung wird in der *Spiegel*-Titelgeschichte vom 10. Juni 2023 strikt vermieden. Schon, dass Lindemann ein Mädchen unter Drogen gesetzt und sexuell belästigt haben soll, wäre zu viel gesagt. Das behaupten nämlich nicht einmal die angeblich Betroffenen. Und *Der Spiegel* auch nicht. Sondern deren und des *Spiegels* Erzählungen über das *Rammstein*-Konzert in Vilnius und andere Gelegenheiten sind ein Meisterstück in Anscheinserweckung. Papperlapapp: »Der Skandal erschüttert nicht nur Fans«, meinte das Blatt. Aber welcher Skandal denn nun genau? Egal: »Kann man zusammenbleiben, wenn dem eigenen Frontmann solche Vorwürfe gemacht werden? Weiter Konzerte geben, als wäre da nichts?«, zielte *Der Spiegel* auf die Europatournee.
Ja – denn erstens: konkrete, justiziable Vorwürfe gab es gar nicht. Und zweitens: Vorwürfe sind nun einmal nur Vorwürfe. Ein Nachrichtenmagazin sollte das eigentlich wissen. Denn sonst herrschten Willkür und Lynchjustiz. Oder ist es das, worauf *Der Spiegel* hinaus will? Um Konsequenzen zu fordern, braucht man handfeste Beweise. Die aber haben weder die angeblich betroffenen Frauen noch *Der Spiegel*. Worauf fußt nun also eine der größten Hetzkampagnen seit Jahren?

Das Mädchen, das den (Ramm-)Stein ins Rollen brachte

Greifen wir hier einmal beispielhaft die zentrale Zeugin und angeblich Betroffene heraus, die den Stein ins Rollen brachte: die 24-jährige Irin und Konzertbesucherin Shelby Lynn, mit welcher der ganze Pseudoskandal anfing. Pars pro toto: Alles andere würde den Rahmen des Kapitels sprengen und führt auch nicht weiter, da nirgends substanzielle, beweiskräftige Aussagen über angebliche Vergehen oder gar Straftaten Lindemanns zu finden sind. Im Gegenteil. Außerdem zog Shelby Lynn umgehend einen ganzen Rattenschwanz von Trittbrettfahrerinnen hinter sich her, denn mit Vorwürfen gegen *Rammstein* konnte man nun in die Medien kommen und Karriere machen. Alle hier zitierten Aussagen Lynns stammen aus Shelby Lynns eigenem Twitter-Kanal und wurden dort ab dem 25. Mai 2023 veröffentlicht. Der Account hatte ausschließlich den *Rammstein*-Skandal zum Inhalt und wirkte wie für das Ereignis ins Leben gerufen. Bis zum 24. Juni zählte er nur 174 Tweets.

»Ich bin das Mädchen, das bei *Rammstein* gespiked wurde«, begann Lynn gleich in der Drogenfachsprache. Denn was »gespiked« heißt, weiß nicht jeder. Laut Wörterbuch bedeutet es »ein nichtalkoholisches Getränk mit Alkohol versetzen« (*leo.org*). Aha – das muss einem ja gesagt werden. Nicht jeder verkehrt schließlich in derartigen Kreisen. Sie werde alles auf Twitter (heute X) dokumentieren, schrieb Lynn zu Beginn ihrer Schilderungen in dem Portal: »Gebt mir 1 Stunde oder so, um alles schön und zusammenhängend zusammenzustellen, anstatt nur eine wahllose Ansammlung von Fotos/Videos/Infos [...].« Gleich im ersten Satz lag schon das journalistische und juristische Problem: »Das Mädchen, das bei *Rammstein* gespiked wurde.« »Bei« heißt: nichts Genaues weiß man nicht. Es könnte ein *Rammstein*-Musiker gewesen sein, ein *Rammstein*-Mitarbeiter oder -Roadie oder auch irgendein Konzertbesucher, der ihr etwas ins Getränk gekippt haben könnte. Beweiswert: null. Ihrer Schilderung vom 25. Mai nach wollte Lynn schon im Vorfeld des Konzerts unbedingt ganz nahe an die Band herankommen: Zu diesem Zweck habe sie einer *Rammstein*-Mitarbeiterin namens Alena Makeeva »auf Instagram eine Nachricht geschickt und sie gefragt, wie man auf die Afterparty kommt und dass ich gerne in Betracht gezogen werden würde. Sie fragte nach meinem Alter und woher ich komme, und als ich das bestätigte, schickte sie mir einen Link zu einer WhatsApp-Gruppe.« Alle Mädchen seien gebeten worden, »ein Selfie mit der Aufschrift ›I want to pre party‹ oder ›I want to after party‹ oder beides zu schicken. Ich sagte: ›Ich möchte zur Afterparty.‹ Ich bin trotzdem auf der Preparty und der Afterparty gelandet.« Soso. Aber dazu gleich mehr.

Einladung in die »Reihe 0«

In der Halle angekommen, wurde sie ihrer Schilderung zufolge dann von Makeeva in die »Reihe 0« eingeladen, ein abgegrenzter Bereich vor der Bühne, wo ausgesuchte Fans für die Kameras jubeln und tanzen – meistens hübsche Mädchen natürlich. Der Zweck besteht in schönen Bildern von ausgelassener weiblicher Begeisterung. Damit diese Fans auch in Fahrt kommen, können sie sich zuvor bei einer sogenannten »Vorparty« in Stimmung bringen. Und so sei eben auch Lynn auf dieser Vorparty gelandet. »Wir kommen also in den Vorparty-Raum. Wir werden gebeten, unsere Handys auf den Tisch zu legen, sie sind im Raum nicht erlaubt.« Nach einer Weile sei ein *Rammstein*-Mitarbeiter namens Joe L. hereingekommen und habe gesagt: »Okay, Mädels, euer Job ist es, euch aufzuputschen und zu trinken, wir wollen gute Energie.« Woraufhin sich Lynn laut eigener Aussage auf Twitter gleich einmal ins Zeug gelegt habe: »Ich sagte: ›Dafür bin ich genau die Richtige! Ich bin Irin, ich bringe die Party in Gang‹, was bedeutet, dass ich sehr selbstbewusst singe, tanze und trinke, besonders bei *Rammstein*, weil ich ihre Musik liebe.«

Was ist »selbstbewusst trinken«?

»Selbstbewusst singen und tanzen«? Na klar. Aber was, bitte, ist »selbstbewusst trinken«? Auch noch im Zusammenhang mit dem Hinweis, dass sie Irin sei? Wollte sie damit auf das Klischee hinaus, dass Iren angeblich besonders gern einen über den Durst bechern? »Es gibt einen riesigen Kühlschrank, der bis zum Rand gefüllt ist, hauptsächlich mit Prosecco«, erzählte sie weiter von der Vorparty: »Etwas Salami und Energydrinks.« Dass laut anderen Zeugen (siehe unten) auch Wasser und Saft angeboten wurden, vergaß sie zu erwähnen. Alkohol und Energydrinks sind jedoch die perfekte Mischung, um die Fans in Reihe 0 zu enthemmen, aufzuputschen und in Fahrt zu bringen, wie bereits von Joe L. gefordert. »Auf dem Tisch stehen auch ein paar Wodkaflaschen. Ich schenke mir einen kleinen Wodka/Red Bull ein«, so Lynn. »Und danach einen Prosecco. Das ist gar nichts für mich, ich bin nicht einmal angeheitert.« Interessant: Dürfen wir dem entnehmen, dass Lynn normalerweise viel mehr trinkt als einen Wodka/Red Bull und einen Prosecco? Also eine Alkoholikerin ist? Das Problem: Alkohol in Kombination mit Energydrinks ist eine brisante Mischung. »Besonders gefährlich sind Energydrinks, wenn sie auf Partys mit alkoholhaltigen Getränken zusammen getrunken werden«, warnt beispielsweise die Verbraucherzentrale. Und: »Das Koffein ›maskiert‹ die Wirkung des Alkohols. Studien zeigten, dass das Gefühl der Trunkenheit deutlich verringert ist, Müdigkeit und Erschöpfung werden nicht richtig wahrgenommen.« Also ideal für eine zweieinhalbstündige Tanz- und Jubelorgie. Aber: »Dies führt zu einer höheren Risikobereitschaft. [...] Es hat mehrere Todesfälle gegeben, die möglicherweise in Zusammenhang mit dem Konsum von Energydrinks in Verbindung mit Alkohol und intensiver Bewegung wie Tanz stehen könnten« (*verbraucherzentrale.de*, 03.06.2022)

Ein Zombie, der singt, tanzt und stolpert

Häufig bekommen Jugendliche durch Energydrinks auch eine Überdosis Koffein, weil das eben nicht bitter schmeckt wie im Kaffee, sondern süß und prickelnd. In den Vereinigten Staaten und Frankreich haben Eltern bereits Hersteller verklagt, weil ihre Kinder nach dem Genuss an Herzversagen verstorben waren. Symptome: »Herzattacken, Krampfanfälle, Nierenschäden oder Verwirrtheit«, so die *Neue Zürcher Zeitung*. »Eine Überdosierung äußert sich durch Kopfschmerzen, man wird unruhig und ängstlich, das Herz rast, und es wird einem übel.« Später kommen auch »Halluzinationen, Lähmungen, Krampfanfälle und Herzrhythmusstörungen dazu, was zum Tod führen kann« (*Neue Zürcher Zeitung*, online, 16.12.2012).

Falls überhaupt, dann müsste man *Rammstein* vielleicht den Vorwurf machen, derartige Getränke angeboten zu haben. Allerdings dürfte das in der Branche üblich sein: Anders sind die Bilder von ausgelassen feiernden Fans vor der Bühne kaum zu bekommen. Zwar will Lynn nur zwei Drinks gehabt haben: einen Prosecco und einen Wodka/Energydrink. Aber das kann nicht stimmen. Denn später, als Till Lindemann in dem Vorparty-Raum erschienen sei, habe er alle Mädchen auch noch aufgefordert, »einen Tequila zu trinken«. Und, so Lynn: »Wir sind alle einverstanden.« Also auch Lynn. »Das war gegen 20 Uhr. Kurz danach verlässt Till den Raum und dann beginnt die Show. Das ist der Punkt, an dem mein Gedächtnis einfach versagt. Alles bis zu diesem Moment ist so klar, und ab etwa 20:30 Uhr macht mein Gedächtnis schlapp. Ich bin wie ein menschlicher Zombie, der singt, tanzt, aber auch stolpert und stolpert.«

»Warum ich? Geht es um Sex?«

Das ist zwar exakt die Wirkung, die durch die beschriebene Getränkekombination zu erwarten ist. Aber das soll sich wohl so anhören, als sei dem Tequila irgendetwas beigemischt (»gespiked«) worden. Die Behauptung der Amnesie soll das wohl unterstreichen (»Filmriss«). Aber herumtorkeln und zusammenklappen sollten die Mädchen in Reihe 0 ja wohl nicht. Mädchen bei der Vorparty zu »spiken«, um sie erst viel später in der Konzertpause zu »vernaschen«, wäre keine gute Idee. Und so lässt eine andere Konzertbesucherin namens Julja Sun, eine Wirtschaftsstudentin aus Lettland, diesem Verdacht auch die Luft heraus: »Alle Flaschen mit Alkohol waren versiegelt. Wir haben sie alle eigenhändig geöffnet. Es konnte also gar niemand unter Drogen gesetzt werden.« Und: »Irgendwann kam Till für 10–15 Minuten zu uns, stellte sich jedem Mädchen vor und machte dann diesen Cocktail mit dem Tequila und Prosecco. Die Flasche Tequila gab ich ihm, wobei ich sah, dass diese Flasche ebenfalls versiegelt war. Und ich gab sie ihm, und dann machte er seinen Cocktail, und ich trank diesen Cocktail auch« (»Exclusive Interview: I Was There & Rammstein Accuser Is Lying About What Happened at Vilnius«, YouTube, 09.06.2023). Und: »Über Shelby Lynn habe sie sich ziemlich aufgeregt, sie habe sich daneben benommen und Anweisungen der Security nicht befolgt«, wird Sun auf dem Nachrichtenportal MSN zitiert. »›Sie war die Lauteste von allen und hat uns gestört, obwohl wir einfach nur das Konzert sehen wollten.‹ Über die Afterparty sagt sie, dass sie jederzeit die Veranstaltung hätten verlassen können und dass alle Handys auf einem Tisch lagen« (*20 Minuten*, 09.06.2023).

Superstar und Allerweltsmädchen

Tja: Wenn, dann ist Lynns beschriebener Zustand wohl eher auf Überkonsum zurückzuführen. Wobei sie sich mit dem behaupteten Filmriss nun endgültig ins Knie geschossen hat. Denn wie konnte sie die angeblich folgenden Ereignisse dann überhaupt noch so genau beschreiben? Als Nächstes habe sie nämlich der erwähnte Joe aus dem Vorparty-Raum geholt und ihr gesagt, dass Till Lindemann sie sehen wolle. Donnerwetter: Superstar Till Lindemann will ausgerechnet das kleine Allerweltsmädchen aus Irland kennenlernen? Vergeblich sucht man bei Lynn nach den Alleinstellungsmerkmalen, die ein solches Interesse erklären könnten: Shelby Lynn ist eine eigentlich ziemlich unscheinbare 24-Jährige mit

einem blassen, verpickelten Gesicht und gepiercter Nase, die ihre Erscheinung durch eine Prinz-Eisenherz-Frisur, eine rote Strähne und jede Menge Schminke aufzuwerten versucht. Am Abend des Konzerts trug sie zudem eine Art Gothic-Aufmachung aus aufreizender Unterwäsche, die ihre tätowierten Arme, das Dekolleté und den Rücken freilegte. Kurz: Heutzutage ein Allerwelts-Girl mit lauter trivialen Anleihen am Zeitgeist, wie sie zu Hunderttausenden herumlaufen – sodass man sich fragt, wo eigentlich das Besondere gewesen sein soll, das den Weltstar Lindemann bewogen haben soll, ausgerechnet sie für einen »Quickie« auszusuchen? Gestochen scharf gab die mutmaßlich »Gespikte« auf Twitter nun den angeblichen Dialog mit Joe wieder. »Sofort sagte ich: ›Warum? Warum ich? Geht es um Sex?‹« – wobei man sich fragt, wie sie denn sofort auf diese Idee gekommen sein will. »NEIN, NEIN, nichts dergleichen!«, habe Joe denn auch erwidert: »Till ist der perfekte Gentleman.« – »Sei ehrlich zu mir«, habe sie entgegnet: »Bitte. Ist das Sex, und ist er wirklich aggressiv?« Mit anderen Worten hat niemand anders als Lynn selbst das Thema Sex überhaupt aufgeworfen. Aber »wieder sagt er: ›Nein, nichts dergleichen, wir wollen nur 5 Minuten während der DJ-Pause unter der Bühne abhängen.‹ Ich sagte wieder zu ihm: ›Aber warum ich?‹ Er hat nicht viel geantwortet.«
Auf *vip.de* schildert eine Krankenschwester namens Laura M. ihre Erfahrungen mit Lindemann. Ihren Nachnamen erfährt man dort zwar nicht, aber sie zeigt sich mit ihrem Gesicht und ihrer Originalstimme. Sie sei auf einer Backstage-Party mit Lindemann gewesen, heißt es in dem Video. »Auf der Party sind etwa 20 Frauen. Es gibt Alkohol, und dann passiert es: Lindemann spricht sie angeblich mehrmals an: ›Irgendwann später stand er dann vor mir, ich saß immer noch da, und hielt mir halt so die Hand hin, und ich dachte: Will er jetzt mit dir tanzen? Okay, dann habe ich meine Hand in die Hand gelegt, und dann haben wir getanzt. Wenn ich Standard tanzen könnte, wäre es ein Standardtanz gewesen.‹ M. beschreibt Lindemann als höflich. Über Sex wurde nicht geredet, obwohl ihr klar war, dass manche junge Frauen genau das von ihm wollen.« Wie bitte? Dachten wir bisher nicht, Lindemann reiße sich alles unter den Nagel, was bei drei nicht auf dem Baum ist? »Ich habe, glaube ich, drei oder vier von den Frauen gefragt: ›Wenn es jetzt so wäre, wenn er Interesse hätte, würdet ihr mitgehen?‹ Und die haben ausnahmslos gesagt: ›Ja‹. Und dann haben sie mich gefragt: ›Ja, du denn nicht?‹ Und dann habe ich gesagt, ich kenne ihn ja gar nicht – also ich habe schon gerne Dates vorher. ›Ja, dann: Wenn er zu dir kommt und du nicht willst, schick ihn zu mir.‹«

Ein Verschlag ohne Fenster

Papperlapapp – die ganze Umgebung spricht doch für sich! *Die Zeit* berichtete, dass sich der Sänger während der DJ-Pause »in einen etwa 2 mal 2 Meter großen und mit schwarzem Molton abgehängten Raum, eine Art Box, zurückzieht.« – »DJ-Pause« bedeutet, dass während dieser Zeit die Musik vom Band kommt, während der Rest der Gruppe auf der Bühne bleibt. »Der Raum ähnelt mehr einem Verschlag, hat keine Fenster«, schreibt die *Bild*-Zeitung. Puh – ein »Verschlag ohne Fenster«! Das klingt so nach Gefangenschaft und Folter! Ist das nicht bizarr?! »Darin steht, so erfährt *Bild*, angeblich nur ein Stuhl für Lindemann« (*Bild.de*, 08.06.2023).

Herrje – ein schwarzer, abgehängter Verschlag! Ein Stuhl! Sehr verdächtig! Nun wissen wir zwar nicht, wie sich *Bild*-Reporter umzukleiden pflegen, aber normalerweise möchte man dabei unbeobachtet bleiben. Und einen Stuhl benötigt man, um Sachen darüber zu hängen oder sich hinzusetzen. Deshalb könnte man den »fensterlosen Verschlag« auch als das bezeichnen, was er eigentlich ist, nämlich eine Umkleidekabine, in der sich der Sänger während der »DJ-Pause«, in der Musik vom Band läuft, umzieht – während der Rest der Musiker auf der Bühne steht. Aber dann wäre ja die ganze schöne Geschichte kaputt. Dort verschwindet er also für einige Minuten, um dann umgekleidet wieder zu erscheinen. Wie er in dieser Zeit, während er sich umzieht und oben Band und Publikum warten, auch noch »eine Nummer schieben« will (womöglich mit einer »gespikten« Frau), ist die ungeklärte Frage. Zwar zitiert *Bild* noch andere ominöse Frauen, »unter der Bühne sei es angeblich zu Sex gekommen«. Nur wird nicht einmal behauptet, dass dies nicht einvernehmlich geschehen sei, und außerdem bleiben diese Damen leider anonym. »Wie der sich auf der Bühne ausarbeitet, wie der mit 60 Jahren über die Bühne rennt, da soll der plötzlich runtergehen und noch jemanden beglücken?«, wunderte sich denn auch der Ex-Musikmanager Thomas Stein am 19. Juni 2023 bei *Hart aber fair*.

Eine Box mit einem Stuhl

Tja – schwer vorstellbar. Und warum sollte man sich überhaupt zu zweit für 5 Minuten in eine 2 mal 2 Meter große Box unter der Bühne klemmen, in der auch noch ein Stuhl steht? Warum nicht nach der Show lieber ins Hotel gehen? Dort gibt es einen vollen Kühlschrank und einen Zimmerservice, außerdem ein Bad mit Dusche und ein bequemes Bett. Darüber hinaus toben nicht Tausende von Fans um einen herum wie unter der Bühne mitten in einem Konzert. Der angebliche Schauplatz des Narrativs, die winzige Umkleidekabine unter der Bühne, gibt also zu denken: Warum wurde die Handlung an diesen Ort verlegt? Warum nicht ins Hotel? Was unterscheidet diese kleine uneinsehbare Umkleidekabine, abgesehen von den bereits geschilderten Merkmalen, von einem Hotel? Ganz einfach: Ein Hotel ist mit Kameras nur so gespickt. Eine erfundene Beschuldigung hätte sich dort umgehend in Luft aufgelöst. Zuletzt musste das schmerzlich ein gewisser Gil Ofarim erfahren, der einem Hotelangestellten vorgeworfen hatte, ihn antisemitisch attackiert zu haben. Angeblich hatte ihn der Mitarbeiter aufgefordert, seine Kette mit dem Davidstern abzunehmen. Die Hotelkameras brachten jedoch zutage, dass Ofarim die Kette an diesem Abend gar nicht offen getragen hatte. Daraufhin erhob die Staatsanwaltschaft Leipzig Anklage wegen falscher Verdächtigung und Verleumdung gegen Ofarim. Das Verfahren wurde gegen Zahlung von 10 000 Euro an jüdische Organisationen eingestellt.

Der perfekte Ort für eine Unterstellung

Es wirkt also so, als habe jemand einen Schauplatz gesucht, an dem Lynns Behauptungen nicht gleich widerlegt werden können, sondern an dem sich Lindemann und das Mädchen unbeobachtet aufgehalten haben könnten. Die kleine schwarze Umkleidekabine unter der Bühne ist deshalb der perfekte Ort für eine Unterstellung. Trotz ihres vermeintlichen Gedächtnisverlustes erzählte Lynn nun, wie sie »unter die Bühne geführt« wurde: »Ich öffne diesen Vorhang, und sofort sinkt mein Herz mit einem mulmigen Gefühl. In diesen Raum passen vielleicht vier Leute rein, winzig klein wie eine Umkleidekabine.« Genau – denn das ist er ja auch. Des Weiteren fällt an Lynns Darstellung auf, dass auch in dem folgenden Dialog sie es war, die das Thema Sex zuerst aufwarf: Sie tippte sofort auf Sex, während *Rammstein*-Mitarbeiter Joe L. verneinte. Und so verlief es ihr zufolge auch in der angeblichen Begegnung mit Lindemann unter der Bühne: »Ich warte dort auf Till. Er kommt herein, und ich sage sofort: ›Till, wenn du wegen Sex hier bist, dann mache ich das nicht‹, belehrte sie angeblich den 60-jährigen Weltstar. ›Sex ist etwas ganz Besonderes für mich [...]. Ich schlafe nicht mit Fremden‹«, schildert das Amnesieopfer den Dialog haarklein. »Er ist sofort wütend: ›AGH, JOE SAID YOU WOULD‹, schreit er.« Dabei hatte sie schon Joe erklärt, dass Sex für sie nicht infrage käme. »Ich wiederhole mich: ›Es tut mir leid, dass ich dich enttäuschen muss, aber für mich ist Sex etwas Besonderes, ich kann nicht.‹ Er sagt: ›JA, DAS HAST DU SCHON GESAGT.‹ Dann stürmt er richtig wütend durch den Vorhang nach draußen.«

Halt! Musste Lindemann sich nicht eigentlich umziehen? Schließlich hatte er in dem Kabuff unter der Bühne ja nicht ewig Zeit, mit Backstage-Gören herumzudiskutieren. Deshalb einmal eine Frage: War alles vielleicht genau anders herum? Hätte, falls sie sich dort aufgehalten hätte, nicht er sie hinausgeworfen? Und wäre sie dann nicht ausgesprochen wütend gewesen? War es also nicht eher so, dass sie sich in die Umkleidekabine geschlichen hatte, wo sie postwendend von Lindemann ausquartiert wurde? Wollte am Ende gar sie eine sexuelle Begegnung provozieren, denn schließlich führen Energydrinks mit Alkohol ja häufiger zu einem höheren »sexuellen Selbstbewusstsein« (*Spektrum der Wissenschaft*, online, 15.05.2017). Man fühlt sich quasi unwiderstehlich – und Beschuldigungen funktionieren zudem ja sehr oft reziprok: Was man selbst getan hat, wirft man einem anderen vor. War Lynns Version der Begegnung, nachdem sie Lindemann nicht herumkriegen konnte, also nur Plan B, während Plan A darin bestanden hatte, den Musiker zu verführen?

Party mit dem Peiniger

Was ist also Lynns eigener Schilderung nach unter der Bühne zwischen ihr und Lindemann passiert? Antwort: nichts. Jedenfalls nichts, was eine Erwähnung wert wäre. Sondern demnach hat Lynn sowohl gegenüber Joe L. als auch gegenüber Lindemann das Thema Sex selbst aufgeworfen. Beide Männer haben Lynns eigener Erzählung nach überhaupt nichts von Sex erwähnt. Joe L. hatte demnach sogar 2 Mal verneint, dass es um Sex gehen würde. Warum sollte also irgendeine Polizei ermitteln und irgendein Veranstalter Konzerte absagen, wie gefordert wurde? Zumal einvernehmlicher Sex auch nicht einmal verboten wäre. Ein »Quickie« unter der Bühne ist nicht notwendigerweise ein Verbrechen. Dass diese angebliche Begegnung jedoch selbst für Lynn kein besonders traumatisierendes Erlebnis gewesen sein kann, ergibt sich daraus, dass sie sich nun einfach »zurück zu der Gruppe von Mädchen in Reihe 0« führen ließ, wo die ausgelassene Tanzerei im zweiten Teil des Konzerts natürlich weitergehen sollte. Obwohl sie angeblich sexuell von Lindemann belästigt worden sein soll, wie sie nahelegt, machte sie bei der Show ihres vermeintlichen Peinigers weiter mit und ging anschließend auch noch zur Nachparty.

Dort fand sie »einige Mädchen, die mir intime Geschichten mit Till erzählen. Einige schockierende Sachen.« Oha! Welche denn, bitte? Fehlanzeige. Nur so viel: »Das ist aber nicht meine Geschichte.« Womit sie erneut bestätigt, dass sie eben keine »schockierenden Sachen« mit Lindemann erlebt hatte.

Feiern bis der Arzt kommt

Die junge Frau, die sich selbst als »selbstbewusste Trinkerin« bezeichnet und sagt, dass ein Wodka mit Energydrink und ein Prosecco »gar nichts« für sie seien, will bei der Après-Party nun lediglich zwei Flaschen Wasser getrunken haben. Dennoch sei sie um 2 Uhr nachts von einem der anderen Mädchen »gefunden« worden, »als ich versuche, die Party zu verlassen, da ich mich wirklich krank fühle. Sie fragt, ob es mir gut geht, ich sage: ›Nein, mir wird schlecht.‹« Nun ja, selbst nach ihrer eigenen Erzählung hat sie Energydrinks, Wodka, Prosecco und Tequila durcheinandergetrunken – die perfekte Mischung für einen bösen Kater. »Sie führte mich zur Toilette, wo ich mich eine Zeit lang übergeben musste. Ich gehe zurück auf die Party und versuche, mich ganz natürlich zu verhalten, hole etwas Wasser und gehe dann. Ich stolpere aus dem Veranstaltungsort, und diese zwei wirklich netten Leute helfen mir nach Hause, rufen mir ein Taxi und bezahlen es. Ich habe meine Zimmerkarte verloren, und als ich im Hotel ankomme, gerate ich in Panik, denn dieses nette, hilfsbereite Paar, das auf der Straße raucht, wohnt auch im Hotel. Ich erzähle ihnen kurz, was passiert ist, und sie helfen mir, eine neue Karte von der Rezeption zu bekommen.« Kurz und gut: Lynn macht den Eindruck eines total betrunkenen Mädchens, wie sie nach solchen Konzerten leider immer wieder einmal anzutreffen sind. Nach dem Motto: Feiern bis der Arzt kommt.

»Till hat mich NICHT angefasst«

Als sie in ihr Zimmer kam und sich entkleidete, sah sie da »all die blauen Flecken«. Die entsprechenden Fotos erwiesen sich als Fressen für die Medien – und bewiesen wieder einmal gar nichts. Lynn selbst hatte nicht einmal den geringsten körperlichen Kontakt mit einem der Band- oder Crew-Mitglieder erwähnt. Demnach hatte weder Lindemann noch sonst jemand sie auch nur berührt. Speziell der geschilderte Ablauf unter der

Bühne ließ nicht den geringsten Raum für einen körperlichen Kontakt. Sogar sie selbst stellte später klar: »Till hat mich NICHT angefasst. Er hat akzeptiert, dass ich keinen Sex mit ihm wollte. Ich habe nie behauptet, dass er mich vergewaltigt hat« (*B. Z.*, online, 30.05.2023).
Na bitte. Behaupten will sie ja nichts, sondern nur den Anschein erwecken. Denn sonst könnte das teuer werden: Abmahngebühren und Schadensersatz ohne Ende, der für den Ruf einer Band wie *Rammstein* in die Millionen gehen kann. Also schön klar die Grenze ziehen. Dabei sind blaue Flecken am ganzen Körper nun einmal typisch für einen herumtorkelnden Betrunkenen. Sie selbst schrieb über die Zeit in der Reihe 0: »Ich bin wie ein menschlicher Zombie, der singt, tanzt, aber auch stolpert und stolpert.« Auch ins Hotel sei sie danach zurück»gestolpert«. Insbesondere ein längliches Hämatom an ihrer rechten Körperseite sieht aus, als sei sie gegen ein Hindernis geprallt. Sie selbst spricht von Blutergüssen, »darunter auch Fingerabdrücke, die vielleicht von einem Griff stammen könnten«. Wann und wodurch diese blauen Flecken entstanden sind, weiß sie wiederum nicht, weil sie »unter dem Einfluss von irgendetwas« gestanden habe – ebenfalls eine interessante Formulierung. Denn auch hier wollte sie nichts beim Namen nennen und behaupten. Ohne Zuweisung an eine bestimmte Person besagen die unscharfen Abdrücke auf ihrer Haut ebenfalls nichts, weil sie ja auch von Helfern stammen konnten, die sie wieder auf die Beine stellen wollten.

Zittern, Frieren, Schwitzen

Später im Hotel habe sie »ununterbrochen« gezittert: »Ich kann mich nicht einmal von meinem Bett bewegen, ohne zusammenzubrechen, ich muss mich übergeben, habe Durchfall, friere und schwitze. [...] Ich bleibe den ganzen Tag und die Nacht bis zum nächsten Tag wach, immer noch unter dem Einfluss der Drogen, die ich bekommen habe.« Schon wieder! Aber welche Drogen denn nun? Ein von ihr selbst vorgenommener Drogentest hatte nämlich nichts ergeben. Dafür ist die klinische Diagnose relativ klar: Schlaflosigkeit, Zittern, Schweißausbrüche, Übelkeit und Durchfall sind typische Symptome einer Koffein- und Alkoholvergiftung. Zu viel Koffein sorgt für Schlaflosigkeit, Zittern, Schweißausbrüche und sogar Angstzustände, übermäßiger Alkoholkonsum für Übelkeit und Erbrechen.
Nicht doch: Schließlich hätten die anderen Mädchen das auch gehabt, also muss allen etwas ins Getränk gekippt worden sein. »Das Mädchen,

das mir auf der Afterparty geholfen hat, meldet sich am nächsten Tag bei mir. Ich lasse sie wissen, dass es schlimm war, und sie erzählt, dass ihr das auch passiert ist. Und ihrer Freundin. Und einer anderen. Und noch einer.« Und das mag man ausnahmsweise einmal glauben. Denn die Kühlschränke bei *Rammstein* waren ja schließlich voll mit Alkohol und Energydrinks. Auch die angeblich von Lynn durchlittenen Halluzinationen können zu einer schweren Alkohol- und Koffeinintoxikation passen. Angstzustände und Halluzinationen treten bei vielen Vergiftungen auf. Dass die Band ein halbes Dutzend Mädchen ausknockt, die als ausgelassene Partygirls in der Nuller-Zone gebraucht werden, ist dagegen eher unwahrscheinlich. Auch später wäre es wohl eher peinlich, wenn die Gruppe mehrmals den Notarzt rufen müsste, um die bewusstlosen KO-Opfer aufzusammeln. Das würde dann wahrscheinlich die Polizei auf den Plan rufen. Und Mädchen auf diese Weise für Sex gefügig zu machen, um sich in einer winzigen Umkleidekabine an ihnen zu vergehen (wie Lynn nahelegt), erscheint abwegig. Denn schließlich bleiben auch bei »gespikten« Opfern häufig Erinnerungsfetzen übrig, die sie anschließend Polizei und Ärzten schildern könnten. Von forensischen Spuren wie Sperma, DNA und Verletzungen im Intimbereich gar nicht zu reden. Das Risiko für die Band wäre gigantisch. In den zurückliegenden 30 Jahren ihrer Auftritte sind solche Vorwürfe auch nicht bekannt geworden. Und nun sollen die in die Jahre gekommenen Rocker plötzlich durchdrehen und zwangsweise junge Mädchen »vernaschen«?

Viel Rausch um nichts

Im weiteren Verlauf der Nacht machte das intoxikierte Backstage-Girl jedoch einen Riesenwirbel um seinen Rausch und mischte die gesamte Umgebung auf: die anderen Mädchen genauso wie ihre Familie, die Polizei und das Hotelpersonal. In ihrem Zimmer hält die Leidende Hof und nimmt das Defilee aus Helfern ab: »Sie sprechen mit der Rezeption und organisieren, dass Polizei und Krankenwagen zu meinem Hotelzimmer kommen, weil es mir zu schlecht geht, um irgendwohin zu gehen.« Nun: Wahrscheinlich ein Kreislaufkollaps – typisch bei einer solchen Getränkemischung. Die Mädchen »wollten mich nicht verlassen, aber ich sagte, dass ich mit meiner Mutter, meiner Schwester und allen anderen in Kontakt stehe und sie auf dem Laufenden halte«. Mit anderen Worten machte die junge Frau so viel Wind wie möglich, wahrscheinlich, damit auch jeder mitbekommt, dass Bandleader Lindemann sich offenbar an ihr vergriffen hat. Sobald sie wieder zu Hause sei, wolle sie »direkt ins Krankenhaus« gehen, »um einen vollständigen toxikologischen Bericht zu erhalten: Blutproben, Haarproben, Fingernägel. Nach dem Krankenhaus werde ich zur Polizei gehen, um einen gründlicheren und detaillierteren Bericht als die litauische Polizei zu erstellen.« Von all diesen Berichten hat man nie wieder etwas gehört, was auch daran liegen mag, dass diese vollkommen sinnlos gewesen wären. Denn woher irgendwelche Drogenrückstände in Haaren oder Nägeln eines solchen Partygirls stammen, wird sich wahrscheinlich nie beweiskräftig klären lassen. Schlimmstenfalls käme dabei die jüngere Drogenkarriere des Mädchens ans Licht, da sich Drogenkonsum anhand von Haaren und Nägeln über Monate hinweg zurückverfolgen lässt. Vielleicht nicht ganz das, was sich Lynn gewünscht hat.

Journalistischer Lynchmob

Die Frage lautet also: was war hier eigentlich los? Seit Beginn der Europatournee von *Rammstein* und den gesamten Mai und Juni 2023 über glich die Presse einem Tollhaus. Zeitungen, Funk und Fernsehen ließen sämtliche Hemmungen fahren und inszenierten einen Skandal aus dem Nichts. Selbst ein Mainstream-Apostel wie der Medienjournalist Stefan Niggemeier meldete angesichts des journalistischen Lynchmobs vorsichtige Kritik an: »Irgendwie unangemessen und unwürdig« fand er die einsetzende Jagd nach immer neuen, vermeintlichen *Rammstein*-Opfern. »Er sieht einen Wettlauf der Medien, bei dem es darum geht, mit einer großen eigenen #RowZero-#MeToo-Geschichte zu *Rammstein*-Sänger Till Lindemann vorne zu sein.« Laut *kress.de* vom 12. Juni 2023 ist es für ihn »unklar«, »in welchem Maß ein konkretes Geschehen tatsächlich eine Grenzüberschreitung war« – und ob es dann zulässig sei, »so detailliert aus der Intimsphäre des Musikers zu berichten« (*kress.de*, 12.06.2023). Wie wahr. Denn wie wir gesehen haben, handelt es sich schon bei den Erzählungen der »Kronzeugin« Lynn um viel Rauch um nichts, durch den sich allzu deutlich eine ganz andere mögliche Version abzeichnete: Wie sich bei einem *Rammstein*-Konzert ein Partygirl einmal hemmungslos betrank und versuchte, einen Skandal zu inszenieren. In Wirklichkeit, so scheint es, sollte nicht das Mädchen, sondern die Rockband *Rammstein* missbraucht werden.

Maximale Anscheinserweckung

Die Frage ist nur: von wem? Ist das alles auf Lynns Mist gewachsen? Oder war es eine Art Anschlag auf *Rammstein*? Schließlich haben wir gesehen, wie sich Lynn zielgerichtet angestrengt hat, auf die Konzertpartys der Gruppe zu kommen, um der Band beziehungsweise Lindemann möglichst nahe zu sein. Dort gab sie sich alle Mühe, besonders auffällig zu sein, hüpfte und schrie wild herum – wahrscheinlich, damit Lindemann sie wahrnehmen würde. »Sie war die Lauteste von allen und hat uns gestört, obwohl wir einfach nur das Konzert sehen wollten«, erinnerte sich Konzertbesucherin Julja Sun. Lynns Erzählung ist außerdem juristisch ziemlich ausgeklügelt: maximale Anscheinserweckung bei minimalem juristischem Risiko. »Viel undurchsichtiger Dampf und nur wenig Konkretes, gegen das die Band wirklich vorgehen könnte – das ist das beste Rezept, um ein Erfolgsprojekt zu zerstören«, schrieb das Nachrichtenmagazin *Compact*. »Der bekannte Anwalt Professor Ralf Höcker äußerte sich gegenüber dem Fernsehsender *Welt* zu dem Fall«, so *Compact*: »Dieser sei ein ›gefundenes Fressen für jeden Strafverteidiger‹, da es keinerlei Beweismittel gegen Lindemann gebe. Höcker verwies darauf, dass die Unschuldsvermutung auch für Lindemann zu gelten habe und kritisierte das Verhalten der Medien in diesem Fall« (*Compact*, online, 07.06.2023).

Wo konkrete Behauptungen oder auch Verdächtigungen drohten, zog Lynn sogar selbst sofort die Notbremse – etwa indem sie klarstellte, dass Lindemann sie »NICHT angefasst« habe. Oder indem sie nicht einmal behauptete, dass Lindemann es gewesen sei, der das Thema Sex bei ihrer Begegnung ins Spiel gebracht habe. Mit anderen Worten sollte das Ganze lediglich die Fantasie der Medien und des Publikums anregen, ohne Lynn selbst der Gefahr der zivil- oder strafrechtlichen Verfolgung auszusetzen – und diese Anscheinsblase sollte so übermächtig werden, dass *Rammstein* nicht mehr zu halten gewesen wäre.

Medien und Frauenaktivistinnen gaben sich alle Mühe, *Rammstein* den Garaus zu machen. Eine Petition mit Zehntausenden von Unterzeichnern forderte die Absage der Berlinkonzerte – und damit wohl das Scheitern der Europatournee. Konzertveranstalter wurden unter Druck gesetzt. In Wien und Berlin gab es Kundgebungen gegen die Band. Aber warum sollte das dekadente deutsche Aushängeschild *Rammstein* denn nun abgesägt werden? Denn dass es sich um eine konzertierte Aktion handelte, daran kann eigentlich kein Zweifel bestehen. Das wurde spätestens klar, als sich am 18. Juni 2023 auch noch der Antisemitismusbeauftragte der

Bundesregierung zu Wort meldete. Nachdem die Medien *Rammstein* auf den Richtplatz gezerrt hatten, erschien der Vollstrecker mit dem schärfsten Schwert, das der politisch-korrekte Komplex zu bieten hat: Antisemitismus. »Antidemokratische Diskriminierungen wie Antisemitismus, Frauenverachtung und Rassismus gehen oftmals Hand in Hand«, ließ er die Klinge blitzen. Das heißt: Wer heutzutage im Verdacht steht, Frauen zu verachten und/oder sich rassistisch zu verhalten (was bekanntlich alles sein kann), der ist ganz gewiss auch ein Antisemit. »Ich halte es vor diesem Hintergrund für fragwürdig, ob die geplanten *Rammstein*-Konzerte in Berlin im vom Land betriebenen Olympiastadion so stattfinden sollten«, sagte der Regierungsbeauftragte. Damit war die Katze aus dem Sack. Die Operation erreichte ihren Höhepunkt: aus für *Rammstein*! Das Problem ist nur, dass Urteile ohne Beweise Lynchjustiz sind.

Ein Produkt des Mainstreams

Wie gesagt: *Rammstein* war ein Produkt des Mainstreams. Sonst wäre die Band nie so hoch aufgestiegen. »Unzuverlässige Künstler« machen im heutigen Deutschland genauso wenig Karriere wie im Dritten Reich oder in der DDR. Dementsprechend opportunistisch hat sich *Rammstein* immer wieder geäußert und verhalten: 2001 dichtete die Band, ihr Herz schlage links. Gitarrist Paul Landers bezeichnete *Rammstein* als »Kämpfer für linken Patriotismus« (online, 02.04.2019); später zeigte man Regenbogenflaggen und homosexuelle Küsse auf der Bühne. In einem Text bekannte Sänger Lindemann: »Deutschland, ich kann dich nicht lieben.« Oder: »Ich hasse Kinder.« Alles perfekt also: Genau das wird schließlich von Deutschen erwartet. »Frauen müssten das doppelte Gehalt bekommen«, haute *Rammstein*-Keyboarder Lorenz außerdem einmal heraus. Der Anteil weiblicher Bands und Künstlerinnen sei »immer noch viel zu niedrig«, bemängelte er brav. »Auch der Anteil der Frauen in Plattenfirmen und Chefetagen. Eigentlich müssten ein paar Männer Platz machen, damit ein paar Frauenbands auf die Bühne könnten« (*profil.at*, 20.11.2021).

Deutsch lernen mit *Rammstein*

Oder war das nur Tarnung? Was *Rammstein*-Texte und -Auftritte so verwirrend macht, sind die These und Antithese in einem: deutsche

Männlichkeit verkörpern und gleich wieder überzeichnen und veralbern. So transportiert *Rammstein* immer noch zu viel Deutschtum und deutsche Kultur in alle Welt. Unter anderem auch deshalb, weil *Rammstein* – im Gegensatz zu vielen anderen deutschen Bands – immer noch in deutscher Sprache singt. Zwar verstehen die meisten ausländischen Zuhörer kein Wort, während sich die Deutschen fragen, ob es da überhaupt etwas zu verstehen gibt. Aber darum geht es hier ebenfalls nicht. Vielmehr geht es um das phonetische Vergnügen, Worte und Betonungen der deutschen Sprache zu hören. Und das »Schlimme« ist, dass viele Menschen in aller Welt diese auch noch mitsingen. Damit ist *Rammstein* quasi eine zu groß gewordene globale PR-Maschine der deutschen Kultur und Sprache – so schräg sie auch daherkommen mag. In der finnischen 35 000-Seelen-Stadt Kerava zum Beispiel lernten Kursteilnehmer mit *Rammstein*-Texten sogar deutsch: »Die Band *Rammstein* sorgt weltweit für Begeisterung«, schrieb *Tag24*. »Grund dafür sind auch die Texte von Frontmann und Dichter Till Lindemann (56). Diese sollen den Deutschkursteilnehmern an einer Volkshochschule beim Büffeln helfen. […] Wie die finnische Website *Helsinki Sanomat* berichtet, sollen sich die Deutschenthusiasten mit dem Werk deutscher Brachial-Rock-Bands wie *Rammstein* und *Eisbrecher* auseinandersetzen – und so gleich die Sprache lernen. Laut Direktorin Anne Hosio-Paloposken erfreut sich der Intensivkurs ›*Rammstein*-Deutsch‹, der keine Vorkenntnisse erfordert, riesigen Interesses. […] Für Kursleiterin Milla Löfman von der Universität in Helsinki war die Idee längst überfällig, wie sie verriet.« Denn siehe da: *Rammstein* animierte die Menschen, deutsch zu lernen: »In fast jedem meiner Kurse hatte ich einen oder mehrere Schüler, die *Rammstein* oder eine ähnliche Band hörten. Die Musik gab den Ausschlag, die Sprache lernen zu wollen« (online, 16.09.2019).

Mit *Rammstein* verliebt man sich also in die deutsche Sprache, vielleicht in das deutsche Wesen überhaupt? Und das geht ja gar nicht. Bei den Eliten, die letztlich unsere Medien steuern, hat deshalb ein Perspektivenwechsel stattgefunden – von der deutschen Punk-Band zur deutschen Kulturbotschafterin.

Die Urszene von Pegida und AfD?

Bei den »woken« Eliten kippte die Wahrnehmung von *Rammstein*: So wurde erkannt, dass die Band unter dem woken Anstrich immer noch zu viel Deutschtum und deutsche Männlichkeit vermittelte. Und damit haben wir auch schon genau das, was die Medien an *Rammstein* plötzlich so verabscheuten. Schon in einem Artikel vom 16. März 2017 verdichtete *Der Spiegel* die neue Perspektive auf die Gruppe als eine »maskulin-teutonische Stadionrockgruppe« aus sechs »ruß- und ölverschmierten Herrenmenschen«, deren Lead-Sänger Till Lindemann, »nach seinem typisch nazideutschmartialischen Rollen des ›R‹« lasziv seine Zunge heraushängen lässt. Die *Rammstein*-Ästhetik sei »die Urszene der Das-wird-man-ja-wohl-noch-sagen-dürfen-Einstellung, von der die Björn Höckes des Landes bis heute zehren. *Rammstein* sind die Urszene von Pegida und AfD – und daran ändert auch nichts, dass sie aus Ostberlin und der Punkszene kommen und sich auf Nachfrage als Linke bezeichnen« (online, 16.03.2017).

Der links-woke Hass auf *Rammstein* kommt von ganz oben. Sogar das außenpolitische Sprachrohr der US-Top-Eliten, *Foreign Policy*, hetzte gegen *Rammstein*. Vorwurf: »toxische Männlichkeit«. »Die toxische Männlichkeit der Band ist Teil eines rechten Chauvinismus, der heute in Deutschland im Rechtspopulismus reichlich politischen Ausdruck findet – und der derzeit auf dem Vormarsch ist. [...] Deutschlands erfolgreichster zeitgenössischer Kulturexport ist eine Band, die mit germanischer Symbolik, gestiefeltem Gleichschritt und Leni-Riefenstahl-Ästhetik aufwartet und damit weltweit ausverkaufte Stadien begeistert. Mit mehr als 20 Millionen verkauften Alben ist sie die meistverkaufte deutschsprachige Band der Geschichte. Obwohl diese Deutschtümelei dem liberalen, modernen Deutschland zuwiderläuft, hat die Band einen großen Freifahrtschein erhalten.« Da hört man regelrecht die Oberbefehlshaber sprechen. »*Rammstein* spricht die Rechten an, die sich zutiefst über die kulturellen Grenzen Deutschlands ärgern und ihre eigenen gewaltsamen Strategien verfolgen, um sie zu erweitern. [...] Eine rechtsextreme Partei, die Alternative für Deutschland (AfD), sitzt im deutschen Bundestag und erreicht derzeit in den Umfragen ein Allzeithoch von über 18 Prozent.« Woraus die Panik spricht, die weltberühmte Band *Rammstein* könnte sich vielleicht mit der Rechten in Deutschland kurzschließen. »Die anhaltende Popularität der Band ist ein Zeichen für den zunehmend rechtsgerichteten Zeitgeist des Landes«, so *Foreign Policy* (online, 25.06.2023).

Kurz: Das Ende von *Rammstein* wurde bereits vor längerer Zeit eingeläutet. Aufgrund ihrer »toxischen deutschen Männlichkeit« und ihres angeblichen Rechtsextremismus' war die Band auf höchster Ebene in Ungnade gefallen. Der »woke« Skandal kam da nur gelegen – oder wurde sogar inszeniert. Jedenfalls fällt es schwer zu glauben, dass sich ein irisches Mädchen pünktlich zum ersten Konzert der Europatournee von allein aufmacht, um die weltberühmte Band *Rammstein* vom Thron zu stürzen und für einen Skandal, der keiner ist, Schützenhilfe von allen globalen Medien erhält. Für kritische Rechercheure stand »im Raum, ob es hier eine konzertierte Aktion gab oder sogar eine organisierte Gruppe existierte, die gegen Lindemann oder *Rammstein* arbeitete« (»*Rammstein*: Der Fall Shelby Lynn«, *RS23 Substack*, 04.08.2023). Alles sah danach aus, als ob es die links-woke »Kultur« darauf abgesehen hatte, *Rammsteins* Europatournee zu zerstören und die Band damit pleite zu machen. Nachdem ich den *Rammstein*-Skandal wochenlang kritisch auf meinem Telegram-Kanal begleitet und dabei immer wieder auf die Dürftigkeit der Vorwürfe hingewiesen hatte, drehte sich der Wind. Zunächst erwirkten Lindemann und die Band zahlreiche Unterlassungserklärungen gegen Medienorgane und auch gegen Shelby Lynn. Dann, am 29. August, teilte die Staatsanwaltschaft Berlin die Einstellung der Ermittlungen gegen Lindemann mit. Und schließlich leitete die Staatsanwaltschaft in Vilnius (Litauen) wegen des Verdachts der Verleumdung Ermittlungen gegen Shelby Lynn ein: »Es wird geprüft, ob die 24-Jährige eine Falschaussage tätigte« (*Bild*, online, 19.09.2023).

18. Juni
Tauchboot *Titan*: die tickende Zeitbombe

Am Montag, dem 19. Juni, sickerte global plötzlich ein Krimi aus den Nachrichtenkanälen, der sich gewaschen hatte und der sich im Laufe der folgenden Tage weltweit in einen reißenden News-Strom verwandeln sollte: Fünf Menschen sollten am Vortag, dem 18. Juni, in einem Tauchboot im mehrere Tausend Meter tiefen Nordatlantik verschollen sein – auf einer Besichtigungstour zum Wrack der *Titanic*. Fünf Menschen, zusammengepfercht in einer winzigen Kohlefaserröhre mit dem sinnigen Namen *Titan* – auf dem Weg in die eiskalte, stockfinstere Tiefe. Weder ein Kabel noch eine Funkverbindung verband die 6,70 Meter lange und 2,80 Meter breite Tonne mit ihrem Mutterschiff *Polar Prince*, welches das Tauchboot an seinen Ausgangspunkt gebracht hatte. Unter Wasser gab es nur eine rudimentäre Kommunikation. Laut der Betreiberfirma OceanGate kommunizierte *Titan* »über Textnachrichten, die über ein akustisches USBL-System (Ultra Short Baseline) ausgetauscht werden. Das U-Boot muss alle 15 Minuten oder bei Bedarf auch häufiger mit der Oberfläche kommunizieren. Die Verfolgung der U-Boot-Position (Länge/Breite und

Tiefe) erfolgt über dasselbe System, wird aber vom Computer gesteuert und aktualisiert die Position des U-Boots alle paar Sekunden« (*https://archive.ph/xOid9*). Anderen Quellen zufolge konnten mit diesem System keine Texte übertragen werden (*Wikipedia*, abgerufen am 31.10.2023). Obwohl mit dem *Titan* angeblich schon mehrere derartige Tauchgänge stattgefunden haben sollten, musste die Fahrt eine Reise ins Ungewisse gewesen sein. Darüber: bis zu 3,8 Kilometer Ozeanwasser mit einem Druck von rund 400 Kilogramm pro Quadratzentimeter (400 bar) – was in etwa so ist, als würde sich ein Dinosaurier auf eine Coladose stellen. Darunter: das schon weitgehend zerfallene Wrack der *Titanic*. Im Scheinwerferkegel: einige Bewohner der schwarzen Tiefsee. Im Schiff: fünf Menschen und Atemluft für 96 Stunden. In der Filmbranche nennt man das ein »Ticking-Clock-Szenario«. Bis zum Ablauf steigerte sich die Spannung dabei ins schier Unerträgliche: die Insassen des verschollenen Tauchboots auf der einen, die Suchaktion über Wasser auf der anderen Seite. Das Stück zog das Publikum weltweit in seinen Bann und erinnerte an das Drama von *Apollo 13*, bei dem 1970 angeblich drei US-Astronauten nach einer missglückten Mondlandung zurück zur Erde trudelten. Atemlos verfolgten Milliarden Menschen die Suche nach dem Tauchboot und zählten die Stunden bis zum Ende des Sauerstoffvorrats.

Wenn die Uhr tickt …

Aber ich greife vor. An Bord befanden sich

1. der Chef des Tauchbootunternehmens OceanGate, Stockton Rush,
2. der *Titanic*- und Tieftauchspezialist Paul-Henry Nargeolet,
3. die beiden Milliardäre Hamish Harding und
4. Shahzada Dawood
5. sowie dessen Sohn Suleman Dawood.

Zunächst, während des Abtauchens, riss nach 1 Stunde und 45 Minuten der Kontakt ab: das Tauchboot verstummte. Keine Lebenszeichen mehr aus der Tiefe. Kein gutes Zeichen, wie manche meinten, denn das spreche für einen totalen Stromausfall an Bord: eine tödliche Bedrohung. Nichts würde mehr funktionieren, keine Motoren und auch keine Steuerung. Ab da begann die Uhr zu ticken. Ab jetzt war der *Titan* ein Seenotfall, der zum sofortigen Abbruch der Mission hätte führen müssen. Der Besuch der *Titanic* wäre ohnehin nicht mehr möglich gewesen. Einzige Option:

Sofort die mechanisch auszulösenden Tauchgewichte abzuwerfen, um an die Oberfläche zu steigen. Die Zeit drängte, denn auch dort hätte man das kleine Tauchboot erst einmal finden müssen, um die Insassen zu befreien und ihnen wieder frische Luft zuzuführen. Denn der Deckel war von außen fest mit dem Rumpf verschraubt. Deshalb hätte nach dem Kontaktabbruch sofort eine Suchaktion beginnen müssen, um jede Minute Sauerstoffvorrat zu nutzen. Aber anscheinend passten schnelle Abläufe nicht in die Dramaturgie. Denn nun ließ man es auf dem Mutterschiff *Polar Prince* offenbar ganz ruhig angehen: Nach dem Kontaktabbruch am 18. Juni um 13:45 Uhr Greenwich Meantime (GMT; 15:45 MESZ) wartete man erst einmal den geplanten Rückkehrzeitpunkt des Bootes ab: 19 Uhr GMT (21 Uhr MESZ). Aber warum? Denn da auch der Transponder ausgefallen war, der angeblich alle 15 Minuten ein Lebenszeichen sendete, konnte an einem Notfall genau genommen gar kein Zweifel bestehen (siehe Zitat von James Cameron unten). Aber den Berichten zufolge gab es selbst um 19 Uhr, nachdem das Boot nicht zurückgekehrt war, noch keinen Notruf seitens des Mutterschiffes. Laut Reuters erhielt die US-Küstenwache erst um 21:40 GMT »eine Meldung über ein überfälliges Tauchboot des kanadischen Forschungsschiffs *Polar Prince* mit fünf Personen an Bord, das zur Besichtigung des *Titanic*-Wracks etwa 900 Seemeilen östlich von Cape Cod an der US-Küste taucht« (Reuters, online, 23.06.2023). Also 8 Stunden nach Kontaktabbruch und über 2 Stunden nach dem geplanten Rückkehrzeitpunkt!

Nur nichts überstürzen!

Junge, Junge: nur nichts überstürzen! Wir sind hier auf See und nicht auf der Flucht! Ab dem nächsten Tag füllte die Odyssee des *Titans* Schlagzeilen und Frontseiten und verdrängte andere Themen auf die hinteren Plätze. Die tickende Uhr hatte eine hypnotische Wirkung. Und dieser Zustand wurde schön in die Länge gezogen. So machte sich angeblich eine ganze Armada von Schiffen, Flugzeugen und Tauchbooten auf den Weg, um den *Titan* zu suchen. Aber ausgerechnet das beste Tauchboot von allen wurde von der US-Regierung vom Unglücksort ferngehalten: der britische *Magellan*. Während dessen Besatzung mit ihrer Ausrüstung auf dem Flughafen der Kanalinsel Jersey wartete, kam einfach keine Einsatzgenehmigung: »Ein ferngesteuertes Fahrzeug, das in der Lage wäre, das havarierte Tauchboot *Titan* aus dem Atlantik zu ziehen, wurde von der US-Regierung daran gehindert, an der Rettungsaktion teilzunehmen«, berichtete der britische *Telegraph.* »Ein Team des Tiefseespezialisten Magellan Limited wartet seit Montag [19. Juni] um 19 Uhr darauf, einen Flughafen auf den Kanalinseln zu verlassen, doch die Genehmigung zum Start steht noch aus.« Die *Magellan*-Boote seien die einzigen, die über eine Winde verfügten, »mit der Tauchboote aus den Tiefen des Ozeans gezogen werden können«, zitierte der *Telegraph* einen Kenner der Geräte. Rein zufällig handelte es sich auch um dieselbe Firma, die zuletzt einen erhellenden 3D-Scan des *Titanic*-Wracks angefertigt und damit entlarvende Befunde aufgedeckt hatte (siehe Schluss des Kapitels). Aber die US-Beamten, welche »die Rettungsaktion zusammen mit Kanada organisieren«, würden »lieber ein New Yorker Schiff einsetzen, das 3000 Meter unter Wasser operieren kann« (*Telegraph*, online, 20.06.2023). Seltsam: denn das war zu wenig. In Wirklichkeit musste der verschollene *Titan* bei 3800 Metern Wassertiefe vermutet werden – dort, wo das Wrack der *Titanic* liegt.

Dick und Doof auf Jersey

Aber irgendwie hatte es keiner eilig – jedenfalls nicht beim US-Militär. Hier schien man im Gegenteil an einem Erster-Klasse-Begräbnis für die *Titan*-Besatzung zu arbeiten. Denn nachdem der *Magellan* doch noch grünes Licht erhalten hatte, sollte als Nächstes eine »Panne« verhindert haben, die *Magellan*-Ausrüstung in ein US-Transportflugzeug vom Typ C-17 *Globemaster* zu laden. Bei dem Versuch, das Equipment ins Flugzeug zu bekommen, »haben sie ihre Paletten verbogen«, erklärte der Geschäftsführer von Magellan Ltd., Richard Parkinson. Wie ungeschickt! Wahrscheinlich luden die US-Ladespezialisten zum ersten Mal Paletten an Bord! »Ich glaube nicht, dass das sehr oft vorkommt«, meinte Parkinson denn auch vorsichtig (BBC, online, 22.06.2023). Tja – das glaube ich auch nicht. Jedenfalls schien die ganze Würgerei mit den Paletten so lange gedauert zu haben, dass nun die Dienstzeit der Flugzeugbesatzung abgelaufen war. Feierabend! Statt nach Neufundland flog die Maschine erst einmal nach Belgien – warum, wurde nicht erklärt. Lachen Sie nicht: Im Krieg gibt es schließlich auch keine Überstunden. Bekanntlich klingelt auch auf dem Schlachtfeld um 17 Uhr die Glocke, und alle gehen erst einmal stempeln. Deshalb machte sich nun ein anderes Transportflugzeug vom Typ C-17 *Globemaster* auf den Weg nach Jersey, um den *Magellan* und seine Ausrüstung abzuholen. Eine Frage: Wurde hier eigentlich eine Komödie gedreht?

Ei, wer klopft denn da?

Papperlapapp: Auf der anderen Seite des Atlantiks, bei Neufundland, wurde die Dramatik inzwischen durch Klopfgeräusche angeheizt, die man jede halbe Stunde vom Ozeanboden vernommen haben wollte. CNN und der *Rolling Stone* hätten von Suchteams berichtet, die am Dienstag, dem 20. Juni, »eine Zeit lang alle 30 Minuten Klopfgeräusche, eine Art Hämmern, gehört« hätten, schrieb *Der Spiegel.* »Nachdem zusätzliche Sonargeräte eingesetzt worden seien, seien die Geräusche immer noch zu hören gewesen. Das gehe aus einem internen Memo der US-Regierung hervor« (*edition.cnn.com*, 20.06.2023). Hauptsache, das Publikum wird auf die Folter gespannt. Denn derartige Medienkrimis saugen die Aufmerksamkeit des Publikums an wie ein Schwarzes Loch (angeblich) das Licht. Insbesondere bei einem »Ticking Clock«-Drama. Also wurde alles in die Länge gezogen wie ein Kaugummi – und die Spannung bis zum Zerreißen gesteigert. Am nächsten Tag meldete das ZDF, bei der Suche nach dem *Titan* seien »weitere Klopfgeräusche registriert« worden. Weil die Klopfgeräusche alle halbe Stunde zu hören gewesen seien, wurde daraus gefolgert, dass sie menschlichen Ursprungs sein könnten: »Experten betonen, dass die Regelmäßigkeit des Klopfens auf eine menschliche Quelle hindeuten könnte. An Bord des vermissten Schiffes befindet sich ein französischer Taucher im Ruhestand, der wissen müsste, dass das Protokoll zur Alarmierung der Suchmannschaften darin besteht, alle halbe Stunde 3 Minuten lang zu klopfen«, so das Nachrichtenportal MSN (laut *Kleine Zeitung*, online, 21.06.2023).

Hämmern, bis die Hände bluten

Ach nein. Dieses Protokoll kenne ich gar nicht. Dafür kenne ich dreimal kurz, dreimal lang, dreimal kurz: SOS. Über den menschlichen Ursprung und den Anlass kann dann auch kein Zweifel bestehen. Und wer noch etwas mehr Morsesignale im Kopf gehabt hätte, hätte auf diese Weise sogar weitere Details des Notfalls mitteilen können. Die genannte Vorstellung ist dagegen vollkommen lebensfremd: Um in einer solchen Notlage nur alle 30 Minuten zu klopfen, bräuchte man Nerven wie Drahtseile und ein gerüttelt Maß an Todesverachtung. Jeder von uns würde wahrscheinlich ununterbrochen gegen die Hülle hämmern, bis die Hände bluten – auch das wäre schließlich »menschlich«. Aber niemand wies auf diese Ungereimtheit hin. Der Grund ist aus meiner Sicht ganz einfach: weil damit die Show zu Ende gewesen wäre. Denn in Wirklichkeit konnte das Ausbleiben eines SOS-Signals nur eines bedeuten: dass es keine Überlebenden gab.

Das Tauchboot ist verloren

Aber so weit war man noch lange nicht. Ein Fußballspiel dauert schließlich 90 Minuten und ein Spielfilm in aller Regel auch. Irgendwie war man daran interessiert, das Drama weiter in die Länge zu ziehen – sage nicht ich, sondern ein Dramaturg, der es wissen muss: *Titanic*-Regisseur James Cameron, der das *Titanic*-Wrack mit dem russischen U-Boot *Mir* über dreißigmal besucht haben soll. Für ihn war das Ganze nur eine »in die Länge gezogene, albtraumhafte Charade«: »Montagmorgen [19. Juni], als ich zum ersten Mal von dem Vorfall erfuhr, bekam ich eine ganze Reihe von Anrufen und E-Mails […], innerhalb von ein oder eineinhalb Stunden hatte ich die folgenden Informationen: Als sie [das Tauchboot und seine Besatzung] sich auf dem Abstieg in einer Tiefe von 3500 Fuß befanden, haben sie die Kommunikationsmittel und die Ortung verloren, wobei Letzteres der kritische Punkt ist, weil der Transponder, der benutzt wird, um ein Tauchboot während des Abstiegs und auf dem Grund zu verfolgen, ein völlig autonomes System ist. Er hat sein eigenes Druckgehäuse und seine eigene Batterieversorgung. Wenn also Kommunikation und Ortung gleichzeitig den Geist aufgegeben haben, war das Tauchboot verloren, das stand für mich außer Frage.« Und zwar, weil in diesem Fall die Struktur des Tauchbootes zerstört worden sein muss. »Also kontaktierte ich als Nächstes ein paar weitere Leute […], innerhalb einer Stunde bekamen wir die Bestätigung, dass es einen lauten Knall gegeben hat zur gleichen Zeit, als das Tauchboot verschwunden war« (Reuters: »Director James Cameron found Titan hull design risky«, YouTube, 23.06.2023).
Auch Rob McCallum, »ein Expeditionsberater, der zuvor OceanGate in Sachen Marketing und Logistik beraten hatte, sagte dem *New Yorker*, dass er frühe Berichte über den letzten schicksalhaften Tauchgang des *Titans* erhielt. ›Der Bericht, den ich unmittelbar nach dem Ereignis erhielt, lange bevor sie überfällig waren, bestand darin, dass das Boot, als es sich einer Tiefe von 3500 Metern näherte, Gewichte abgeworfen habe, was bedeutete, dass der Tauchgang abgebrochen wurde. Anschließend riss die Kommunikation mit seinem Mutterschiff ab. In dieser Tiefe implodierte der *Titan* wahrscheinlich mit so viel Wucht, dass die Insassen sofort getötet wurden, ohne mitbekommen zu haben, dass der Rumpf kollabiert war«

(Wise Pro: »OceanGate Sub Disaster: The Final Hours …«, YouTube, 03.07.2023).

Brot und Spiele

Na bitte: Auch die U.S. Navy verfügte offenbar von Anfang an über dieses Wissen: »Die US-Marine entdeckte die Implosion am Sonntag. Sobald das Tauchboot verschwand, hörten sie einen Knall auf dem Meeresgrund und wussten, was passiert war«, so Benny Johnson, Host des YouTube-Kanals *The Benny Show* (mit über 1 Million Abonnenten): Er behaupte nicht, »dass dies alles von dunklen Mächten verursacht wurde. Es ist ein schrecklicher Unfall, der anscheinend durchaus vermeidbar gewesen wäre«, so Johnson. »Aber nichtsdestotrotz nutzten böse Menschen diesen Medienhype und zogen dich hinein, obwohl sie wussten, dass es keine Chance gab, diese Leute zu finden.« Brot und Spiele, um die Leute abzulenken, meinte er – wie im Alten Rom. So sei der *Titan*-Unfall von US-Präsident Biden benutzt worden, um von den laufenden Strafverfahren und Skandalen seines Sohnes Hunter Biden abzulenken, die in dieser Woche hochkochten (Benny Johnson: »Titanic Sub Psy-Op EXPOSED! Feds KNEW Sub Was GONE«, YouTube, 23.06.2023).
»Dass die Informationen nicht früher veröffentlicht wurden, wurde von einigen als Ablenkung von den laufenden Biden-Skandalen um Bestechung, FBI-Vertuschung und Hunter Bidens Einflussnahme angesehen«, berichtete auch das News-Portal *The Post Millenial*. So sei von den Republikanern im Repräsentantenhaus aufgedeckt worden, »dass Hunter Biden Geld von China verlangte, während er den chinesischen Gesprächspartnern sagte, dass er mit Joe Biden in einem Raum saß«. Dies habe ein Whistleblower der Steuerbehörde vor dem Repräsentantenhaus aufgedeckt. Was bedeuten würde, dass die Bidens amerikanische Interessen an China verramschten. Schließlich ist anzunehmen, dass die Präsidentenfamilie dafür Gegenleistungen in Aussicht stellte. Außerdem sei es bei den Skandalen um die Beschaffung einer Schusswaffe mithilfe von Lügen in einem Formular der Zulassungsbehörde gegangen (*thepostmillen nial.com*, 23.06.2023). »Das *Wall Street Journal* berichtet, dass die US-Marine die *Titan*-Implosion am Sonntag entdeckte, aber Biden hielt die Nachricht bis zur heutigen Aussage des Whistleblowers über Hunter zurück. Die ganze Sache war ein Ablenkungsmanöver«, so der ehemalige Offizier des Navy-Geheimdienstes und heute bekannter Podcaster Jack Posobiec (zitiert nach ebenda).

Zweifel an einem Unfall wurden jedoch nicht gesät, denn kaum war der *Titan* vermisst, marschierte in den Medien eine ganze Riege von Experten auf, um zu erklären, dass dieses Gefährt schon immer gefährlich und der Unfall sozusagen programmiert gewesen sei. Aber während diese Fachleute unisono versicherten, wie hemdsärmlig das Tauchboot konstruiert worden sei, überschritten sie die Grenze zu der Vorstellung eines komplett untauglichen Fahrzeugs. Die Konstruktion des *Titans* erschien voller Ungereimtheiten und Widersprüche. Und selbst der Erbauer und Geschäftsführer der Firma OceanGate, Stockton Rush, wirkte posthum dabei mit. So hatte er in früheren Videos behauptet, die Steuerung des Tauchbootes bestehe nur aus einem einzigen Knopf für Auf- und Abtauchen: wie bei einem Aufzug. In einem anderen Video zeigte er dagegen als Steuerelement einen 30-Dollar-Joystick für Videospiele vor. Ja, was denn nun? Von dem Bluetooth-Steuerknüppel habe man mehrere an Bord, sagte er und warf ihn achtlos weg. Soso: ein Spielzeug für die Steuerung eines Tauchbootes mit Menschen an Bord. Und dann auch noch Bluetooth. Ausgerechnet. Jeder Bluetooth-Nutzer weiß, wie störanfällig diese Technologie ist. Das Internet ist voll mit Troubleshooting für Bluetooth-Verbindungen. Ein No-Go für ein bemanntes Tauchboot. Das wäre in etwa so, als würde Ihnen der Pilot Ihrer nächsten Urlaubsmaschine beim Einsteigen einen bunten Xbox-Joystick vorzeigen: »Keine Sorge, davon haben wir einen ganzen Sack voll dabei!« Die Frage ist nur: Was passiert, wenn das Spielzeug gerade bei einem kritischen Manöver ausfällt? Kann man dann warten, bis man einen Ersatz installiert hat?

Eine andere Inszenierungsebene?

Zu Recht wiesen Kritiker darauf hin, dass derartige Ungereimtheiten auf noch eine ganz andere Inszenierungsebene hinweisen könnten. Nämlich dass das Ganze ohnehin ein Schwindel gewesen sein könnte:

- Laut James Cameron war die Carbonfaserhülle »mit grundlegenden Mängeln behaftet« (*Daily Mail*, online, 23./24.06.2023).
- Die Innenbeleuchtung, so Rush, stammte von einem Unternehmen, das Campingartikel versendet.
- Das vordere Acrylbullauge war nur für Tiefen bis 1300 Meter zertifiziert – die *Titanic* liegt aber bei 3800 Metern Wassertiefe, also dem Dreifachen. Was ganz so klingt, als hätte das Tauchboot niemals tiefer als 1300 Meter tauchen sollen.

- OceanGate ließ keine Dritten für Tests an das Boot heran. Auf der Welt gebe es zehn Tauchboote, die 4000 Meter tief tauchen könnten, sagte ein Experte. Alle seien zertifiziert – bis auf den *Titan* (*Daily Mail*, online, 23.06.2023).
- Während der Rumpf angeblich aus Kohlefaser bestand, wurden die Kappen aus Titan gefertigt. Zwei Materialien, die möglicherweise unterschiedlich auf hohen Druck reagieren, was zu Lecks führen kann: »Kedar Kirane, ein Maschinenbauingenieur, der sich vor allem mit Unfällen befasst, vermutet, […] das Karbon würde durch den Druck stärker zusammengedrückt als das Titan – und so eine fatale Lücke zwischen beiden Materialien hinterlassen« (*Kölner Stadtanzeiger*, online, 20.07.2023).
- Laut OceanGate wurde der *Titan* »von OceanGate Inc. in Zusammenarbeit [mit] Experten der NASA, Boeing und der University of Washington entworfen und entwickelt«. Weder die University of Washington noch Boeing oder die NASA wussten jedoch etwas davon (*Wikipedia* [englisch], abgerufen am 29.10.2023).
- Für die Hülle kaufte Rush nach eigenen Angaben abgelaufene Kohlefaserteile von Boeing. Aber: »Boeing gab eine Erklärung ab, in der es hieß, es habe nie mit Rush oder OceanGate zusammengearbeitet. Das Unternehmen erklärte auch, dass es keine Aufzeichnungen über den Verkauf von Kohlefasern an OceanGate habe« (*breitbart.com*, 27.06.2023).
- »2018 war die Gemeinschaft der Unterwasserfahrzeuge so von Stockton Rushs offensichtlicher Missachtung von Sicherheitsstandards alarmiert, dass 3 Dutzend Branchenexperten an OceanGate schrieben und vor einer drohenden Katastrophe warnten« (ebenda). In einem an OceanGate gerichteten Schreiben der Marine Technology Society wurde Rush vorgeworfen, fälschlicherweise den Eindruck zu erwecken, der *Titan* erfülle die Regeln der norwegischen Zertifizierungsorganisation DNV (eine Art TÜV; mts, Marine Technology Society, Brief an Stockton Rush vom 27.03.2018).
- Der U-Boot-Kapitän Carl Stanley, ein Bekannter von Rush, »fand auch, dass Rush einen beunruhigenden Mangel an operativer Erfahrung hatte und hat ihm dies auch in unmissverständlichen Worten mitgeteilt« (*60 Minutes Australia*: »Why the Titanic sub imploded«, 16.07.2023).

Ein Komödiant auf Tauchfahrt

Kurz und gut: Rush schien nichts weiter als ein Unterwasserglücksritter, schlimmstenfalls ein Hochstapler, zu sein, der auch vor Lügen nicht zurückschreckte. »Ich glaube, die meisten Leute wissen nicht, was für ein Komödiant er tatsächlich war«, sagte selbst OceanGate-Mitinhaber Guillermo Söhnlein (*60 Minutes Australia*, YouTube, 16.07.2023). Wie wahr! Denn einige der soeben zitierten Tatsachen schlossen einen sicheren Tauchgang zur *Titanic* regelrecht aus, zum Beispiel das nur bis 1300 Meter Wassertiefe zertifizierte Bullauge, die Bluetooth-Steuerung und anderes mehr. Das Ganze erweckte den Eindruck, als wäre der *Titan* lediglich ein Als-Ob-Tauchboot gewesen, nach Frankenstein-Art aus verschiedensten Teilen zusammengestückelt. Und das dürfte auch der Grund gewesen sein, warum der Rest der Branche kalte Füße bekam, Rush könnte ihren Ruf ruinieren – und ihr Geschäft gleich mit.
Der bayerische Unternehmer Arthur L. wollte mit dem Tauchboot 2021 zwar die *Titanic* erreicht haben, sprach jedoch von einem »Himmelfahrtskommando«. Und dabei sei das »der beste Tauchgang« gewesen, den OceanGate jemals gemacht habe (»U-BOOT DRAMA: Deutscher war schon drin«, YouTube, 21.06.2023). Seltsam daran ist seine Schilderung, dass die Videobilder der Außenbordkameras per Bluetooth auf die Handys übertragen worden seien, obwohl sich Bluetooth auch für eine solche Live-Übertragung kaum eignet – schon gar nicht unter Wasser. Bei *Wikipedia* hört es sich so an, als wären tatsächlich nur sehr wenige Tauchgänge erfolgreich gewesen: Viele Tiefenfahrten seien »wegen schlechten Wetters oder technischer Störungen vor Erreichen der *Titanic* abgesagt oder abgebrochen worden«. »Wir waren nur 12 Meter unter den Wellen, als die Einsatzleitung unseren Tauchgang abbrach«, sagte zum Beispiel der CBS-Korrespondent David Pogue. »Ich habe die *Titanic* nie gesehen« (*Intelligencer*, online, 6/2023). Wieder ein anderer Journalist namens Arnie Weissmann berichtete aus dem Jahr 2023: Nach mehreren offenbar gescheiterten Tauchversuchen habe sich das »Tauchfenster« am sechsten Tag der Mission endgültig geschlossen, »und die *Polar Prince* fuhr zurück nach St. John's, Neufundland. Ich war enttäuscht, und Rush sagte, wir könnten unterwegs in einer geschützten Bucht anhalten, und er würde mich und die anderen Missionsspezialisten zu einem Testtauchgang auf eine Tiefe von etwa 300 Fuß mitnehmen.« Also 100 Meter – na, immerhin! »Aber ich bekam nicht einmal diesen Trosttauchgang – an dem U-Boot wurde den ganzen Tag über gearbeitet« (*Travel Weekly*, online, 03.07.2023).

Ein weiterer Kunde beklagte sich, man habe zwar den Meeresboden erreicht, aber die *Titanic* nicht gesehen – was daran liegen könnte, dass dies gar nicht der richtige Ort gewesen war, sondern ein wesentlich flacherer Meeresbereich. Ganz in der Nähe befindet sich schließlich die Neufundlandbank, wo sich die Wassertiefe von etwa 4 Kilometern auf nur noch 63 bis 300 Meter verringert (siehe Wisnewski: *Das Titanic-Attentat*, Rottenburg 2023). Wieder eine andere Kundin sprach von einer »verherrlichten Karnevalfahrt«.

Tauchboot oder Täuschboot?

Nicht gerade erfreulich für die Passagiere, die eigentlich die *Titanic* sehen wollten. »Zahlende Kunden überwiesen später bis zu 250 000 US-Dollar für den Ausflug. OceanGate bot keine Rückerstattung an. Wenn der Tauchgang eines Kunden aus technischen Gründen storniert wurde, bot man ihm einen kostenlosen Platz für [den] folgenden Sommer an.« Ein Versprechen, welches das Unternehmen natürlich nichts kostete. So konnte es das Geld kassieren und die Kunden bis zum Sankt Nimmerleinstag vertrösten. Denn ob der Tauchgang im darauffolgenden Jahr klappen würde, stand natürlich auch in den Sternen. Wenn der Tauchgang wegen des Wetters abgesagt worden war, bekam der Kunde zum halben Preis einen neuen angeboten (*Wikipedia* [englisch], abgerufen am 23.10.2023). Eine Lose-lose-Situation für die Fahrgäste:

- Bei einem technischen Versagen war das Geld weg. Es bestand nur die vage Aussicht auf einen kostenlosen Ausflug im nächsten Sommer.
- Bei schlechtem Wetter war das Geld auch weg; für einen neuen Tauchgang musste der Kunde noch einmal die Hälfte des Preises zahlen.

War dies etwa die Lizenz zum Abkassieren, und zwar ohne Leistung? Wurden die Tauchgänge irgendwann etwa nur noch angetäuscht? War der *Titan* unter dem Strich zuletzt etwa gar kein Tauchboot, sondern ein Täuschboot? Man darf vermuten, dass in jüngster Vergangenheit immer etwas schiefging oder das Wetter nicht mitspielte. Während die Kunden also zahlten und zahlten, dürfte sich das Geld bei OceanGate angehäuft haben. Nachdem der *Titan*-Chefpilot David Lochridge Sicherheitsbedenken geäußert haben soll, sei er von Stockton Rush gefeuert worden. Rein

zufällig kam Rush nun auf die Idee, die Finanzdirektorin von OceanGate von ihrem Posten zu entfernen und lieber als »Chefpilotin« in das Tauchboot zu setzen, so der *New Yorker* Anfang Juli 2023 (zitiert nach *Münchner Merkur*, online, 06.07.2023). Donnerwetter: Etwa auf Nimmerwiedersehen? Klugerweise kündigte die Frau lieber. Bestand Rushs Geschäftsmodell etwa gar nicht mehr in wirklichen Tauchgängen zur *Titanic*, sondern nur in abgebrochenen Tauchgängen? So könnte ihm ein Bullauge für 1300 Meter Tauchtiefe ebenso gereicht haben wie ein Rumpf aus Titan und Karbon, wovon Fachleute für Wassertiefen von 3800 Meter dringend abgeraten hatten. Und »operative Erfahrung« brauchte er dafür auch nicht. Aufgrund der Verträge mit OceanGate hätten die Fahrgäste kein Geld zurückverlangen können – und ihre Hinterbliebenen gegebenenfalls keinen Schadensersatz und kein Schmerzensgeld. Denn vor der Fahrt hatten sich die Insassen mit allen Risiken einverstanden und sich selbst quasi für vogelfrei und rechtlos erklärt. Nach einer abgebrochenen Fahrt wurde einer empörten Kundin zufolge ihr kaltschnäuzig erklärt, dass das Boot auf den Bahamas registriert und daher kein Geld zu erwarten sei.
Trotzdem versuchten zahlungskräftige Kunden laut CNN, »die Kosten für Tauchtrips, die sie angeblich nicht angetreten haben, zurückzubekommen. In den Klagen wurde behauptet, das Unternehmen habe seine Fähigkeit, das Wrack der *Titanic* zu erreichen, übertrieben dargestellt« (CNN, online, 22.06.2023). Siehe oben. So wurde die Firma in den vergangenen Jahren auch mehrfach von Kunden und Geschäftspartnern vor Gericht zitiert. Das Ehepaar Marc und Sharon Hagle verklagte Rush, 210 000 Dollar von ihnen kassiert zu haben, obwohl das Tauchboot nicht einsatzbereit gewesen sei (CNN, online, 20.06.2023). Das Reiseunternehmen Henry Cookson Adventures Ltd. aus London beschuldigte OceanGate, »über kein ›seetüchtiges Fahrzeug‹ zu verfügen, als es 2016 eine Vereinbarung traf, im Jahr 2018 bis zu neun Passagiere zur *Titanic* zu bringen«. Henry Cookson forderte rund 850 000 US-Dollar zurück. OceanGate berief sich auf »wetter- und blitzbedingte Verzögerungen«. Aber »die Behauptung, dass es sich um einen Blitzschlag handelte, wurde nicht bestätigt; der wahre Grund könnte darin liegen, dass das Tauchboot zu diesem Zeitpunkt nicht für einen sicheren Betrieb zertifiziert werden konnte«, so der Kläger Cookson Ltd. Was sich ganz so anhört, als habe OceanGate das Wetter nur vorgeschoben. Die Klage wurde schließlich fallengelassen, wobei Cookson eine Stellungnahme dazu ablehnte – wahrscheinlich, weil es zu einer außergerichtlichen Einigung gekommen war. Cookson erklärte jedenfalls, nicht mehr mit OceanGate zusammenarbeiten zu wollen (CNN, ebenda). Rush war deshalb ständig auf der Suche nach neuen Mitfahrern.

Tauchten Sicherheitsbedenken auf, bot er die Fahrt glatt zum halben Preis an – als ob dies an den Sicherheitsproblemen irgendetwas hätte ändern können.

Das Tauchboot taucht so lange, bis es bricht

Mit anderen Worten wurden hier möglicherweise die Grenzen zu Hochstapelei und Betrug überschritten. Dem steht entgegen, dass einige wenige Passagiere die *Titanic* mit dem *Titan* erreicht haben wollen (siehe oben). Um das unter einen Hut zu bringen, muss man sich vorstellen, dass das ohnehin windige Tauchboot durch die wenigen Tieftauchgänge einen solchen Schaden genommen haben könnte, dass Rush es bis zur letzten fatalen Fahrt nicht mehr gewagt hatte, bis zur *Titanic* zu tauchen. Bereits im Jahr 2019 berichtete der Tauchexperte Karl Stanley bei Testfahrten vor den Bahamas von unheimlichen »Krächzgeräuschen« in der Hülle: »Was wir hörten, klang meiner Meinung nach wie ein Fehler/Defekt in einem Bereich, auf den der enorme Druck einwirkt und der zerdrückt/beschädigt wird«, schrieb er hinterher in eine E-Mail an Stockton Rush (*Blick*, online, 28.06.2023). Oder anders formuliert könnten die Kohlefasern der Hülle dabei gebrochen und die Kapsel auf diese Weise geschwächt worden sein.
Aber auch die Personalpolitik des eigenartigen Tauchbootbauers wirft Fragen auf. Statt um Kompetenz ging es plötzlich um politische Korrektheit. Technischer Sachverstand wurde durch qualifikationsfremde Eigenschaften wie Alter, Geschlecht und, man höre und staune: Rasse!, ersetzt. Weg von alten weißen Marineexperten über 50 – und hin zu jungen Frauen, lautete die Devise. Fachmänner konnte Rush nicht leiden, weil diese dauernd an seinem Tauchboot herummäkelten, seien es eigene Mitarbeiter oder solche von Zertifizierungsorganisationen gewesen. »Stockton Rush gab ein Interview, in dem er versicherte, dass er nicht weiterhin einen Haufen 50-jähriger Weißer einstellen will, weil das nicht inspirierend wäre.« Demnach bestand das Ziel also nicht darin, sicher die *Titanic* zu erreichen, sondern in irgendeiner nicht näher beschriebenen »Inspiration«. »Ich wollte, dass unser Team jünger und inspirierender ist«, wurde er zitiert (Paul Joseph Watson: »The Truth About the *Titanic*«, YouTube, 22.06.2023). Junge Frauen waren ihm offenbar am liebsten. Auf einem Foto-Tweet der Firma waren denn auch nur noch weibliche Personen zu sehen. Eine davon veröffentlichte gleich mal ein TikTok-Video, in dem sie mit den Tränen kämpfte, weil sie »von dieser Firma

angeheuert wurde, die U-Boot-Trips zur *Titanic* veranstaltet«. Und das war wirklich zum Weinen, weil sie offenbar nicht einmal wusste, dass es sich beim *Titan* nicht um ein U-Boot, sondern um ein Tauchboot handelte, das für seinen Tauchgang von einem Mutterschiff ausgesetzt werden musste. Das wussten Sie auch nicht? Kann sein – aber Sie wurden ja auch nicht von einer Tauchbootfirma eingestellt. Macht nichts – denn bei dem dubiosen Unternehmen waren längst andere Qualifikationen gefragt. So schleppte das Mädchen seine neuen Kollegen von OceanGate denn auch gleich einmal in eine Drag-Queen-Show (Paul Joseph Watson, ebenda).

Mausefalle für Milliardäre

Sprich: Wenigen, vom Fernsehen präsentierten Zeugen zum Trotz, die mit dem Fahrzeug getaucht sein wollten, passte hier eigentlich nichts zusammen. Obwohl mehrere Tauchbootkollegen schon lange vor dem Unfall vor der ganzen Konstruktion gewarnt hatten, legte Inhaber Stockton Rush, der die Ausstrahlung eines Haustürvertreters verbreitete, eine erstaunliche Todesverachtung an den Tag: »[…] ich habe ein paar Regeln gebrochen, um das hier zu machen – mit Logik und guter Ingenieursarbeit. Das mit der Kohlefaser und dem Titan. Es gibt eine Regel, die besagt, das mischt man nicht. Naja, ich hab's gemacht.« Tauchbootexperte Karl Stanley: »Er wusste definitiv, dass es so enden würde.« Interessant. »Er ist buchstäblich und im übertragenen Sinne mit dem größten Knall in der Geschichte der Menschheit abgetreten, mit dem man abtreten kann. Und er war der letzte Mensch, der zwei Milliardäre auf einmal ermordet hat und sie für dieses Privileg bezahlen ließ.« – »Ich meine, Stockton hatte eine Mausefalle für Milliardäre gebaut« (*Business Insider*, 23.07.2023). Schon wieder! Hatten wir das nicht schon bei der *Titanic*, auf der die damals reichsten Männer der USA ums Leben kamen? Tatsächlich wirkte das Ganze wie eine unheimliche Miniatur des *Titanic*-»Unfalls« von 1912:

- der Name *Titan* ist quasi eine Kurzform von *Titanic*,
- die beiden Unglücksorte sind identisch,
- beide Wracks liegen eng beieinander auf dem Meeresgrund,
- bei beiden Ereignissen kamen mehrere Milliardäre ums Leben (nach heutiger Kaufkraft),
- bei beiden Ereignissen stürzte ein unverantwortlicher Kapitän Schiff und Passagiere allen Warnungen zum Trotz ins Unglück,

- während die *Titanic* einem »mächtigen Alliierten« des Rothschild-Imperiums gehörte (so der Historiker Pritzkoleit), nämlich dem Großbanker J. P. Morgan, saß der Rothschild-Spross David de Rothschild im Vorstand von OceanGate,
- die Ehefrau von Stockton Rush war eine Nachfahrin des Ehepaares Straus, das damals bei dem *Titanic*-Unglück ums Leben kam,
- beide Kapitäne begingen der gängigen Darstellung zufolge durch ihr draufgängerisches Verhalten anscheinend Selbstmord.

Mit einem kleinen Fragezeichen: Der Kapitän der *Titanic*, Edward Smith, wurde Monate nach dem Untergang, im Juli 1912, in Baltimore von einem Schiffskameraden gesichtet. In meinem Buch *Das Titanic-Attentat* wird das ausführlich beschrieben (siehe Wisnewski: *Das Titanic-Attentat*, München 2012 und Rottenburg 2023). Und darüber hinaus: Was gäbe es für einen mutmaßlichen Hochstapler wie Stockton Rush, dem die Gläubiger auf den Fersen waren, Besseres, als bei einem Tauchbootunfall für immer zu verschwinden? Jedenfalls scheinbar? Eben. Bei Ereignissen, bei denen ein Überleben offenbar ausgeschlossen ist, werden Vermisste nämlich sehr schnell für tot erklärt. Auch ohne Leiche.

Kein Wort des Bedauerns …

Im Nachhinein schien man das Ableben der Passagiere und des Chefs von OceanGate bei der Firma selbst auch gar nicht ernst zu nehmen. Nachdem am 22. Juni angeblich Trümmer des Bootes auf dem Ozeanboden gefunden worden sein sollen (wovon keine Fotos veröffentlicht wurden), gab es noch am 23. Juni keinerlei Kondolenzerklärung auf der OceanGate-Website – obwohl die Firma nicht nur ihren Chef, sondern auch zahlende Gäste verloren haben soll. Auch einen Tag später, am 24. Juni, wartete man vergeblich auf ein Wort der Trauer und der Anteilnahme auf der OceanGate-Frontseite. So etwas wie eine Leichenschau, -identifizierung oder einen Totenschein konnte es zwar (noch) nicht gegeben haben – aber dem offiziellen Narrativ zufolge waren die Insassen nun einmal mausetot, toter gings gar nicht. Trotzdem wurde auf der OceanGate-Website (laut *archive.today*) darüber kein Wort der Kondolenz oder des Bedauerns geäußert. Hatte man die Website vielleicht vergessen? Oder konnte sie niemand bedienen? Doch: Am 4. Juli 2023 tauchte oben am Seitenkopf in dünner roter Schrift plötzlich ganz klein der Hinweis auf: »OceanGate hat den kommerziellen Betrieb und alle Expeditionen eingestellt.« Später prangte dieser Text in weißer Schrift auf schwarzem Hintergrund ganz groß auf der Website. Aber wiederum ohne ein Wort des Bedauerns oder der Pietät. Warum der Betrieb eingestellt wurde, wurde hier mit keinem Wort erwähnt. Bei OceanGate schien noch immer niemand um den Chef und seine vier Begleiter zu trauern, sodass man auf die Idee kommen konnte, es habe gar keine Todesfälle gegeben. Zwar wurden den Medien zufolge am 22. Juni 2023 neben den Wrackteilen des *Titans* auch »menschliche Überreste« geborgen. Auf die DNA-Ergebnisse wartet die Öffentlichkeit allerdings bis heute vergeblich …

27. Juni
Griechenland: Fischfarm-Multis wollen das »blauweiße Paradies« kolonialisieren

Sonnenschein, Urlaubszeit, im größten deutschen Bundesland Nordrhein-Westfalen beginnen die großen Ferien und läuten für Deutschland die schulfreie Sommerzeit ein – ja, was machen wir denn da? Nun, die meisten haben ihren Urlaub natürlich schon längst gebucht. Viele zieht es in die klassischen europäischen Urlaubsländer wie zum Beispiel Österreich, Italien, Frankreich, Spanien, die Türkei und Griechenland. Mit zweieinhalb Stunden Flugzeit von Deutschland aus zählt Letzteres quasi noch zu den deutschen Naherholungsgebieten: »Wir stiegen aus dem Flieger aus und wurden umarmt von einer warmen Meeresbrise, die türkisblaue Ägäis funkelte mit den weißgetünchten Häuschen um die Wette«, schwärmten beispielsweise die beiden Griechenland-Blogger Thomas und Elisabeth Jastram. »Von diesem Moment an wurden wir verzaubert vom griechischen Flair, der gelassenen Mentalität der Einheimischen, den köstlichen Gerichten und den lauen Sommernächten« (*greecemoments.com*: »Über uns«).

Das »blauweiße Paradies« erscheint umso reiner, als die allermeisten Besucher aufgrund der Sprach- und Schriftbarriere von den Problemen des Landes nur wenig mitbekommen. In Wirklichkeit herrscht in Griechenland nämlich Aufruhr. Der Grund: Die griechische Regierung will das beschauliche Inselparadies der Fischfarmindustrie zum Fraß vorwerfen. Unter dem Namen »Nationaler Plan zur Ausweitung der intensiven Aquakultur (P. O. A. Y.)« sollen rund 25 Juwelen der griechischen Inselwelt mit riesigen Fischfarmanlagen beglückt werden – darunter Kefalonia, Lesbos, Rhodos, Chios, Kalymnos und andere mehr (Schreiben des griechischen Ministeriums für Umwelt und Energie an das Büro des Bürgermeisters von Poros, 18.11.2021). Dabei hat Griechenland schon jetzt die größte Fischfarmindustrie der EU: »Die Zahlen lügen nicht: Mit 125.772 Tonnen Fisch aus der Aquakulturproduktion im Jahr 2018 ist Griechenland […] die Nummer 1 in der Europäischen Union« (*ambrosia.com*, »Greece, No1 fish farming producer in the EU!«, 09.01.2020). Im Jahr 2020 betrug die Fischfarmproduktion 122 100 Tonnen. »Derzeit gibt es 320 Fischzuchtbetriebe in ganz Griechenland.« Die meisten davon sind Familienbetriebe »sowie kleine und mittlere Unternehmen«. Damit soll jetzt Schluss sein. Glaubt man Berichten, will der griechische Staat Juwelen der Inselwelt an einen internationalen Fischfarmkonzern verhökern, der das »blau-weiße Paradies« zur Aquakultur umbauen und quasi ein neues Feudalsystem in der Inselwelt errichten will. Voraussetzung dafür ist die Ausweisung neuer Fischfarmgebiete durch die Regierung.

Poros: »Hausverbot« für die Regierung

Doch anders als in Deutschland wehren sich die Gemeinden gegen den Regierungswahnsinn. Während deutsche Bürgermeister und Landräte es zulassen, dass Turnhallen durch Migranten belegt und Schwimmbäder zur Kampfzone werden, hat zum Beispiel die Insel Poros im Saronischen Golf der griechischen Regierung den »totalen Konflikt« und Politiker zu unerwünschten Personen erklärt, heißt es in einer Erklärung des Gemeinderates. Was? Eine Insel, die der Regierung »Hausverbot« erteilt? Aber ob Sie es glauben oder nicht: Während Touristen nach wie vor willkommen sind, heißt es für die griechische Regierung: Zutritt verboten! »Alle Vertreter der Regierung, der Region und des Parlaments wurden zu unerwünschten Personen in der Region erklärt«, heißt es in einem Dokument der Gemeinde (»›No fishfarms in Poros!‹ Briefing on the Municipalitys fight against the industrial Area of Organized Aquaculture Development«, o. D.). Man stelle sich einmal vor, Olaf Scholz dürfte nicht mehr in Oberbayern oder Franken einreisen! Laut der Gemeinde Poros will Athen ein Viertel der Insel zum Fischfarmgebiet deklarieren, in dem allein die Fischfarmen das Sagen haben sollen. Der Bereich »wird mehr als 600 Hektar an Land und 269 Hektar im Meer umfassen (anstelle der derzeit erfassten 9,5 Hektar)«. Also 840 beziehungsweise 376 Fußballfelder. Die jährliche Produktion soll dabei auf das Achtfache aufgebläht werden – von rund 1100 Tonnen auf etwa 8800 Tonnen –, »während an Land Fischbrutanlagen, Verpackungs- und Verarbeitungsbetriebe, Netzwaschanlagen, Straßen, Hafenanlagen usw. auf privaten Grundstücken sowie in Wäldern, Küstengebieten und an Stränden gebaut werden sollen. Für das gesamte Gebiet wird die ausschließliche Nutzung zur Fischzucht garantiert, wobei jede andere Nutzung (Jachten, Fischerei, Wohnen usw.) ausgeschlossen ist.« Mit anderen Worten wird ein Viertel der Insel zu einem Industriegebiet erklärt, in dem allein das oder die jeweiligen Unternehmen bestimmen können und nicht mehr die Gemeinde. Die Leitung der Fischfarm soll allein »für die Verwaltung des Gebiets, die Umweltkontrolle und die Nutzung weiterer öffentlicher Flächen verantwortlich sein«.

Off Limits also für den Rest der Bevölkerung und der Besucher. Die Fischzuchtanlagen werden auch riesige Flächen des glitzernden blauen Wassers beanspruchen, womit nicht nur diese Insel, sondern viele andere auch ihren Charme verlieren werden. Dazu kommt darüber hinaus natürlich auch gewerblicher Schiffsverkehr und Betrieb in den neu zu bauenden Hafen- und Produktionsanlagen. Im Wasser werden sich in den Gehegen Abermillionen Fische tummeln, sodass »täglich 16 Tonnen Fischabwässer (das entspricht einer Stadt mit 33 500 Einwohnern – gegenüber 3500 Einwohnern in Poros), Lebensmittelabfälle, Chemikalien, Formalin usw. ins Meer eingeleitet werden« (»Issue of P. O. A. Y. in Poros«, *poros.gr*, o. D.), während sich die Einheimischen als Fischarbeiter verdingen sollen. Und in 5 Jahren drohe eine zusätzliche Ausweitung. Dann werde das multinationale Fischzuchtunternehmen »weitere Aquakulturanlagen schaffen können«.

Allein im Saronischen Golf steht die Einrichtung von fünf Gebieten für intensive Aquakultur bevor (Salamina-Diaporia, Megara, Korfos-Epidaurus, Methana, Poros), »durch die sich die Fischzuchtfläche um das 32-Fache erhöhen wird«. Auf diese Weise werde »das bereits verschmutzte Meer des Landes, das auch eine Fluchtmöglichkeit für die 4 Millionen Einwohner der Hauptstadt darstellt, in ein einziges und gleichzeitig das größte industrielle Fischzuchtgebiet in Griechenland umgewandelt«. Das werde dazu führen, »dass täglich Fischabwässer ins Meer geleitet werden, die einer menschlichen Bevölkerung von über 1,7 Millionen Menschen entsprechen, sowie Tonnen von Formalin, Chemikalien, Lebensmittelabfällen usw.«

»Wir wollen keine Fischfarmen an unserer Küste«, sagt Andreas Kaikas vom Komitee für Tourismus in Poros. Landschaft und Wasser sind nun einmal das Kapital vieler Inseln in Griechenland: »Von den 4000 Einwohnern der Insel leben etwa 80 Prozent vom Tourismus.« Die Fischfarmindustrie dagegen bietet kaum Arbeitsplätze. In Poros zum Beispiel leben

zurzeit nur 15 Personen von den bereits vorhandenen Fischfarmen. In ganz Griechenland sind es etwa 3900. »Wenn die Meeresumwelt leidet, und es erlaubt wird, auf einem Viertel der mit Pinien bewachsenen Inseln Fischfarmindustrie zu betreiben, werden keine Touristen mehr kommen, um das saubere Wasser, das Meer und den Pinienwald auf der Insel zu genießen«, fürchtet Kaikas (»Saving Poros – People vs industrial fish farming in Greece«, YouTube, 01.06.2023).
Im Zentrum der Kritik steht neben der griechischen Regierung der amerikanische Fischfarmkonzern Avramar, »der jährlich mehr als 70 000 Tonnen Wolfsbarsche, Seebrassen und andere Weißfische produziert – genug, um etwa ein Drittel des jährlichen Bedarfs an Meeresfrüchten in den Vereinigten Staaten zu decken«, schrieb das griechische *Saronic Magazine*. Avramar wiederum gehört dem privaten Beteiligungsfonds Amerra, einem Vermögensverwalter »mit mittelmäßiger Performance. […] Tatsächlich hat Amerra möglicherweise mehr Aufmerksamkeit für seine Probleme mit dem Gesetz erlangt, da es Berichten zufolge 2016 einen Bankbetrug zuließ, der drei Führungskräfte eines Kakaohandelsunternehmens in New Jersey ins Gefängnis brachte, und 2021 nach dem Zusammenbruch eines Unternehmens für den Kauf von Biogetreide, das es in Minneapolis mit aufgebaut hatte, verklagt wurde« (online, 17.07.2023). Und Amerra/Avramar stoßen nicht nur in Griechenland auf den Widerstand der Bevölkerung: Auch »in der kleinen historischen Stadt Calpe an der spanischen Costa Blanca wehren sich die Einwohner und die Stadtverwaltung gegen einen von der Region genehmigten Plan, der es Avramar ermöglicht, in Dutzenden von neuen Fischkäfigen vor der Küste zusätzlich 5000 Tonnen Fisch pro Jahr zu produzieren. Calpe ist nicht nur für seine Fischereiindustrie bekannt, sondern auch ein beliebtes Touristenziel, berühmt für seine Strände und Salinen« (*Saronic Magazine*, ebenda).

Casus Belli auf der Insel

Der Gemeinderat von Poros hat der griechischen Regierung nun den Fehdehandschuh hingeworfen: »Der Plan wird vollständig abgelehnt.« Jede Genehmigung für die Errichtung einer Aquakulturanlage sei ein »Casus Belli gegen die Gesellschaft und unsere Gemeinde […], der Mobilisierungen und Reaktionen, einen Kampf um das Überleben und die Rettung unserer Region auslöst.« Als Reaktion auf die Regierungspläne verlangt der Gemeinderat nun sogar »die sofortige Beseitigung aller Fischzuchten auf Poros«. Denn schon diese werden von der Gemeinde als

illegal betrachtet: »Poros ist die einzige Insel des Saronischen Golfs, auf welcher der Staat seit Anfang der 1990er-Jahre gegen den Willen der Gesellschaft und der Gemeinde durch rechtswidrige Beschlüsse Fischfarmen errichtet hat, wodurch den Bewohnern und Besuchern ein großer Teil der Küste vorenthalten wurde«, schrieb der Bürgermeister Yannis Dimitriadis am 23. November 2022 in einem offenen Brief. Und: »Es ist klar, dass sich Poros im Konflikt mit der Zentralregierung befindet, solange die Rücknahme der entsprechenden Pläne nicht angekündigt ist« (»Invitation to the Government MPs of Piraeus and the islands for open discussion in Poros about the problems of the island«, 23.11.2022).
Zwar ist die endgültige Entscheidung über die Verwirklichung der Fischfarmpläne für die Insel immer wieder vertagt worden, zuletzt bis zum 4. November 2024. Aber Rettung naht vielleicht aus einer anderen Richtung: Inzwischen seien nämlich »finanzielle Probleme bei Avramar bekannt geworden«, berichtete das *Saronic Magazine* am 17. Juli 2023. Demnach sei das Unternehmen »seinen Kreditrückzahlungsverpflichtungen gegenüber griechischen Banken nicht nachgekommen«, während »die derzeitigen Anteilseigner nicht bereit sind, ihm weiterhin Kredite zu gewähren«. Laut *Forbes* werde für »das angeschlagene Unternehmen« nun eine »Expresslösung« gesucht (*capital.gr*, 13.09.2023). Mit anderen Worten könnte Avramar pleitegehen, bevor auf den Inseln auch nur ein Bagger angerückt ist …

Juli 2023

Thema des Monats

10.7. Die offizielle Hitzepropaganda des Gesundheitsministers Lauterbach und ihr Scheitern

3.7. Mit 17,01 Grad Celsius wird angeblich die höchste globale Durchschnittstemperatur seit Beginn der Aufzeichnungen gemessen – ***9.7. Papst Franziskus kündigt für September sein neuntes Konsistorium an, bei dem 21 Kardinäle ernannt werden sollen (Papst Franziskus siehe 11. Februar) – 10.7. Offizielle Propaganda für den »Hitzesommer« scheitert – 16.7. In Mallorca werden Gruppenvergewaltigungen »Deutschen« in die Schuhe geschoben – 20.7. In Deutschland läuft der Hollywoodfilm über den »Vater der Atombombe«, Robert Oppenheimer, an*** – **22.7.** Die Republik Kongo kündigt an, Hilfsorganisationen im Land wegen möglicher subversiver Aktivitäten künftig zu »überwachen« – ***24.7. Das israelische Parlament beschließt eine umstrittene Justizreform (siehe 7. Oktober)*** – **24.7.** Twitter heißt ab jetzt »X« – **26.7.** Tod der Sängerin Sinead O'Connor – ***30.7. Neuer Microsoft-Servicevertrag wird veröffentlicht***

10. Juli
Sommer: Lauterbachs Hitzenotstand fällt ins Wasser

Bereits halb im Schlaf lasse ich auf dem Sofa die österreichische Nachrichtensendung *Zeit im Bild* (ZIB) über mich ergehen. ZIB-Moderator Armin Wolf berichtet über eine Hitzewelle in Österreich. Vollkommen ungewöhnlich für einen Sommer. Nach dem Motto »Hier kämpfte ich mit dem Schlaf – er siegte« fange ich irgendwann zu träumen an. Plötzlich sehe ich Wolf unter den Moderationstisch greifen und eine Flasche Wasser hervorholen. Nanu, wie ungewöhnlich, wundere ich mich im Traum. Seit wann trinken Moderatoren im Studio aus der Flasche? »Zeit für ein bisschen Abkühlung«, höre ich Wolf sagen. Aber Halt: was heißt trinken? Wie in Zeitlupe sehe ich Wolf die Flasche nehmen und sich das Wasser über den Kopf schütten. Ungläubig sehe ich das Nass über Frisur, Sakko und Krawatte laufen. Grotesk: ein Nachrichtenmoderator als Clown. »Auf Wiederschaun«, hallen seine Worte in meinen Ohren. Gut, dass das nur ein Traum ist. So etwas würde im öffentlich-rechtlichen Fernsehen nie vorkommen. Irgendwann bin ich dann vor dem TV-Gerät aufgewacht und habe mich ins Bett gelegt.

Wie sich das Fernsehen ent(glaub)würdigt

Aber was soll ich sagen: Am nächsten Tag stand mein Traum in der Zeitung: als Schlagzeile! Es gibt einfach kein Privatleben mehr! »Nachrichtensprecher entfacht mit skurriler Wasseraktion Diskussionen«, stand bei *t-online* zu lesen. Also entweder ging der Traum auch jetzt noch weiter, oder ich hatte gar nicht geträumt, sondern war am Abend zuvor nach der Wasserszene eingenickt und hatte sie dann meinem Schlaf zugeschrieben: »Der Journalist verabschiedete die Zuschauer mit einer sehr speziellen Abmoderation«, las ich bei *t-online*: »Nachdem unter anderem über die aktuelle Hitzewelle in Österreich berichtet wurde, sagte er am Ende der Ausgabe: ›Das war die ‚ZiB 2' am heißesten Tag des Jahres‹, holte eine Flasche Wasser unter dem Tisch hervor und kippte sie sich mit den Worten ›Zeit für ein bisschen Abkühlung‹ vor laufender Kamera über den Kopf« (*t-online*, 11.07.2023). Tja – da haben wir's: Meine Hoffnung, dass der öffentlich-rechtliche Rundfunk noch nicht komplett übergeschnappt sein könnte, hatte sich nicht erfüllt: Nun machen sich auch Moderatoren, die eigentlich seriöse Nachrichten repräsentieren sollen, zum Clown und ihre Sendung zum Klamauk. Und das färbt

natürlich auch auf die Glaubwürdigkeit ab, denn Glaubwürdigkeit hat etwas mit Würde zu tun, wie der Begriff schon sagt. Und Wolf hatte sich vor einem Millionenpublikum selbst ent-würdigt, also im Endeffekt auch ent-glaub-würdigt. Warum nicht nächstes Mal in Unterhosen auftreten? Auch viele Zuschauer fanden sein Verhalten überhaupt nicht witzig, sondern peinlich. Schon deshalb, weil Wolfs TV-Studio erstens natürlich voll klimatisiert ist und er deshalb wohl kaum eine extra Abkühlung benötigt. Und zweitens: »Der Typ ist steifer als eine gestärkte Krawatte. Da kommt selbst das nicht mal humorvoll rüber«, meinte jemand auf YouTube. Drittens beschädigt die Aktion das letzte Restchen Seriosität, das dem öffentlich-rechtlichen Rundfunk anhaftet. »Die Infantilität dieses Mannes ist zum Fremdschämen!«, schimpfte jemand ebenfalls auf YouTube. »Es ist Sommer und endlich geiles Wetter. Aber Wärme wird zum neuen Corona aufgeschaukelt«, meinte ein anderer.
Tja – so ist es. Schon seit Monaten versuchen Medien und »Wissenschaftler«, dem Zuschauer die Vorstellung eines außergewöhnlich heißen Sommers einzubläuen. Wolfs Fauxpas war da nur die neueste Blüte. Dass es heiß werden würde, wusste man schon im Januar 2023:

- »El Niño im Anmarsch: Kommt wieder ein Hitzesommer?« (*agrar heute.com*, 15.01.2023);
- »Wetterexperten sind sich einig: Dieses Jahr bekommen wir wieder einen extremen Hitzesommer« (*Berliner Kurier*, 29.01.2023);
- »Kommender Hitzesommer: Karlsruhe will sich vorbereiten« (*Karlsruhe Insider*, online, 27.01.2023).

07

Wenn das Wetter »mogelt« …

Wetterfrösche und Medien konnten den Hitzesommer 2023 gar nicht abwarten. Auch am 1. März hieß es bei der *Berliner Morgenpost* noch: »›El Niño‹: Wieso ein extremer Hitzesommer immer wahrscheinlicher wird« (online). Wenig später hielt jedoch die Realität Einzug in die schönen Wettermodelle. Am 17. April 2023 musste der *Berliner Kurier* die Hitzewelle plötzlich abblasen: »Minus 35 °C! Kälte-Ei wird zum Wärmekiller! Höhentief rauscht über Deutschland!« Tja – dumm gelaufen. Aber nicht etwa, weil die Prognosen Blödsinn gewesen wären, sondern weil das Wetter »mogelt«: Ein »Höhentief, das mogelt sich nächste Woche nun unter unser Frühlingshoch und dieses Frühlingshoch, was sich schon vor ein paar Tagen angedeutet hat, das kommt zu uns nach

Deutschland – alles verläuft hier planmäßig.« Aha – »planmäßig«. Wenn da nur nicht dieses »unberechenbare Kälte-Ei« wäre, ein ovalförmiges Kältezentrum hoch oben in der Atmosphäre. Kurz: Der frühe Hitzesommer beziehungsweise -frühling fiel ins Wasser: »Oje, oje, was ist denn das für ein Frühling?«, jammerte *daswetter.com* am 30. April: »Der April war zum ersten Mal seit 15 Jahren zu nass. Außerdem liegen die durchschnittlichen Temperaturen rund 1,5 Grad [Celsius] unter dem langjährigen Klimamittel. Es ist einer der kältesten Aprilmonate seit Jahren gewesen.«

»Wärmster Sommer aller Zeiten?«

Verflixt. Aber schon 2 Tage später hatten sich die Propagandisten aufgerappelt und waren erneut auf Kurs: »Nach den vergangenen grauen und verregneten Wochen wollte keiner mehr daran glauben. Jetzt sagen aber Experten: Es wird ein Hitzesommer«, titelte *wetter.at* am 2. Mai unverdrossen. Und: »Ganz Europa wird von der Hitze betroffen sein«, hieß es da apodiktisch. Bereits Mitte Mai hatte man den vielen Regen weggesteckt – und die Zeichen standen wieder auf Katastrophenstimmung: »Brachiale Sommerprognose für Deutschland: extreme Hitze und Dürre!«, schrieb am 23. Mai *daswetter.com*. Und die *Stuttgarter Nachrichten*: »Wärmster Sommer aller Zeiten? Wetterdienst rechnet mit Hitzesommer in Deutschland!« (online, 17.05.2023). Und: »Hitzesommer 2023 in Deutschland: Wettermodell geht durch die Decke!« (online, 23.05.2023). Nur sollte man »Wettermodelle« nicht mit dem Wetter verwechseln. Der Output eines Computermodells wird in der Regel durch den Input bestimmt, also durch das, was man hineinspeist. Einen objektiven und vollständigen Input gibt es in Sachen Wetter aber schlichtweg nicht – und damit auch keine verlässlichen Prognosen. Und so ging die Propaganda weiter: »Mega-Hoch *Vera* als Auftakt zum Hitzesommer 2023? Dürre 3.0 steht vor der Tür!« (*daswetter.com*, 25.05.2023). Dabei »hätte der überaus nasse und regnerische Frühling bereits ein erstes Warnsignal sein sollen, dass El Niño in diesem Jahr vielleicht doch nicht die gewünschten Auswirkungen in Mitteleuropa haben wird. Am Ende bescherte uns das Wetterphänomen den nassesten Frühling seit 10 Jahren und sogar den nassesten März seit über 320 Jahren« (*Lion Media*, 19.08.2023).

Was ist Wahrheit, was ist Wahn?

Aber der »Hitzesommer« existierte! Und zwar in den Schlagzeilen. Und damit auch in den Köpfen. Denn wie ich im Jahrbuch 2021 schon einmal geschrieben habe, werden die Menschen »mit zwei verschiedenen Erkenntniswelten konfrontiert, nämlich mit derjenigen, die sie selbst erleben, und mit jener, über welche die Medien berichten. Oder, abstrakter, mit

1. Ereignissen und
2. Medienereignissen.

Wobei die Medienereignisse ständig mit dem selbst Erlebten konkurrieren oder ihm sogar widersprechen und so eine kognitive Dissonanz erzeugen. Das Problem ist, dass Medienberichte und Aussagen von Autoritäten oft stärker sind als die eigene Wahrnehmung. Denn schließlich wird die herrschende Meinung von tausend Stimmen unterstützt: »Experten«, Politikern, Wetterfröschen und, und, und. Bis man anfängt, an seiner eigenen Wahrnehmung zu zweifeln. So reden, denken und handeln viele Menschen entgegen ihren Instinkten, ihrem gesunden Menschenverstand und ihren Interessen. Die sekundäre Wirklichkeit, die Medienwirklichkeit, erweist sich bei vielen als stärker und lässt manche eine Krise wahrnehmen, die es in Wirklichkeit gar nicht gibt. Und das galt auch für den »Hitzesommer« 2023. Obwohl er zu keinem Zeitpunkt existierte, wurde er regelrecht herbeigeschrieben und -gesendet. Und so ließen sich die Menschen von Medien und Politik einmal wieder in Angst und Panik versetzen. Weil viele ihre Augen statt zum Sehen zum Fern-Sehen benutzten.

Von der Corona- in die Hitzediktatur

Seit Jahresanfang hatten die Schlagzeilen das Publikum in Bezug auf das vorgewärmt, was nun kommen sollte. Gesundheitsmonster beziehungsweise -minister Lauterbach brauchte dringend einen Lückenbüßer für die abgeflaute »Coronakrise«. Während man sich noch fragte, was die ganze Hitzepropaganda sollte, hatte der SPD-Mann schon an einem sogenannten Hitzeschutzplan gefeilt. Und dafür brauchte man nun einmal Hitze, Hitze und nochmals Hitze. Und natürlich »Hitzeschutz«. »Wobei das Wort ›Schutz‹ aus Regierungsmund ein totalitärer Begriff ist«, schrieb ich am 25. Juni auf Telegram, »der häufig genau das Gegenteil meint: Schutzhaft, Infektionsschutz, antifaschistischer Schutzwall, aber auch Impfschutz, Verfassungsschutz, Artenschutz, Umweltschutz, Schutzimpfung. Das Wort ›Schutz‹ aus Regierungsmund leitet oft eine faschistische oder totalitäre Maßnahme ein.« Der Begriff »Schutz« hat den Zweck, die totalitäre oder schädliche Initiative als Wohltat zu verkaufen. Und nun also der »Hitzeschutz«. Wo die Reise eigentlich hingehen sollte, das zeigte beispielsweise eine Schlagzeile des Hamburger Stadtmagazins *Hinz & Kunzt*: »Wann kommt das Sommernotprogramm?« (online, 02.06.2023). Noch besser, als etwas von oben oder von außen zu verordnen, ist freilich ein Hilferuf. Und wie das in totalitären Staaten so ist, kam dieser auch: »Expertinnen und Experten fordern rasches Handeln beim Hitzeschutz«, meldete am 15. Juni die Bundesärztekammer anlässlich eines »Hitzeschutztages«. Tatsächlich waren die beiden Panikthemen Klima und Gesundheit bereits verschränkt worden. Denn mit im Boot bei dem »Hitzeschutztag« saß nun auch eine »Deutsche Allianz Klimawandel und Gesundheit« mit dem selbstgefälligen Kürzel KLUG. Das Bündnis überrascht nicht, denn nun muss die in der »Coronakrise« erprobte Gesundheitsdiktatur an den Klimawandel angebunden werden, um totalitäre Maßnahmen künftig mit der angeblichen Klimakrise begründen zu können. Im Vorstand von KLUG: lauter nützliche Glieder der Gesellschaft – eine Mischung aus männlichen Professoren und Doktoren und unbedarft dreinblickenden jungen Medizinerinnen, denen man noch nicht einmal eine Blutabnahme zutrauen würde. Aber retten werden sie uns alle – ganz bestimmt –, und zwar, indem sie den Boden für totalitäre Maßnahmen vorbereiten.

Jawohl, mein Gesundheitsminister!

»Hitzeschutz darf in Deutschland nicht länger ein Nischenthema bleiben«, lieferte das Bündnis bei der Politik gleich die hoch erwünschte Forderung ab, »Politik, Wirtschaft und Gesellschaft müssen sich dringend gegen Hitzewellen wappnen, sonst drohen in Zukunft noch mehr hitzebedingte Gesundheitsschäden und Todesfälle. [...] Im Beisein von Staatssekretärin Sabine Dittmar diskutierten Experten aus dem Gesundheitswesen und der Klimaforschung bei der Hitzeschutztagung in der Bundesärztekammer über einen besseren Hitzeschutz.« Und dafür lieferten maßgebliche Koryphäen gleich ihre Ergebenheitsadressen ab, allen voran die schon immer devoten Ärztefunktionäre:

- Dr. Klaus Reinhardt, Präsident der Bundesärztekammer: »Deutschland hinkt beim Hitzeschutz anderen Ländern hinterher. Das zeigt beispielsweise der Blick nach Frankreich. Daher ist es gut, dass Bundesgesundheitsminister Karl Lauterbach endlich einen bundesweiten Hitzeschutzplan angekündigt hat.«
- Dr. Peter Bobbert, Präsident der Ärztekammer Berlin: »Im vergangenen Sommer sind in Deutschland 4500 Menschen an Hitze gestorben. Wir müssen als Gesellschaft insbesondere vulnerable Gruppen wie Ältere, Vorerkrankte, Kinder und Schwangere besser schützen. [...] Daher ist es ein Hoffnungsschimmer, dass der Bundesgesundheitsminister jetzt konkrete Maßnahmen zum Hitzeschutz ergreifen will. Ich hoffe sehr, dass diesen Worten auch Taten folgen«, legt er Lauterbach den Ball vor.
- Dr. Martin Herrmann, Vorsitzender der Deutschen Allianz Klimawandel und Gesundheit: »Jeder Bürgermeister, jede Landrätin, jeder Klinikdirektor, jede Schulleiterin, jeder Personalchef muss um die Gefährdung der ihm Anvertrauten durch Hitze wissen – und wie er damit umgeht. [...] Hitzeschutz muss auf der Bundes-, Länder- und kommunalen Ebene gesetzlich verankert werden, so wie zum Beispiel Brandschutz.«
- Prof. Dr. Hans-Otto Pörtner, Alfred-Wegener-Institut, Helmholtz-Zentrum für Polar- und Meeresforschung, Bremerhaven: »Deutschland muss sich mit seinen Hitzeschutzplänen auch in einem internationalen Zusammenhang sehen, wo sich in einigen Gebieten der Tropen aufgrund lebensfeindlicher Bedingungen der Verlust von menschlichem Lebensraum abzeichnet.« Ok – wenn es also hierzulande schon nicht heiß wird, dann sollen wir mal an die Tropen denken.
- Prof. Dr. med. Claudia Traidl-Hoffmann, Umweltmedizinerin, Augsburg: »Gerade an der Gefahr Hitze spüren wir, dass wir als Menschen Grenzen der Anpassung haben. Ab 42 Grad [Celsius] Körpertemperatur stirbt der Mensch. Deswegen brauchen wir unbedingt beides – eine Resilienzstrategie, die Prävention in den Vordergrund stellt, und eine Strategie, die Klimakrise abzumildern.«
- Cindy Steinhöfel, Deutscher Pflegerat: »Unsere Pflege- und Gesundheitsversorgung muss flexibler, gesünder und klimagerechter werden. Beruflich Pflegenden kommt dabei eine Schlüsselrolle zu. Sie sind im engen Kontakt zu hitzegefährdeten Menschen sowie ihren An- beziehungsweise Zugehörigen und können damit gezielt zum Hitzeschutz informieren [...].«

Jawohl, mein Gesundheitsminister: Die aufgeblasene Runde forderte also brav, was die Regierung ohnehin anstrebte. Kurz, das gesamte Gesundheitssystem war bereits gleichgeschaltet und nach Corona auf das Thema Hitze ausgerichtet worden. Auch die Hitzediktatur soll über das Gesundheitswesen eingerichtet werden, weil man von hier aus Zugriff auf alle Lebensbereiche hat, wie Corona gezeigt hat: vor allem auf Wirtschaft und Verkehr, also die Kernbereiche jeder Zivilisation. Die »Hitze« sollte die nächste künstliche Krise werden, um mit dem Gesundheitsargument und vor allem mit dem bereits geschaffenen totalitären Instrumentarium weitere Übergriffe des Staates einzuleiten und zu rechtfertigen. Schon in der Coronazeit waren dem Gesundheitsminister ja diktatorische Vollmachten verliehen worden. Und diese sollten jetzt mit dem Hitzeargument genutzt werden.

37 Liter statt 37 Grad

»Dieser Juli ist der wahrscheinlich heißeste seit Tausenden von Jahren«, assistierte denn auch die *Bild*-Zeitung bevor der Monat überhaupt vorüber war, nämlich am 27. Juli. Tatsächlich seien dabei sogar nur Daten bis zum 23. Juli ausgewertet worden. Hoppla! Und wirklich: »Wir müssen nicht bis Ende des Monats warten, um das genau zu wissen«, gab UN-Generalsekretär António Guterres die Marschrichtung vor. Und auch das ZDF verkündete nicht etwa einen Rekord-Juli, sondern nur die »wärmsten jemals gemessenen 3 Wochen am Stück«. Alles sehr seltsam – also der wärmste jemals gemessene Rumpfmonat? Warum das denn? Ganz einfach: Weil der Juli ab da rein zufällig ins Wasser fiel. Papperlapapp: Am 24. Juli veröffentlichte *wetter.com* doch erneut eine »schlimme Sommerprognose«! Eben – allerdings von ganz anderer Art. Nun hieß es plötzlich: »Bis August sintflutartiger Regen in Deutschland!« – Genau deshalb wurde die letzte Juli-Woche bei all den Alarmmeldungen ignoriert. »Hier in München ist der Juli äußerst durchwachsen«, schrieb ich am 27. Juli auf Telegram: »Kein wirklicher Sommermonat. Wenig Sonne. Teilweise starker Regen und Temperaturen bis runter auf 14 Grad [Celsius].« Um es einmal mit der *Bild*-Zeitung zu sagen: bibber! Am selben Tag musste der Wetterfrosch Karsten Schwanke in den *Tagesthemen* statt 37 Grad Celsius 37 Liter pro Quadratmeter verkünden: nämlich Niederschläge. »Ganz Mitteleuropa war zu kalt, ungefähr 2–3 Grad [Celsius] kälter als normal«, räumte das Wetterorakel ein. Denn im Rückblick ist der Wetterfrosch bekanntlich am besten. Am 10. August meldete der Deutsche Wetterdienst auch »deutlich zu viel Regen im bisherigen August. Regen, Regen und nochmals Regen.« Herrje! Ja, was machen wir denn da? Ganz einfach! Am 14. August titelte die *Bild*-Zeitung: »Lauterbach warnte wieder vor Corona« …

16. Juli
Gruppenvergewaltigungen: typisch deutsch …

Also wirklich: die Deutschen nun mal wieder! »Fünf Urlauber aus Deutschland müssen auf Mallorca in Untersuchungshaft. Der Ermittlungsrichter wirft ihnen die Gruppenvergewaltigung einer deutschen Touristin vor«, schrieb die *Frankfurter Allgemeine Zeitung* am 16. Juli 2023. Unfassbar: »Wie die Polizei bestätigte, filmte einer der Beschuldigten die mutmaßliche Vergewaltigung mit seinem Mobiltelefon. Laut der spanischen Nationalpolizei soll die – nach Presseberichten 20 Jahre alte – Deutsche einen der Männer in einer Bar an der Playa de Palma kennengelernt haben (›Ballermann‹). Sie habe ihn freiwillig zu seinem Hotel begleitet.« Nur mal nebenbei: Was geht in diesen Frauen vor? Egal: »Anschließend seien in dem Zimmer auf einmal fünf Freunde des Mannes aufgetaucht. Vier von ihnen zwangen das Opfer laut Polizeibericht dann zu sexuellen Handlungen.« Wahnsinn, und das ist schließlich kein Einzelfall! Schon 2022 kamen in Mallorca zwei Deutsche wegen Vergewaltigung in Haft, 2021 einer, 2019 vier und 2017 drei Deutsche. Unglaublich! Was ist los? So etwas kennt man doch gar nicht von den Deutschen!

Das Bild der Deutschen in den Schmutz ziehen

Tja – aber wir müssen es wohl glauben. In dem *Welt*-Artikel über die Vergewaltigung von 2019 zum Beispiel ist ausschließlich von »deutschen Urlaubern« die Rede: »Vier Urlauber aus Deutschland werden auf Mallorca der Gruppenvergewaltigung beziehungsweise der Verschleierung und Beihilfe beschuldigt.« Aber wo hatte *Die Welt* das eigentlich her? Unterhält das Blatt etwa einen eigenen Vergewaltigungskorrespondenten auf Mallorca? Nichts da – nach eigenen Angaben stammten die Informationen aus dem *Diario de Mallorca*. Was das Blatt allerdings verschwieg: Dort stand sogar für *Welt*-Journalisten klar und deutlich zu lesen: »Bei den Verdächtigen handelt es sich um Deutsche türkischer Herkunft.« Nun

ja, das muss *Die Welt* wohl irgendwie überlesen haben. Halt! Das Blatt gab sogar noch eine zweite Quelle für seinen Artikel an, nämlich die Zeitung *Ultima Hora*. Vielleicht stand dort nichts von einer türkischen Herkunft der mutmaßlichen Vergewaltiger? Eben doch. Dort ist sogar mehrmals von »deutsch-türkischen Touristen« oder Jugendlichen die Rede, die diesen Gewaltakt begangen haben sollen. Woraus man wohl schließen darf, dass dies von der *Welt* bewusst unterschlagen und so das Bild der ethnischen Deutschen in den Schmutz gezogen wurde.
Nun ja – sicher ein Einzelfall. Schauen wir doch einmal in den *Welt*-Artikel über den Vorfall von 2017: »Drei deutsche Touristen hat die spanische Polizei an der Costa Brava wegen des Vorwurfs der Vergewaltigung festgenommen. Die zwischen 24 und 25 Jahre alten Männer sollen in einem Hostel im Urlaubsort Lloret de Mar eine 19-Jährige vergewaltigt haben, berichtete der Radiosender ›Cadena Ser‹ am Donnerstag unter Berufung auf die Sicherheitskräfte. Nähere Angaben zum Opfer und zur Nationalität der Frau wurden zunächst nicht gemacht.« Das Problem ist nur, dass von der Quelle »Cadena Ser« durchaus noch weitere Angaben gemacht wurden, und zwar, dass zwei der drei Beschuldigten »marokkanischer Herkunft« gewesen seien. Wäre es nicht korrekt gewesen, dies zu erwähnen?

Typisch deutsches Verhalten

Oder nehmen wir den Vorfall aus dem Jahr 2021: Da hatte sich eine etwa 50-jährige Engländerin auf »Malle« derartig abgefüllt, dass sie bewusstlos mitten auf der Straße lag und auch nicht wach wurde, als sich ein wildfremder Mann auf sie legte und sein Glied in sie einführte. »All dies mitten auf der Straße und vor den Augen von Dutzenden von Menschen, die zusahen«, stand im *Mallorca Magazin* zu lesen (online, 08.08.2021). Beamte der Nationalen Polizei hätten einen 40-jährigen deutschen Touristen festgenommen, der beschuldigt wird, die Frau an der Playa de Palma vergewaltigt zu haben. Das Opfer, eine Engländerin in den 50ern, musste ins Krankenhaus gebracht werden – ob wegen der Vergewaltigung oder einer Alkoholvergiftung wurde nicht berichtet. Aber leider haben sich hier vermutlich alle aus einer Quelle informiert, nämlich aus einem kurzen Bericht in *Ultima Hora*. Und so war in sämtlichen von mir durchsuchten englisch- und spanischsprachigen Medien nichts weiter zur ethnischen Herkunft des mutmaßlichen Täters zu finden. Aber das brauchen wir auch gar nicht. Denn schließlich ist ein derartiges Verhalten doch typisch deutsch – oder etwa nicht?

Und was ist mit dem Vorfall von 2023: »Eine sexuelle Begegnung zwischen zwei jungen Deutschen am Strand endete in einem Inferno, als die Frau in einem Hotelzimmer an der Plaja de Palma einer Gruppenvergewaltigung unterzogen worden sein soll. Die Nationalpolizei verhaftete sechs junge Deutsche wegen des sexuellen Übergriffs. Auf einigen der Mobiltelefone wurde mindestens eine Videoaufzeichnung der Vergewaltigung gefunden [...].« Tja, auch hier wird nichts zur ethnischen Herkunft gesagt. Bei der Festnahme dieser sogenannten »deutschen Bande« trugen die Verdächtigen jedoch »typisch deutsche« T-Shirts: eines von Ronaldo und jeweils eines der Fluglinien Emirates und Qatar Airlines (*Diario de Mallorca*, online, 15.07.2023) ...

20. Juli
Atombombe: Oppenheimer war auch nur ein Mensch

3 Stunden Kinosessel liegen vor mir. Vor dem eigentlichen Hauptfilm gibt es einen Zusammenschnitt aller Produkte, die ich in Zukunft nicht mehr kaufen werde – nämlich wegen der dummen Werbung. Aber das ist eine andere Geschichte. Heute läuft in Deutschland der Film *Oppenheimer* über Robert Oppenheimer an, den sogenannten »Vater der Atombombe«. Im Rahmen des US-amerikanischen »Manhattan Projects« soll Oppenheimer Anfang der 1940er-Jahre die ersten Atombomben entwickelt haben. Aber was soll das jetzt eigentlich, überlege ich, während auf der Leinwand die ersten Bilder erscheinen. Gut – die Jahreszeit passt: Anfang August, rechtzeitig zu den Jahrestagen von Hiroshima und Nagasaki. Aber mir fällt momentan kein runder Jahrestag ein, wie etwa das 60. »Jubiläum« des japanischen »Überfalls« auf Pearl Harbor im Sommer 2001, als der Film *Pearl Harbor* herauskam. Die ersten (und vorerst letzten) Atombomben, die in einem Krieg eingesetzt wurden, wurden am 6. und 9. August 1945 abgeworfen: auf Hiroshima und Nagasaki. Also vor 78 Jahren. Kein rundes Datum. Also warum wird dieses Thema jetzt aufgewärmt? Alles in allem erscheint es doch etwas verstaubt, oder nicht? So sehr ich auch suche, ich finde keinen konkreten Anlass für diesen Film. Neben Jahrestagen gibt es jedoch auch noch andere Gelegenheiten, solche Streifen zu drehen, zum Beispiel zur Vorbereitung – ebenfalls wie im Fall Pearl Harbor. Denn 2 Monate nach Erscheinen dieses Films geschahen die Attentate des 11. September 2001 (9/11), die als »neues Pearl Harbor« bezeichnet wurden. Dank des vorangegangenen Blockbusters

wussten die Amerikaner auch, was damit überhaupt gemeint war: ein feiger Überfall auf ihr Land und der Beginn eines Krieges.

Der unverstandene Held

Der Film *Oppenheimer* ist eine britisch-amerikanische Produktion, also ein Projekt der westlichen Alliierten, gedreht von dem britisch-amerikanischen Regisseur Christopher Nolan, Commander of the British Empire (CBE). Im weiteren Sinne also Alliiertenpropaganda. Nur: warum jetzt? Zur Auffrischung? Zur Vorbereitung? Oder zur »Reparatur«? Denn das ist schließlich ein weiterer denkbarer Zweck: ein drohender Glaubwürdigkeitsverlust des offiziellen Mythos. In diesem Fall werden ebenfalls gern »Patches« gedreht, also propagandistische »Pflaster«, welche die offizielle Darstellung wieder stabilisieren sollen. Denn während die Wahrheit verschwiegen wird, sind Mythen häufig instabil und müssen von Zeit zu Zeit »gewartet« werden. Am besten funktioniert das dann, wenn ein Geschehnis an Menschen gekoppelt wird, siehe *Titanic* (Liebespaar), Pearl Harbor (Dreiecksbeziehung), *Apollo 13* (drei Astronauten) und nun eben Oppenheimer (einsamer und unverstandener, aber genialer Held). Die erwünschten Botschaften werden so an menschliche Figuren geknüpft. Diese Figuren ziehen den Zuschauer in die Handlung und in das Thema hinein und helfen, die Inhalte über Gefühle und Identifikation zu vermitteln. Und der wesentliche Inhalt dieses Films besteht in Oppenheimers jahrelangem Kampf um die Entwicklung der Atombombe. Botschaft:

- Der Mann, der die Atombombe schuf, war auch nur ein Mensch.
- Er hat es sich nicht leicht gemacht, sondern sich mit der Entscheidung, die Bombe zu bauen, moralisch sehr gequält.
- Aber es musste sein, um den Nazis zuvorzukommen und die Japaner zur Aufgabe zu zwingen.
- Die Atombombe hat Menschenleben gerettet, weil dadurch der Pazifikkrieg beendet wurde (was historisch falsch ist).
- Die Atombombe macht jeden weiteren Krieg undenkbar, glaubte Oppenheimer (was ebenfalls falsch ist, denn seitdem wurden Hunderte von Kriegen geführt).
- Im Ringen des Menschen Oppenheimer mit dem Bombenprojekt werden die Bomben real und glaubwürdig; der Mythos der Atombombe(n) wird gestärkt.

Das Opfer Oppenheimer

Schließlich, in der zweiten Hälfte, wird gezeigt, wie Oppenheimer nach dem Zweiten Weltkrieg der Sympathien mit den Kommunisten verdächtigt und Opfer der hysterischen Kommunistenverfolgung wird, wobei er sich absurden Befragungen stellen muss, deren filmische Darstellung nur einen Zweck hat: dass sich der Zuschauer aufgrund der unfairen Angriffe mit Oppenheimer identifiziert und sich auf seine Seite stellt.
Am Ende wartet der Schulterschluss mit dem »Opfer« Oppenheimer, das wegen angeblich kommunistischer Kontakte von undankbaren Tribunalen gepiesackt wird. Unter dem Strich festigt der Film also sowohl den Oppenheimer-Mythos als auch den Mythos der Atombombe und definiert sie moralisch um. Aber das ist noch nicht alles. Dazwischen sieht man natürlich immer wieder eindrucksvolle Aufnahmen von explodierenden Atombomben, begleitet von ohrenbetäubendem Lärm, der die Bilder fest im Gedächtnis verankert. Botschaft: Jawohl, so real ist die Atombombe – so wirklich wie der Mensch Robert Oppenheimer. Alles Weitere dazu am 6. August.

30. Juli
Microsoft: der digitale Feudalismus

Super – ich bin begeistert! Der neue Microsoft-Servicevertrag wurde heute veröffentlicht! Und für Service bin ich natürlich immer. Bei näherem Hinsehen staune ich allerdings nicht schlecht: Der Vertrag, den ich mit Microsoft abschließen soll oder sogar muss, wenn ich die Produkte dieser Firma weiter nutzen will, umfasst in der Druckversion 24 Seiten! 24 Seiten voller Regeln und Bestimmungen, die ihrerseits möglicherweise weitreichende Konsequenzen haben! Und zu verhandeln, wie normalerweise üblich, gibt es da natürlich auch nichts. Microsoft macht mir also ein Angebot, das ich nicht ablehnen kann – oder ich muss alle Microsoft-Produkte in Zukunft meiden. Natürlich möchte aber jeder weiter Windows, Office, Bing, Skype, Outlook und seine Xbox nutzen – aber 24 Seiten Juristendeutsch lesen, verstehen und nicht zuletzt jederzeit präsent haben: »[…] sehr, sehr lang, und sehr klein gedruckt« (*borncity.com*, 12.08.2023)? Wo gibt es denn so etwas? Wer weiß, was da für Fallen drinstecken? Muss man sich Microsoft denn jetzt mit Haut und Haaren ausliefern?

Der Teufel steckt im Detail

Auf keinen Fall! Gut, dass es zum Beispiel das Faktenchecker-Portal *Mimikama* gibt: *Mimikama* ist schließlich »dein Kompass in der Informationsflut«. »Microsofts überarbeiteter Servicevertrag unter der Lupe«, heißt es da. Na bitte! »Ab Ende September 2023 gibt Microsoft seinem Servicevertrag ein neues Gesicht. Und wie bei jedem Facelifting lohnt es sich, genauer hinzuschauen.« – »Was hat sich geändert und warum sollte uns das interessieren? Wir haben uns den Vertrag angeschaut!« Sehr gut – das erwartet man nach dieser Einführung ja auch. Wo ist denn nun die Lupe? »Auf den ersten Blick erscheinen die Änderungen marginal.« Aha, wie immer steckt der Teufel also im Detail. »[...] gerade in der Digitalisierung, wo ein Klick den Unterschied zwischen Schutz und Risiko ausmachen kann, ist es wichtig, das Kleingedruckte zu verstehen.« Eben. Und das wird mir hier doch jetzt erklärt, oder? Leider nicht. Machen Sie den Job doch selbst, lautet die Botschaft des Artikels: »Werfen Sie wirklich einen Blick in Microsofts Kleingedrucktes. Es ist essenziell zu wissen, was man akzeptiert, wenn man sich in die digitale Welt Microsofts begibt.« Und tschüss dann. Danke für nichts: Klingt so, als würde man allein in einen dunklen Wald geschickt werden – oder auf sehr dünnes Eis. Immerhin gibt es bei *Mimikama* noch so etwas wie eine Zusammenfassung: »Microsofts Änderungen sind mehr als nur eine Überarbeitung.« Nun, das haben wir uns schon fast gedacht. Aber keine Angst: »Sie sind ein Spiegelbild unserer Zeit, in der Technologie und künstliche Intelligenz zunehmend unseren Alltag bestimmen.«

Die Zukunft hat schon längst begonnen

Ach so: ein Spiegelbild. Microsoft kann also gar nichts dafür, sondern reflektiert nur unsere Zeit! Der neue Microsoft-Servicevertrag »ist eine Einladung, aufmerksam zu bleiben und sich zu informieren«, zieht sich das Faktenchecker-Portal aus der Affäre. »Für manche mag es nur eine weitere E-Mail im Postfach sein, aber für informierte Nutzer ist es ein Zeichen dafür, dass die Zukunft schon längst begonnen hat« (*mimikama.at*, 16.08.2023). Danke für den Hinweis. Aber welche Zukunft hat denn eigentlich begonnen?

Natürlich die der schönen neuen Datenwelt. Ab dem 30. September 2023 muss man sich an ganze 24 Seiten Kleingedrucktes halten, wenn man in Zukunft Microsoft-Dienste und -Produkte nutzen und nicht gesperrt werden will: »Die Nutzung unserer Produkte und Dienste ab den 30. September erachten wir als Zustimmung ihrerseits zu den aktualisierten Bestimmungen des Microsoft-Servicevertrages«, hieß es in einer entsprechenden E-Mail von Microsoft. Also zum Beispiel die Nutzung von Windows, Outlook, Skype, Bing, Xbox, OneDrive, MSN und vielen anderen mehr. Doch keine Angst: Der neue Microsoft-Servicevertrag will uns nur schützen – beziehungsweise unsere Daten. »Der Schutz Ihrer Privatsphäre ist uns wichtig«, steht da nämlich gleich zu Beginn der 24 Seiten: »Bitte lesen Sie die Microsoft-Datenschutzerklärung (›Datenschutzerklärung‹), da in ihr beschrieben wird, welche Arten von Daten wir von Ihnen und Ihren Geräten erheben (›Daten‹), wie wir Ihre Daten verwenden und welche Rechtsgrundlage wir zur Verarbeitung Ihrer personenbezogenen Daten heranziehen.« Sehr gut – mach' ich: Bevor ich 24 Seiten lese, nehme ich als Vorspeise lieber einmal die Datenschutzerklärung zur Hand – so lang kann diese ja nicht sein. Also klicke ich bei »Datenschutzerklärung« auf »Drucken«, um ein PDF zu erzeugen. Ergebnis: Die jetzt entstandene Datei umfasst 204 Seiten!

Zwischen Zensur und digitaler Enteignung

Nun bin ich natürlich gewarnt: Wir werden wieder einmal »geschützt«, was das Zeug hält. Nur nicht vor Microsoft: Wer so etwas verfasst, will keine Daten schützen, sondern den Leser betäuben. Aber der »Servicevertrag« belehrt mich eines Besseren: »Beteiligen Sie sich nicht an Aktivitäten, die betrügerisch, falsch oder irreführend sind«, steht da zu lesen. Sehr gut – denn damit wird ja wohl auch die betrügerische Impfpropaganda der WHO aufhören oder die Panikmache der Klimaaktivisten – oder nicht? Das Dumme ist nur, dass das, was richtig oder falsch, betrügerisch und/oder irreführend ist, natürlich Konzerne wie Microsoft bestimmen – und den Kunden damit jederzeit von der Nutzung der Dienste ausschließen können. Das gilt auch für das Verbot, »Inhalte zu erstellen oder zu teilen, durch die andere belästigt, schikaniert oder bedroht werden« – denn das ist häufig subjektiv. Ich zum Beispiel fühle mich durch die Inhalte von ARD und ZDF belästigt und teilweise auch bedroht, zum Beispiel, wenn sich der öffentlich-rechtliche Rundfunk für Zwangsimpfungen einsetzt.

Die nächste Bestimmung ist besonders interessant: So kann Microsoft »Inhalte blockieren, entfernen oder deren Anzeige verweigern, wenn sie scheinbar gegen unseren Verhaltenskodex oder eine andere Servicerichtlinie verstoßen oder wenn dies gesetzlich vorgeschrieben ist«, heißt es da in schönster Gängelprosa. »Scheinbar« bedeutet, dass der Verstoß nicht einmal wirklich vorliegen muss, sondern nur »zum Schein«: »Etwas scheint zwar so zu sein, ist aber nicht so«, erläutert das Wörterbuch *Wiktionary* den Begriff. Auch die Wortschatzsammlung DWDS definiert »scheinbar« mit »nicht wirklich, nur dem Scheine nach«. Semantisch betrachtet, reicht also der Anschein, um den Nutzer zu entrechten; ein realer Verstoß muss demnach nicht vorliegen. Ja, wenn man die Definition genau nimmt, *darf* er gar nicht vorliegen, da scheinbar *nur* zum Schein bedeutet. Kurz und gut werden der Willkür und Zensur damit Tür und Tor geöffnet.

Raubzug im großen Stil

Doch das ist nur das Vorgeplänkel. In Wirklichkeit geht es um einen Raubzug im ganz großen Stil. Und zwar möchte sich Microsoft sämtliche Rechte dessen unter den Nagel reißen, was man in seine Systeme hochlädt oder darin bearbeitet: So »gewähren Sie Microsoft eine weltweite und gebührenfreie Lizenz für geistiges Eigentum zur Verwendung Ihrer Inhalte, zum Beispiel um Kopien Ihrer Inhalte zu erstellen oder Ihre Inhalte aufzubewahren, zu übertragen, neu zu formatieren, mithilfe von Kommunikationswerkzeugen zu verteilen und über die Dienste anzuzeigen«. »Über die Dienste anzeigen« hieße zum Beispiel veröffentlichen. Zwar nur, »soweit dies notwendig ist« (Artikel 2b). Aber was notwendig ist, bestimmt natürlich Microsoft. So etwas nennt man digitale Enteignung. Diebstahl scheint schon immer der höhere Zweck von Microsoft gewesen zu sein. Nicht doch: Es ist doch gut, wenn allen alles gehört oder »niemandem nichts«. Nun gut: Dann kann man selbst natürlich auch alle möglichen Inhalte von Microsoft nutzen, kopieren und weiter verteilen, zum Beispiel veröffentlichen, oder nicht? Keineswegs, denn das ist quasi nur das Recht des digitalen Feudalherren, nämlich Microsofts. Für Nutzer gilt: »Verletzen Sie nicht die Rechte anderer (zum Beispiel durch unbefugtes Teilen von urheberrechtlich geschützter Musik oder anderen urheberrechtlich geschützten Materialien [...]).«

Natürlich beobachtet Microsoft auch die Nutzung der KI-Dienste wie ChatGPT, wo Microsoft zu den maßgeblichen Geldgebern gehört: »Im Rahmen der Bereitstellung der KI-Dienste verarbeitet und speichert Microsoft Ihre Eingaben in den Dienst sowie Ihre Ausgaben aus dem Dienst, um missbräuchliche oder schädliche Nutzungen oder Ausgaben des Dienstes zu überwachen und zu verhindern.« Was »missbräuchlich« und »schädlich« ist, bestimmt natürlich Microsoft. Der Datenschutz ist insoweit wohl außer Kraft gesetzt. Rein praktisch wäre es möglich, dass Microsoft überprüft, was man eingibt und ob die Resultate beispielsweise gegen einen Politiker oder gegen ein gängiges Narrativ wie den Klimawandel sprechen. Ich selbst wurde auf ChatGPT bereits 2 Mal gesperrt (siehe 17. Mai).

Sittenwidrig und null und nichtig

Angesichts dieses Knebelvertrages hilft eigentlich nur noch der Gang zum Verbraucherschutz. Aber auch daran hat Microsoft gedacht: »Verzicht auf die Bestimmungen zum Verbraucherschutz für Endbenutzer. Wenn Sie ein Kleinstunternehmen, ein kleines Unternehmen oder eine gemeinnützige Organisation sind, erklären Sie sich damit einverstanden, auf alle Ansprüche zu verzichten, die Sie ansonsten nach dem europäischen Kodex für die elektronische Kommunikation (Richtlinie 2018/1972) Artikel 102 Absätze 1, 3 und 5, Artikel 105 Absatz 1 und Artikel 107 Absätze 1 und 3 hätten.« Wenn Sie mich fragen, ist das alles sittenwidrig und null und nichtig. Derart umfangreiche und weitreichende Vertragswerke können wahrscheinlich auch nicht einfach »konkludent« abgesegnet werden (indem man die Microsoft-Dienste nutzt). Juristischer Ärger ist im Missachtungsfall für Nutzer also kaum zu befürchten. Ein Missbrauch und eine Löschung von Konten und Daten hingegen sehr wohl. Solange man den Windows-Rechner nicht ausgetauscht, die Microsoft-Dienste nicht gekündigt und sein Microsoft-Konto nicht geschlossen hat, kann Microsoft ungestört über alle Daten verfügen. Wollen wir also wirklich geistig enteignet und Leibeigene von Microsoft werden? Wenn nicht, dann heißt es, sich von Microsoft, Google und von allen anderen digitalen Feudalherren zu verabschieden. Aber das geht doch nicht – es gibt doch keine Alternative! Und ob: »Es muss nicht immer Windows sein!«, stellte beispielsweise die *PC-Welt* klar (23.08.2022). »Nicht alle Windows-User nutzen das Microsoft-OS aus Überzeugung oder weil sie Spaß damit haben« (OS = Operating System = Betriebssystem). Wie wahr. »Vielen erscheint nur der Umstieg zu mühsam. Wir zeigen, wie Sie dem Windows-Joch entkommen.« Tatsächlich gibt es supermoderne Open-Source-, also transparente, Betriebssysteme, die Windows- oder Apple-Betriebssystemen in nichts nachstehen. Vor allem Linux Ubuntu oder Mint sind hier zu nennen. Sie kosten nichts, und Windows-kompatible Office-Pakete sind dort inbegriffen. Es gibt auch Handys ohne Google-

Schnickschnack, zum Beispiel das Google-freie Volla Phone, das ansonsten genauso funktioniert wie jedes andere Android-Telefon auch (siehe mein Telegram-Kanal Gerhard Wisnewski & Team: *https://t.me/GWisnewski/*).

August 2023

Thema des Monats

6.8. Warum die Atombomben auf Hiroshima und Nagasaki keine Atombomben waren

08

1.8. Auf den Orkney-Inseln führt die britische Post die Postzustellung per Drohne ein – ***4.8. Massive Regenfälle führen in Österreich und Slowenien zu Überflutungen und Murenabgängen (siehe 10. Juli: Hitzeplan fällt ins Wasser)*** – **4.8.** Der russische Dissident Nawalny wird zu 19 Jahren Straflager verurteilt – ***6.8. Hiroshima und Nagasaki (9.8.): »Atombomben«, die keine waren?*** – **10.8.** Malaysia verbietet bei Strafandrohung das Tragen von Swatch-Produkten mit LGBTQ-Elementen – **17.8.** Das chinesische Immobilienunternehmen Evergrande sitzt auf 300 Milliarden Euro Schulden und beantragt Gläubigerschutz – ***18.8. Die Sonne wird zunehmend zum »Staatsfeind« der Menschheit erklärt – 23.8. Indien landet angeblich eine Sonde auf dem Mond*** – **23.8.** Bei einem Flugzeugabsturz kommt in Russland der Chef der »Gruppe Wagner«, Jewgeni Prigoschin, ums Leben

6. August
Atombombe: If you can’t make it, fake it

»Ich hatte keine Schule, und so war ich mit anderen Kindern in der Nachbarschaft unterwegs. Als wir sahen, dass eine B-29 geflogen kam, hielten wir uns sofort die Augen und die Ohren zu. Das sollten wir tun, wenn man glaubte, es könnte eine Bombe abgeworfen werden. Da ich mir die Augen zugehalten hatte, sah ich den Blitz nicht«, so ein Zeitzeuge des ersten Atombombenabwurfs über der japanischen Stadt Hiroshima am 6. August 1945. »Viele der Überlebenden sehen den Blitz nicht«, schrieb *Der Spiegel* dazu: »Manche überleben, gerade weil sie den Blitz nicht sehen: Sie stehen geschützt, in Gebäuden, fahren gerade durch Tunnel, laufen zufällig zwischen zwei Mauern hindurch oder sind gerade in einem Waschkeller. Vielen, die den Blitz sehen, kocht die Haut am Körper, ihre Kleidung fängt Feuer. Die, die direkt unter der Explosion stehen, verschwinden einfach: Es ist strittig, ob sie im Wortsinn verdampfen oder so vollständig verbrennen, dass ihre Asche hinfort geweht wird« (*Der Spiegel*, online, 06.08.2020).
Grauenhafte Narrative von den ersten Atombombenabwürfen der Geschichte in Hiroshima und Nagasaki am 6. und 9. August 1945, wie wir sie zu lesen und zu hören gewöhnt sind. Das alles ist festzementierte Geschichte, millionenfach wiederholt bei Gedenktagen und Trauerfeierlichkeiten. Was nicht wiederholt wird, ist, dass es da einige Leute gibt, die sich seinerzeit wunderten. Und das waren damals keine Kinder, wie die meisten heute noch zitierten Zeitzeugen, sondern erwachsene Fachleute. Zum Beispiel der russisch-amerikanische Pilot Alexander P. de Seversky – ein renommierter Militär und Ingenieur, der im Ersten Weltkrieg bei einer Bombenexplosion ein Bein verloren hatte.

Ein kleiner Howard Hughes

1918 war er in die USA übergesiedelt und wurde so etwas wie ein kleiner Howard Hughes: Er flog als Testpilot und gründete den Flugzeughersteller Seversky Aircraft Corporation. Im Zweiten Weltkrieg kämpfte er aufseiten der Amerikaner, nach dem Krieg war er an der Vernehmung des deutschen Ex-Luftwaffenchefs Hermann Göring beteiligt. Zudem war Seversky ein Experte für Bombenkriege. Nach dem Krieg schrieb er einen Bestseller darüber, der mit einer Auflage von 5 Millionen Exemplaren die militärische Strategie der USA beeinflusste. Seversky war also ein angesehener Fachmann, der sich mit Physik, Material, Luftfahrt, aber auch mit Bomben bestens auskannte. Mit den Schrecken von Hiroshima und Nagasaki konfrontiert, ging es ihm zunächst wie uns allen: »Er las und hörte eifrig Zeitungs- und Radioberichte, die ihn dazu brachten, sich wie andere Leser und Zuhörer die vollständige Zerstörung von Hiroshima und Nagasaki im Handumdrehen vorzustellen: die Verdampfung von Menschen und Gebäuden, die Schockwelle, die Gebäude und Häuser im Umkreis von mehreren Kilometern pulverisierte, Hitze von unermesslicher Intensität und radioaktiver Niederschlag, der fast so tödlich war wie die ursprüngliche Explosion.« Und er sah »das Foto von Hiroshima, das zum Sinnbild für die massive Zerstörung, das Grauen und den Tod der Bürger dieser verwüsteten Stadt wurde« (James K. Libbey: *Alexander P. de Seversky and the Quest for Air Power*, Washington D. C. 2013).

Rosafarbene Asche

Ganz Hiroshima war also zerstört. Ganz Hiroshima? Nein! Mitten in der Zone der Vernichtung sah er auf einem Foto ein einsames Gebäude aus dem Schutt herausragen! Als ausgebildeter Militäringenieur, der »sich mit der Physik explodierender Munition auskannte, war er fasziniert von der naheliegenden Frage: Warum überlebte ein einzelnes, mehrstöckiges Gebäude so nahe am Ground Zero?« Als Seversky bald darauf nach Japan kam, »begann er, japanische Städte zu besuchen und zu überfliegen, die von B-29-Bombern mit Napalm oder anderen Brandstoffen eingeäschert worden waren.« In Hiroshima »war er wirklich überrascht von dem, was er sah: Im Gegensatz zu den Bildern, die er auf Fotos oder in den Medien über die sofortige Vernichtung dieser japanischen Stadt erhalten hatte, sah er aus der Luft nichts, was sich von den 66 ausgebrannten städtischen Zentren unterschied, die zuvor von B-29-Bombern heimgesucht worden waren.« Hiroshima und Osaka beispielsweise »wiesen die gleiche Fläche von 2 Quadratmeilen rosafarbener Asche auf, die durch einen Holocaust an größtenteils hölzernen Strukturen, vermischt mit Ziegeln, Dachziegeln und verrostetem Metall, entstanden war. Einzelne Beton- und Stahlkonstruktionen ragten zwar heraus, aber aus einer anderen Perspektive betrachtet blieb eine Ansammlung moderner, mehrstöckiger Gebäude im Stadtzentrum aufrecht stehen« (ebenda).

Strukturell intakte Gebäude

Teufel auch! 2 Tage lang untersuchte Seversky Hiroshima auch vom Boden aus. Angst vor Strahlung hatte er offenbar nicht: »Ich fuhr zur T-Brücke [Aioi-Brücke], die der Zielpunkt der Atombombe gewesen war. In ihrer Umgebung suchte ich den kahlen Fleck, wo angeblich alles im Handumdrehen verdampft oder zu Staub gekocht worden war. Er war weder dort noch irgendwo sonst in der Stadt. Ich suchte nach anderen Spuren von Phänomenen, die man vernünftigerweise als ›ungewöhnlich‹ bezeichnen könnte. Ich konnte keine finden«, so Seversky in seinem Buch *Air Power: Key to Survival* ([zu Deutsch: »Luftmacht: Der Schlüssel zum Überleben«], New York 1950, S. 121): »Alle Stahl- und Betonbrücken, bis auf eine einzige, waren noch intakt! Eine Ansammlung moderner Betongebäude in der Innenstadt stand aufrecht und scheinbar unbeschädigt. [...] Ich hatte von Gebäuden gehört, die sofort von beispielloser Hitze verzehrt worden waren. Doch hier gab es Gebäude, die strukturell intakt waren, mit Stein- und anderen Außenverkleidungen« (ebenda, S. 118). Aber nicht nur das – auch filigranere Gebilde hatten den Atomangriff überstanden: »Darüber hinaus fand ich sie bestückt mit unbeschädigten Fahnenmasten, Blitzableitern, bemalten Geländern, Luftschutzsirenen und anderen zerbrechlichen Objekten. Offensichtlich hatten sie die Explosion überstanden und waren auch irgendwie der höllischen Hitze entkommen, ebenso wie dem angeblichen Super-Hurrikan von ›tausend Meilen pro Stunde‹. Zu meinem völligen Erstaunen sah Hiroshima aus der Luft genauso aus wie all die anderen ausgebrannten Städte, die ich besichtigt hatte!« (ebenda, S. 121).

Ein aufrichtiger Bericht

Aber das kann doch gar nicht sein! Haben wir nicht alle noch die Bilder von Atomversuchen im Kopf, wo Häuser von einer mächtigen Druckwelle weggeblasen wurden? Eben! Aber nachdem Seversky »2 Tage lang vor Ort unterwegs war, sah er nichts, was seinen Eindruck von den verschiedenen Überflügen änderte. So gab es zum Beispiel keine kahle Stelle am Ground Zero, wo alles verdampft und zu Staub zersetzt worden war« (Libbey). Tja – da war guter Rat natürlich teuer. Wie gesagt, war Seversky ja nicht irgendjemand, sondern ein Militär- und Bombenkriegsexperte: Die Geschichte, die er zu erzählen hatte, »unterschied sich offensichtlich von der, die damals praktisch unisono von Presse, Radio und Wissenschaftlern erzählt wurde«, schrieb er später. »Vor dem Hintergrund der verbreiteten Übertreibungen muss sie unglaublicher geklungen haben, als ich vermutete. Aber es war die einzige Geschichte, die ich mit gutem Gewissen erzählen konnte, als ich von Journalisten in Tokio und zu Hause in Amerika befragt wurde« (ebenda, S. 131). Hut ab. Der Mann war also ehrlich: Er wollte dem US-Militär einen aufrichtigen Bericht über die Wirkung oder Nichtwirkung der sagenhaften Atombomben erstatten: Die gleichen Bomben, die in Hiroshima gefallen seien, »hätten, wenn sie auf die gleiche Weise auf eine moderne Stadt wie New York oder Chicago abgeworfen worden wären, nicht mehr Schaden angerichtet als ein 10-Tonnen-Blockbuster. Und die in Hiroshima und Nagasaki erzielten Ergebnisse hätten von etwa 200 B-29 mit Brandbomben erreicht werden können, obwohl der Verlust an Menschenleben in diesem Fall viel geringer gewesen wäre«, sagte er Reportern (Libbey, a. a. O., S. 238 f.).

Ein Tritt mit dem Holzbein

Ungeheuerlich: keine größere Wirkung als ein herkömmlicher Bombenangriff? Der Rest der Stadt war doch platt, oder nicht? Ja, schon – aber japanische Städte bestanden nun einmal nur aus Holzhütten: »Traditionelle japanische Häuser waren einfache ein- oder zweistöckige Gebäude, hauptsächlich aus Holz gebaut; die Dächer waren manchmal mit Stroh gedeckt, aber zumeist mit Ziegeln. Dies war der vorherrschende Gebäudetyp in Hiroshima und auch in Nagasaki […]« (Dr. Michael Palmer: *Hiroshima revidiert*, 2020, S. 168). Mit anderen Worten verfügten diese Städte über eine ganz andere Gebäudemischung als zum Beispiel amerikanische oder deutsche, die hauptsächlich aus Steinen und Ziegeln gebaut waren. Das Bild der nahezu vollständig plattgewalzten Bebauung von Hiroshima und Nagasaki wirkt so erschreckend, weil wir es auf unsere Stein-, Stahlbeton- und Ziegelstädte übertragen. In Wirklichkeit konnten die japanischen »Kartenhäuser« schon durch herkömmliche Bomben weggeblasen werden: »Die Gebrechlichkeit typischer japanischer Holzhäuser muss man gesehen haben, um sie zu glauben«, so Seversky. »Viele von ihnen sind über Generationen vom Hausschwamm und von Termiten zerfressen worden. Zu allem Übel sind sie auch noch kopflastig und haben dicke Ziegeldächer, um sie vor Funken zu schützen, falls die Nachbarhäuser Feuer fangen sollten. Manchmal stürzen Häuser ohne ersichtlichen Grund ein; sie erliegen sozusagen dem hohen Alter. Ich selbst hätte in Nagasaki beinahe eines zum Einsturz gebracht, als ich mit meinem Holzbein versehentlich gegen eine Hauswand trat« (zitiert nach: Palmer, ebenda, S. 298).

Können Tote sprechen?

Halt! Hatten die amerikanischen Superwaffen etwa keine größere Wirkung als ein Tritt mit dem Holzbein? »Ein Großteil der Wirkung der Atombomben in Japan war auf eine schwache Konstruktion zurückzuführen. In einer US-amerikanischen Stadt aus Stahl und Beton hätte eine der Bomben nicht mehr Schaden angerichtet als eine 10-Tonnen-TNT-Bombe«, erklärte Seversky damals laut *New York Times* (03.11.1945). Also nicht mehr Schaden, als eine ganz gewöhnliche Bombe! Die angeblich gewaltige Zerstörungskraft der beiden A-Bomben beruhte demnach zum Teil nur auf wackeligen Holzhütten! Und wirklich: Ein amerikanischer Arzt namens P. D. Keller, der im Herbst 1945 in einem Krankenhaus arbeitete, berichtete von einem Patienten, »der sich in einem hölzernen Gebäude etwa 50 Meter vom Zentrum der Explosion befand«. Die Frage ist nur: Warum konnte dieser Mensch nach dem Krieg noch als Patient behandelt werden, nachdem quasi neben ihm eine Atombombe explodiert war? »Aber hier ist er, etwa 4 Wochen später: im Krankenhaus und ›alarmierend krank‹, aber doch lebendig genug, um die Geschichte zu erzählen«, so der Arzt Dr. Michael Palmer, der ein Buch über die Atombomben von Hiroshima und Nagasaki geschrieben hat (siehe oben, S. 11). Auch zwei weitere Opfer, »die sich im Freien befanden, machten unterschiedliche Erfahrungen« (ebenda, S. 10). Aber wieso »Erfahrungen«? Hätten nicht auch sie im Bruchteil einer Sekunde sterben müssen? Keineswegs: Statt von der Bombe verdampft zu werden, wurde der zuerst erwähnte Kranke »von der Explosion 12 Fuß [circa 4 Meter] weit geschleudert, während das Gebäude einstürzte« (Palmer, S. 10). »Wenn es tatsächlich eine richtige nukleare Detonation gegeben hätte, hätte er sofort oder zumindest sehr schnell durch die Explosion, die Hitze und die Strahlung getötet werden müssen.« Einer der beiden anderen Betroffenen »verlor das Bewusstsein«, während der andere die Explosion »nicht spürte«. Bizarr. Auch besonders laut schien die Bombe aller Bomben nicht gewesen zu sein: »Ishikawa u. a. [8, p. 126] berichten, dass nur 1 Prozent von allen hospitalisierten Patienten in Hiroshima Trommelfell-Rupturen aufwiesen (aber 8 Prozent von allen Patienten in Nagasaki; beide Werte sind im Normalbereich für konventionelle Bombendetonationen«; Palmer, S. 9).

Kein Bomben-Fallout

Aha – und was ist mit dem radioaktiven Fallout und den Strahlenschäden? »Der radioaktive Fallout der Bombardierung von Hiroshima ist zwar schwach, aber dennoch eindeutig nachzuweisen«, so Palmer (S. 61). Na bitte! Damit wäre die Atombombe ja wohl gerettet! Nicht ganz – denn wenn man sich den radioaktiven Niederschlag etwas genauer ansah, fehlte da etwas. Und zwar dummerweise genau der Hauptbestandteil der angeblichen Atombombe. Palmer zufolge konnte in dem Bomben-Fallout von Hiroshima »kein hoch angereichertes 235U [Uran 235] nachgewiesen werden«, obwohl die Bombe »etwa 50 Kilogramm davon enthalten haben soll« (S. 76). Das ist natürlich dumm: »In Anbetracht dieser Beweise sowie des damaligen Standes der Technik [...] bin ich mir sicher, dass in Hiroshima kein hoch angereichertes 235U freigesetzt wurde«, so Palmer. »Wir könnten uns daher fragen, ob die Technologie zur Herstellung von bombentauglichem Uran 1945 überhaupt existierte. [...] Der Gesamtleiter des ›Manhattan-Projekts‹, General Leslie Groves, behauptet, dass alles gerade noch im letzten Moment klappte, wobei sowohl Plutonium [für die Nagasaki-Bombe] als auch bombentaugliches Uran nur wenige Tage, bevor sie gebraucht wurden, in ausreichender Menge zur Verfügung standen« (Palmer, S. 76).

Nichts klappt – aber das ordentlich!

Na, so was! Das ist ja wie bei der angeblichen bemannten Mondlandung 1969: nichts klappte, nur Pleiten, Pech und Pannen! Aber plötzlich, gerade noch rechtzeitig, lief alles wie am Schnürchen! »Die Plutoniumbombe *Fat Man* [für Nagasaki] mit einer Sprengkraft von 22 000 Tonnen TNT[-Äquivalent] wurde in großer Eile und unter Auslassung wichtiger Kontrolltests zusammengebaut«, heißt es sogar bei *Wikipedia* (abgerufen am 30.10.2023). Große Eile, zu wenig Tests – und dennoch riskiert man den Abwurf? Und dann läuft angeblich alles glatt? Come on! Das ist ja wie bei der Corona-»Impfung«! Und warum auch nicht: Das abstrakte Prinzip dahinter ist immer dasselbe: die Lüge. Es gebe »gute Gründe«, an Groves Geschichte zu zweifeln, so Palmer. Die Zusammensetzung des lokalen Fallouts deute darauf hin, dass er »nicht durch die Detonation einer U-235-Bombe verursacht wurde, sondern durch die Verbreitung von Reaktorabfällen« (S. 61). Wie bitte? Wurde bei der Bombardierung von Hiroshima also neben herkömmlichem Sprengstoff schlicht Atommüll mit abgeworfen? Geht's noch? Danke der Nachfrage. Tatsächlich hat das amerikanische Militär viele Pläne für derartige Fake-Operationen geschmiedet, eine davon ist die »Operation Northwoods« aus dem Jahr 1962, bei der zum Beispiel falsche Flugzeugtrümmer abgeworfen werden sollten, um einen Absturz vorzutäuschen.

Kein Anzeichen für Plutonium

In Nagasaki suchte man nach dem Krieg ebenfalls nach dem wichtigsten Bestandteil dieser Bombe, nämlich Plutonium. Aber Seversky konnte »keinerlei Anzeichen von radioaktivem Fallout« feststellen, so sein Biograf Libbey. Er befragte deshalb »Überlebende und sogar japanisches medizinisches Personal im Krankenhaus über die Strahlenkrankheit«, erhielt aber »keine direkte Bestätigung über das Vorhandensein von Radioaktivität oder von Opfern im Zusammenhang mit der Strahlung« (Libbey, a. a. O.). »Dieser Befund stimmt mit der Feststellung von Wissenschaftlern des ›Manhattan-Projekts‹ aus dem Jahr 1945 überein, dass die Reinigung von Plutonium zu dieser Zeit noch nicht beherrscht wurde«, so wiederum Palmer (S. 61). Das heißt: kein Uran 235 – keine Hiroshimabombe, kein Plutonium 239 – keine Nagasakibombe! In Nagasaki fand man erst ungefähr 2 Jahre später eine hohe Aktivität von Plutonium in den »Sedimenten eines Reservoirs in der Nähe der Stadt«, so Palmer (ebenda) – ziemlich genau der Zeitpunkt, an dem wirklich Bombenplutonium zur Verfügung gestanden haben soll. Eine Untersuchung dieser Sedimente zeige, »dass das Plutonium erst einige Zeit nach dem Bombenangriff in das Reservoir gelangte«. »Außerdem entspricht das Verhältnis von Plutonium zum Spaltprodukt 137Cs [Cäsium 137], das im fraglichen Sediment vorliegt, nicht der angeblichen Spaltausbeute der Nagasakibombe« (Palmer, S. 61). Auch dabei handelte es sich also wahrscheinlich um Reaktormüll.

Strahlen oder Senfgas?

Nun reicht's aber! Die damals Verletzten litten doch unter der »Strahlenkrankheit«: Hautblasen und -verbrennungen, Nekrosen, Übelkeit, Erbrechen, Haarausfall, DNA-Schäden, Krebs und Tod! Ja, schon – aber das von Seversky befragte Krankenhauspersonal wollte von Strahlenschäden nichts wissen! Und was Ihnen bisher wahrscheinlich niemand erzählt hat:

All diese Symptome treten auch bei der Anwendung anderer Kampfmittel auf, zum Beispiel von Senfgas. Besonders Verbrennungen, Nekrosen und Ablösungen der Haut, wie sie auf vielen Bildern aus Hiroshima und Nagasaki zu sehen waren. Hier ein Vergleich:

Strahlenkrankheit	**Senfgas**
Juckende Hautrötungen	Schmerzen der Haut
Blasen	Rötung und Blasenbildung
Geschwüre	Geschwüre und Eiterblasen
	Hautablösungen
	Ablösungen von Schleimhäuten
Haarausfall	Haarausfall
Nekrosen	Nekrosen
Sonstige Hautschäden	Abszesse
	Lungen- und Augenentzündungen
	Erblinden
Übelkeit	
Erbrechen	Dauererbrechen
Diarrhoe (Durchfall)	
Appetitlosigkeit	
Schwindel	Schwindel
Kopfschmerzen	
Benommenheit	
Störungen des Zentralnervensystems (Krampfanfälle, Tremor, Ataxie)	
Fieber	Fieber
Müdigkeit	
Unfruchtbarkeit (temporär bis dauerhaft)	
Krebs	Hautkrebs und Krebs

(Quellen: *Wikipedia*; U. S. Army Medical Research Institute of Chemical Defense; *Der Spiegel*, 11.03.1984 u. a.)

Es geht hier also nicht darum, auch nur ein Opfer der beiden Bombenangriffe zu »leugnen« oder auf die leichte Schulter zu nehmen – schließlich ist es nach dem in den »Volksverhetzungsparagrafen« 130 StGB neu eingefügten Absatz 5 strafbar, »in einer den öffentlichen Frieden gefährdenden Weise […] völkerstrafrechtliche Verbrechen zu billigen, zu leugnen oder gröblich zu verharmlosen«. Und das wollen wir dann auch mit amerikanischen Kriegsverbrechen nicht tun. Die Opfer wurden nur auf andere Weise verletzt und getötet, als bisher angenommen.

Napalm und Senfgas statt Strahlung

Kurz und gut: Der Mediziner geht davon aus, dass der Eindruck einer neuen Superwaffe in Hiroshima und Nagasaki durch eine Mischung aus herkömmlichen Bomben, Napalm, Senfgas und pyrotechnischen Effekten erreicht wurde. Deshalb lautet der Untertitel seines Buches *Hiroshima revidiert* auch *Die Beweise für Napalm und Senfgas anstatt Strahlung*. Die darin präsentierten Belege »reichen aus, um die Verwendung von Senfgas und Napalm zu beweisen und die nuklearen Detonationen zu widerlegen«, so Palmer (S. 24). Ihm zufolge wurde der »Atom-Bluff« von Hiroshima und Nagasaki erreicht durch:

- getürkte nukleare Detonationen, zum Beispiel durch Fotoblitzbomben – »vielleicht vom Typ AN-M46« (S. 11),
- die Zerstörung der Städte durch Brandbomben,
- die Verteilung von Reaktormüll, um »Fallout« zu erzeugen,
- gefälschte wissenschaftliche Studien über »Strahlenkrankheiten«,
- Verwendung von Senfgas zur Vortäuschung von »Strahlenkrankheit«: »Senfgas ahmt sowohl die akuten als auch die chronischen Auswirkungen von Strahlung auf den menschlichen Körper nach. Insbesondere schädigt Senfgas, wie auch Strahlung, das Knochenmark, die Haarfollikel und andere sich schnell vermehrende Gewebe; und diese Gemeinsamkeit hatte man schon damals gut verstanden [...]« (S. 15).

Nach dem Atombombenabwurf in Hiroshima wurden auch die Kinder überlebender Erwachsener untersucht. Denn man befürchtete, dass sich Schäden im Erbgut der Eltern weitervererben würden. Aber siehe da: »Viele Studien haben sich dieser Vererbung von Genschäden gewidmet. Aber in einer verhältnismäßig großen Gruppe von ungefähr 80 000 Kindern, bei denen mindestens ein Elternteil den Bombenabwurf überlebt hat, haben wir keinen signifikanten Zuwachs sehen können«, so der Biophysiker Evan B. Douple (Deutschlandfunk, online, 21.04.2011).
Dazu kommt, dass sich Strahlen- und Giftgasschäden gar nicht mehr sauber auseinanderhalten lassen, weil unser »Wissen« über die »Strahlenkrankheit« im Wesentlichen auf den Atombombenabwürfen von Hiroshima und Nagasaki beruht: »Das heutige Wissen über die gesundheit-

lichen Risiken ionisierender Strahlung basiert überwiegend auf den Beobachtungen an den Überlebenden der Atombombenabwürfe«, räumt auch das Bundesamt für Strahlenschutz sein (*bfs.de*: »Atombombenabwürfe auf Hiroshima und Nagasaki: Bedeutung für den Strahlenschutz«, o. D.). Haben wir möglicherweise überhaupt ein falsches Bild von der Wirkung radioaktiver Strahlung?

Der Atompilz, der keiner war

Halt! Aber der Atompilz! Auf Fotos und in Filmen haben wir doch alle mit Schrecken die Atompilze von Hiroshima und Nagasaki gesehen! Nicht unbedingt. Denn dabei sei »zu beachten, dass solche Pilzwolken nicht auf nukleare Detonationen beschränkt sind, sondern auch über Waldbränden oder brennenden Städten auftreten«. Tatsächlich habe »sogar die *New York Times* behauptet, dass die Pilzwolke über Hiroshima durch die Brände in der Stadt und nicht durch die Atomexplosion verursacht wurde« (Palmer, S. 11). Titel des damaligen Artikels: »The Hiroshima Mushroom Cloud That Wasn't« (zu Deutsch: »Die Hiroshima-Pilzwolke, die keine war«; *New York Times*, 23.05.2016). »Das eindrucksvolle Bild wird normalerweise als Atompilz identifiziert«, schrieb das Blatt damals zu dem entsprechenden Foto. Ausgerechnet »Nuklearexperten sagen jedoch, dass es in Wirklichkeit Rauchschwaden eines tobenden Feuersturms zeigt«. »Dies ist kein Atompilz«, zitierte die Zeitung Richard L. Garwin, einen bekannten Bombenkonstrukteur und langjährigen Berater Washingtons in Sachen Atomwaffen. »Kevin Roark, ein Sprecher des Waffenlabors Los Alamos in New Mexico, das die Hiroshimabombe, bekannt als *Little Boy*, hergestellt hat, sagte, das Bild zeige ›eine Rauchwolke aus den nachfolgenden Bränden‹.« Wenn sich viele Feuer zu einer großen brennenden Fläche vereinigen, kann sich in deren Mitte eine Art Kamin bilden, in dem der Rauch mit hoher Geschwindigkeit nach oben steigt. Der Kamin reicht mitunter bis weit hinauf in die Atmosphäre, wo er quasi an eine Decke stößt und sich ähnlich wie eine Ambosswolke zu einem »Pilz« verformt. »John Coster-Mullen, ein Experte für die Hiroshimabombe, schätzt den Zeitpunkt [der bekannten Pilzaufnahme] auf kurz vor Mittag – mehr als 3 Stunden nach dem Einschlag am Morgen des 6. August 1945.« Es ist also keine Explosionswolke. Dumm nur, dass dieses Bild der gesamten Welt als »Atompilz von Hiroshima« verkauft wird: »Das Erste, was ein Besucher im Hiroshima Peace Memorial Museum zu sehen bekommt, ist eine große Vergrößerung der gewaltigen Wolke«, so

die *New York Times* 2016. »Sie erstreckt sich vom Boden bis zur Decke. In der rechten unteren Ecke steht in regelmäßigen Abständen der Schriftzug ›Hiroshima (Atomic) strike‹. Das Museum vertreibt das Bild an Nachrichtenagenturen, welche die ursprüngliche Quelle des Fotos als die US-Armee angeben, die 1945 die Luftwaffe leitete. Kürzlich bezeichnete die Associated Press das Bild als Atompilz, ebenso wie eine Bildunterschrift zu einem Artikel in der *New York Times* […]. Auch in dem 1986 erschienenen Buch *The Making of the Atomic Bomb*, das mit dem Pulitzer-Preis ausgezeichnet wurde, wird das Bild als »Atompilz über Hiroshima« bezeichnet (*New York Times*, ebenda).
Es ist ja auch klar: Wo soll bei einer Atombombenexplosion denn auch eine Rauchwolke herkommen? Denn die Explosion ist ja, wenn überhaupt, kein Verbrennungsprozess von Kohlenstoff und Sauerstoff, sondern eine Kernspaltung. Um die Atombombe zu zünden, wird nur eine kleine herkömmliche Bombe verwendet. Aber auch dabei entsteht eigentlich kaum Brandrauch.

Gibt es etwa keine Atombomben?

Gibt es am Ende überhaupt keine Atombomben? Tja – schön wär's, nicht wahr? Palmer will so etwas nicht behaupten: »Da ich nur als Mediziner ausgebildet bin, werde ich mich der Beurteilung dieser weitreichenden Behauptung enthalten.« Aber tatsächlich gibt es Leute, die so weit gehen. Einer davon ist der schwedische Ingenieur Anders Björkman: »Mir wurde, wie Ihnen, in der Schule gesagt, dass Atomwaffen 1945 Menschen getötet haben. Beispiel Hiroshima und Nagasaki, Japan, 1945! Zwei von den USA hergestellte Atombomben wurden auf diese Städte abgeworfen! Die Städte und ihre Bürger wurden dann in zwei plötzlichen Blitzen vernichtet. Aber das ist nie passiert«, so Björkman, der 1 Million Dollar für denjenigen auslobte, der wissenschaftlich demonstrieren könnte, dass eine Atombombe funktioniert: »Die Städte wurden nur mit Napalm bombardiert, und die Menschen wurden durch Napalmfeuer getötet! Der Rest waren US-Märchen/-Propaganda […]. Ich habe […] die Atombomben-/Friedensmuseen in Nagasaki und Hiroshima besucht und dort später einige Überlebende bei der Arbeit getroffen. Ich fand heraus, dass ich von der Propaganda getäuscht worden war.« – »Dies ist das alte Gebäude der Bank von Japan in der Rijo-Dori-Straße in Kamiyacho, Naka-ku, Hiroshima, Japan, Oktober 2016«, so Björkman zu einem Foto. »Heute ist es eine Kunstgalerie. Es wurde in den 1930er-Jahren erbaut und überstand die Bombardierung im August 1945 praktisch unbeschädigt. Menschen, die sich zum Zeitpunkt der Explosion im Bürogebäude befanden, überlebten unverletzt!« (*heiwaco.tripod.com*)

Atombomben sind sicher

Viel später, 1999, habe er eine Person getroffen, »deren Vater Stalin geholfen hatte, den US-Schwindel zu kopieren und 1949 eine gefälschte Atombombe der UdSSR zu zünden. Es war ein weiteres Märchen.« Seit 1946 »wurden 10 000 Atombomben gebaut, transportiert, falsch gehandhabt, versehentlich abgeworfen, aber keine ist je explodiert«: »Der Grund dafür ist, dass eine Atombombe nicht explodieren kann (explosive fission/ explosive Kernspaltung). Das ist physikalisch unmöglich.« Ein möglicher Grund: Einmal in Gang gesetzt, würde die explosive Kettenreaktion sofort aufhören, da die kritische Masse im selben Moment auseinanderfliegen und zur subkritischen Masse werden würde. Die gute Nachricht laut Björkman: »Atomwaffen sind daher sehr sicher! Sie können niemandem schaden.« Anlass für Fragen gibt es genug – zum Beispiel das alte Schwarz-Weiß-Filmchen, in dem ein Haus plötzlich zu qualmen beginnt und anschließend auseinanderfliegt. Die Frage ist nur: Wie hat die in der Nähe positionierte Kamera die Atomexplosion überstanden? Angeblich wurden die Beobachtungskameras zwar auf speziellen Türmen platziert – aber warum zeigt die Kamera keine nennenswerte Erschütterung? Denn wie stabil der Turm auch immer gebaut sein mag: Aufgrund der seismischen Erschütterungen müsste der Turm auf jeden Fall »mitwackeln« (siehe: »Teapot Apple 2 Cue houses atomic bomb effects«, YouTube, 30.11.2014).

Björkman: Der »alte Schwindel vom 6. August 1945 wird natürlich immer noch von mehreren Regierungen, verrückten Streitkräften und vielen Physikern, einschließlich Nobelpreisträgern, die keinen besseren Job bekommen können, als für ihre Regierungen zu lügen, am Leben erhalten – der einzige richtige Job, den viele Physiker bekommen können, von Lehrern und Experten für die Mainstream-Medien einmal abgesehen, die Experten in der Veröffentlichung falscher Informationen sind« (*https://fstdt.com/J2C5*). Björkman ist nicht allein, denn da gibt es noch einen gewissen Akio Nakatani, der ein Buch mit dem Titel *Death Object – Exploding the Nuclear Weapons Hoax* (zu Deutsch: »Objekt des Todes – die Zerstörung des Atomwaffenschwindels«, 2017) geschrieben hat: »Dieses Buch geht der Behauptung nach, dass Atomwaffen nicht funktionieren, dass sie ein großangelegter Schwindel sind. Ich nenne diesen Schwindel den ›Fake Nuke Feint‹ (die nukleare Finte).« Nakatani »kommt zu dem Schluss, dass Atombomben prinzipiell unmöglich sind. Er legt in der Tat reichlich Beweise dafür vor, dass die systematischen Fälschungen weit über Hiroshima und Nagasaki hinausgehen«, so Palmer (S. 3).

Durch Täuschung sollst du Krieg führen

Sind also zumindest die Atombomben von Hiroshima und Nagasaki ein Riesenschwindel, etwa vom Kaliber der Mondlandung? Gut möglich. Denn wie heißt es doch so schön: »Die gesamte Kriegsführung beruht auf Täuschung«, so der chinesische General, Stratege und Philosoph Sun Tzu. Spätestens seitdem sind Finten, Tricks und Lügen fester Bestandteil jeder Kriegsführung. Da sie meistens nichts oder sehr wenig kosten, sind Täuschungen eine der wichtigsten Waffen des Krieges, angefangen bei Pappkameraden und Holzkanonen bis hin zu ganzen Armeen aus Plastikpanzern und Aufblasflugzeugen – und heutzutage natürlich Filmen und Videos. Ja, Filmchen und Videos sind eine der wirksamsten Kriegswaffen überhaupt. Zusammengenommen reichen die Erkenntnisse aus, »um die offizielle Geschichte der Atombomben [von 1945] eindeutig zurückzuweisen«, so Palmer (S. 61). Aber was war der genaue Zweck der vorgetäuschten Atombomben von 1945? Wer oder was war das eigentliche Ziel?

- Japan? Nein: Das Kaiserreich lag ohnehin schon am Boden und »war schon lange vorher bereit gewesen, zu kapitulieren«, so Palmer.
- Die UdSSR und Stalin? Nein: Ein solcher Plan hätte nicht funktioniert, und Stalin hätte sich auch gar nicht einschüchtern lassen.

Aber wer dann? »Wir schlagen vor, dass die vorgetäuschten Atombomben Akte von Staatsterrorismus waren, die sich gegen die internationale Öffentlichkeit richteten: Die allgemeine Angst vor einem drohenden Atomkrieg sollte die Menschen dazu veranlassen, freiwillig ihre nationale Souveränität aufzugeben und sich einer Weltregierung zu unterwerfen« (Palmer, S. 337). Das im Jahr 1946 von Dexter Masters und Katharine Way herausgegebene Buch *One World Or None: A Report to the Public on the Full Meaning of the Atomic Bomb* (zu Deutsch: »Eine Welt oder keine: ein Bericht an die Öffentlichkeit zur vollen Bedeutung der Atombombe«) bringt dies genau auf den Punkt. Und tatsächlich: Die Bilder der

Atompilze haben sich fest in unsere Gehirne eingebrannt. Die Atommächte entfalteten einen beispiellosen Psychoterror gegen die Bevölkerung und hängten eine Glocke aus Angst über den Globus. Über Seuchen, Kriegen, Krankheiten und Umweltgiften steht seither die Furcht vor der Atombombe. Jahrzehntelang dienten die sogenannten Atombomben von Hiroshima und Nagasaki der Traumatisierung, Disziplinierung und Steuerung der Menschheit. Die Atombombe ist die große Angstklammer, welche die Menschheit vereint: die zynische Drohung, sie mit einigen Blitzen zu vernichten. Und noch etwas: Ob es die Atombombe heutzutage nun gibt oder nicht gibt, ist gar nicht so wichtig. Denn noch mächtiger als die Bombe sind die Medien, die sie immer wieder zum Leben erwecken. Um Angst zu verbreiten, braucht die Atombombe die Medien – aber die Medien brauchen die Atombombe nicht. Oder allgemeiner gesagt: Die Realität braucht die Medien, um sich zu verbreiten, aber die Medien brauchen die Realität nicht – wie sie immer wieder Tag für Tag unter Beweis stellen …

18. August
Klima: der Krieg gegen die Sonne

Sollen wir »mit Geoengineering die Sonne verdunkeln, um die Eisschmelze zu stoppen?«, fragt an diesem Tag der MDR. Keine Frage – Teile der Wissenschaft sind endgültig übergeschnappt und halten sich für göttlich. Arrogant nennen sie das Ganze »Solar Radiation Management«, »Geoengineering« oder gar »Terraforming«. Aber in der sogenannten »Wissenschaft« kursiert ohnehin der Irrsinn. Zum Beispiel auch die Idee, das pflanzliche Nahrungsgas Kohlendioxid (CO_2) in Kavernen unter der Erde zu bunkern, wo es erst auf schädliche Weise konzentriert werden würde. Die Dosis macht bekanntlich das Gift: Beträgt der CO_2-Anteil innerhalb der Atmosphäre nur harmlose vier Zehntausendstel, kann eine reine CO_2-Blase, wenn sie undicht würde, hingegen rundherum alles menschliche und tierische Leben vernichten. Davon, dass CO_2 – ich schrieb es bereits – in niedrigen Konzentrationen ein natürliches Nahrungsgas für die Pflanzenwelt ist, einmal ganz abgesehen. Aber dass natürliche und nützliche Geschenke und Ressourcen der Natur für schädlich erklärt werden, hat ja System. Und nun ist also die Sonne dran. Die kann es dem Menschen plötzlich gar nicht mehr recht machen: Sie erzeugt Ozon, heizt den Planeten auf, verbrennt die Haut, dörrt unsere Böden aus (»Dürre«)

und bringt Menschen durch hohe Temperaturen um die Ecke (»Hitzetod«). Und die »Sonnenvergiftung« nicht zu vergessen – die im Juni 2023 ganz frisch aus der Taufe gehoben wurde: »Orla McGlynn aus England war mit ihren Freundinnen für ein langes Wochenende in Cornwall. Dabei hat sie vergessen, Sonnenschutz aufzutragen und bekommt prompt die Quittung« (*stern.de*, 08.06.2023). Natürlich ist das reinster Humbug, mit dem lediglich ein neuer beängstigender Begriff auf die Sonne angewendet werden soll. Von einer Vergiftung kann gar keine Rede sein – denn davon spricht man nur, wenn toxische Stoffe vom Körper aufgenommen werden. Die von den Medien beschriebenen Symptome dieser »Sonnenvergiftung« (Blasenbildung, schmerzende Rötungen u. a.) repräsentieren denn auch etwas Altbekanntes – nämlich einen Sonnenbrand. Und tatsächlich räumte das auch die Frauenzeitschrift *Brigitte* ein: »Eine Sonnenvergiftung ist eine besonders starke Form von Sonnenbrand, bei dem nicht nur die Haut betroffen ist: Auch Kopfschmerzen, Fieber, Übelkeit und viele weitere Beschwerden können zusätzlich zu Schwellungen oder auch Blasen auf der Haut auftreten« (online, 26.06.2023).

Staubkanone auf dem Mond?

Kein Zweifel: Die Sonne entwickelt sich zum Staatsfeind Nummer 1. Für uns moderne Menschen ist unser Zentralstern »zum bösen Dämon mutiert, der unsere Gesundheit bedroht«, so der »Sonnenprofessor« Jörg Spitz. Um diesen Dämon zu bekämpfen, soll nun Hand an das Zentralgestirn gelegt werden. Zwar nicht vor Ort, denn dorthin könnte der menschliche Wicht niemals reisen. Aber hier auf der Erde könnte man doch einiges unternehmen, um die teuflischen Strahlen zu »dimmen«, lautet eine Vorstellung. So könnte eine gigantische Kanone vom Mond aus Staub ins All schießen: »Mit dieser Technik könnte die Menschheit den Klimawandel bekämpfen, glauben Wissenschaftler. Mehr Science-Fiction geht kaum«, erkannte sogar *Der Spiegel* (09.02.2023). Denn auch eine solche Kanone übersteigt die Möglichkeiten des Menschen bei Weitem. Wieder andere Forscher wollen im All riesengroße Sonnenschirme aufspannen oder mit Raketen allerlei Partikel in die Atmosphäre schießen, die das Sonnenlicht ins All reflektieren sollen. Doch das sind alles Ablenkungsmanöver. Denn in Wirklichkeit hat der Krieg gegen die Sonne womöglich schon längst begonnen – und zwar mit Chemtrails (Chemiestreifen). Dabei geht es um Substanzen, die offenbar aus Flugzeugen versprüht werden und im Laufe eines Tages erst geometrische Muster und schließlich einen breiten Wolkenschirm im Himmel aufspannen. Aus strahlendem Sonnenschein wird so im Verlauf von Stunden ein bedeckter Himmel – und aus einem heißen wird ein schwüler bis kühler Sommertag, mit entsprechenden Auswirkungen auf die Landwirtschaft. Wer es nicht glaubt, möge die sogenannten Kondensstreifen einmal beobachten.

Warum Chemtrails keine Abgase sind

Angeblich hat deren auffällige Beständigkeit mit »hoher Luftfeuchtigkeit« zu tun (*Spektrum.de*, 13.07.2020). »Umso feuchter die Luft dabei ist, umso länger halten sich die Kondensstreifen am Himmel. Ist die Luft trocken, umso schneller lösen sie sich wieder auf«, erläutert auch die Bundeswehr (*bundeswehr.de*, 15.08.2022). Womit aber nicht erklärt wird, warum die weißen Streifen mitunter mitten im Flug plötzlich abbrechen, obwohl das Triebwerk offensichtlich weiterläuft und das Flugzeug weiterfliegt, während andere Maschinen in der Nähe weiterhin weiße Streifen produzieren – also bei gleicher Luftfeuchtigkeit. Ich selbst habe schon gesehen, wie ein weißer Streifen plötzlich aufhörte und stattdessen nur noch eine grau-schwarze Abgasschleppe übrig blieb. Abgase und weiße Streifen waren also nicht identisch. Was bedeutet, dass die Maschine bis zu diesem Zeitpunkt irgendetwas emittiert haben muss und es sich bei den zählebigen Steifen offenbar um einen intentionalen Artefakt handelte. »Chemisch erzeugte Flugzeugkondensstreifen unterscheiden sich von ›normalen‹ Kondensstreifen unter anderem auch dadurch, dass sie nicht selten recht abrupt beginnen beziehungsweise abbrechen«, schreibt auch die Website *chemtrails-info.de*. Sogar aus anderen Cockpits wurden diese Sprühaktionen schon gefilmt (*The insider*: »Chemtrails KC-10 sprayer air to air – The proof«, YouTube, 17.07.2010).

Dass dies keine Einbildung ist, zeigen entsprechende Pläne. An vorderster Front kämpft heutzutage wieder einmal unser »Philanthrop« Bill Gates, der immer dabei ist, wenn es darum geht, der Menschheit zu schaden und seinem Portfolio zu nützen. »Für Bill Gates ist die Sonne das Problem«, schreibt *Global* – das *Magazin für eine nachhaltige Zukunft*. »Der Microsoft-Gründer unterstützt finanziell die Entwicklung einer Technologie zur Verdunkelung der Sonne, die das Sonnenlicht aus der Erdatmosphäre zurückreflektieren und so eine globale Abkühlung bewirken soll.« Also genau das, was Chemtrails bereits jetzt tun. Im Juni 2021 ließ er in der Nähe der schwedischen Stadt Kiruna deshalb einen Ballon steigen – mit »wissenschaftlicher Ausrüstung«. »Der Start sollte noch keine Aerosole in die Stratosphäre freisetzen, sondern als Test dienen, um zu manövrieren und Kommunikations- und Betriebssysteme zu untersuchen. Bei Erfolg könnte dies eine zweite Versuchsphase einläuten, bei der erste kleine Mengen an $CaCO_3$-Staub in die Atmosphäre abgegeben werden« (*globalmagazin.com*, online, 31.01.2021). Man wird die Sonne schon noch kleinkriegen. Wo sind denn da eigentlich unsere »Umweltschützer«, die bereits jedes Kilogramm des Naturgases CO_2 in Rage versetzen kann? Ach: Die werden auch von Gates bezahlt? Oder von anderen »Philanthropen«? Na dann …

Ein logischer Gott der Menschheit

Ganz nebenbei wird damit auch die Nutzung der Solarenergie infrage gestellt. Denn die Verdunkelung der Sonne senkt natürlich die ohnehin bescheidene Ausbeute von Photovoltaikanlagen. Womit erneut klar wird, dass die globalen Eliten einen Kampf gegen die Menschheit führen: Wenn derselbe Mensch, der seine Ländereien mit Solaranlagen zupflastert (*The Columbus Dispatch*, online, 27.01.2023), gleichzeitig die Sonne verdunkeln will, dann geht es ihm gar nicht um Energiegewinnung, sondern wahrscheinlich darum, möglichst viel landwirtschaftliche Fläche zu vernichten. Dass dazu auch der Krieg gegen die Sonne gehört, ist zwar konsequent, war bisher allerdings nur wenigen klar – und wie tiefgreifend das Ganze ist, ebenso wenig. Der Krieg gegen die Sonne ist nicht irgendetwas, sondern er ist auch ein weltanschaulicher und spiritueller Krieg, der nicht etwa neu ist und nicht erst von Gates erfunden wurde, sondern der seit Tausenden von Jahren andauert. Denn die Sonne ist die zentrale Energiequelle, ohne die es kein Leben gäbe. Bereits der Stoffwechsel der ersten Zelle wäre ohne unser Zentralgestirn nicht entstanden. Kurz: Der Mensch lebte schon von und mit der Sonne, als er noch gar kein Mensch war. Dass sich das Leben auf der Erde in Milliarden von Jahren an unseren Zentralstern angepasst hätte, wäre demnach untertrieben. Sondern der Zentralstern hat das Leben erst geschaffen. »Ohne Sonne gäbe es kein Leben auf der Erde«, schreibt der »Sonnenprofessor« Jörg Spitz in seinem Buch *Krebszellen mögen keine Sonne*. Genau genommen ist die Sonne die Mutter aller lebendigen Dinge – und damit ein logischer Gott der Menschheit. Das Leben und der Mensch repräsentieren einen genauen »Fingerabdruck« der Sonne. Ohne sie gäbe es nichts außer Wüsten und gefrorenem Wasser (deren/dessen Ursprung sich freilich nicht so leicht erklären lässt). Wie heißt es doch so schön: »Am Anfang schuf Gott

Himmel und Erde. Und die Erde war wüst und leer, und Finsternis lag auf der Tiefe; und der Geist Gottes schwebte über dem Wasser« (*Lutherbibel*, 2017, 1. Mose 1). Tja, und so wäre das wohl auch geblieben, wenn da nicht die Sonne gewesen wäre.

Das Coypright an Tag und Nacht

Blödsinn: Gott hat das Licht doch einfach angemacht! »Es werde Licht!«, hat er gesagt. »Und es ward Licht.« Klick. Gut – Letzteres hat er nicht gesagt, aber woher hätte das Licht denn kommen sollen? Fragen Sie nicht so viel – denn: »Gott sah, dass das Licht gut war.« Eben. Von der Sonne ist dabei nicht die Rede, sondern das Licht wird in der *Bibel* von der Sonne getrennt. Aber Gott »klaute« der Sonne nicht nur das Licht, sondern auch das Copyright an Tag und Nacht: »Da schied Gott das Licht von der Finsternis und nannte das Licht Tag und die Finsternis Nacht.« Zwar wirkt das Ganze an dieser Stelle etwas unausgegoren, denn wenige Worte später ist es nicht Gott, sondern plötzlich doch die Sonne, die Tag und Nacht »scheidet«: »Und Gott sprach: Es werden Lichter an der Feste des Himmels, die da scheiden Tag und Nacht. Sie seien Zeichen für Zeiten, Tage und Jahre.« Obschon dies ein eklatanter Widerspruch ist, verschwindet die Sonne nun zwischen irgendwelchen von Gott geschaffenen »Lichtern«, die da irgendwie am Firmament herumfunzeln und »Tag und Nacht scheiden«. In Wirklichkeit scheidet und schafft aber nur ein »Licht« Tag und Nacht, nämlich die Sonne. Auch der Mond wird von der Sonne beleuchtet, und die Sterne sieht man nur, weil die Sonne nachts nicht scheint. Die Sonne, die in Wirklichkeit Jahre und Tage schafft, wird in der *Bibel* zum bloßen »Zeichen«, also zu einer Art Uhr degradiert, die Tage und Jahre anzeigt. »Und Gott machte zwei große Lichter«, heißt es, »ein großes Licht, das den Tag regiere, und ein kleines Licht, das die Nacht regiere, dazu auch die Sterne.« Das Problem ist nur, dass Mond und Sonne nur eine einzige Lichtquelle sind, denn das Licht stammt ja von der Sonne. Aber wozu schuf er eigentlich diese »Beleuchtungen«, wo er das Licht zu Beginn doch unabhängig von der Sonne einfach hergezaubert hatte? Egal: Und Gott setzte die Lichter »an die Feste des Himmels, dass sie schienen auf die Erde« (alles ebenda).

Zwischen Ostern und dem Ostpunkt

Aber nicht nur das: Die wichtigsten christlichen Feiertage wurden auf Sonnenfeste gelegt. Weihnachten ist eigentlich die Wintersonnenwende: »Vielerorts wurden an diesem Tag Sonnengötter verehrt«, so die Wissenschaftsseite *spektrum.de* (18.04.2003). Was zwar logisch ist, aber gar nicht sein durfte, sodass »bereits um 217 n. Chr. der Papst Hyppolit gegen die heidnischen Kulte anzukämpfen versuchte und den Feiertag der Geburt Christi auf den 25. Dezember legte. Es dauerte jedoch noch mehr als 150 Jahre, bis Kaiser Theodosius im Jahr 381 während des Zweiten Konzils in Konstantinopel Weihnachten auch offiziell auf diesen Tag legte« (*spektrum.de*, ebenda). Auch Ostern, angeblich Kreuzigung und Wiederauferstehung Christi, habe »seinen Ursprung in einem Sonnenfest. Das Wort ›Ostern‹ geht zurück auf den Ostpunkt, an dem die Sonne zu Frühlingsanfang aufgeht« (*planet-wissen.de*, 17.01.2018). Und: »In der christlichen Lehre leitet sich das Wort ›Ostern‹ von Osten ab« (»Ostern – Ursprung, Ablauf und Gebräuche«, ntv, online, 03.04.2023).

Die gekaperte Schöpfung

Man ertappt die *Bibel* hier also in flagranti, wie sie die Schöpfung auf den Kopf stellt, der Sonne ihre Schöpfungskraft abspricht und sie durch einen imaginierten Gott ersetzt. Der ist ein großer Magier, der alles Leben qua Befehl schafft. »Und Gott sprach: Es wimmle das Wasser von lebendigem Getier, und Vögel sollen fliegen auf Erden unter der Feste des Himmels. Und Gott schuf große Seeungeheuer und alles Getier, das da lebt und webt, davon das Wasser wimmelt, ein jedes nach seiner Art, und alle gefiederten Vögel, einen jeden nach seiner Art. Und Gott sah, dass es gut war« (ebenda). Als Schöpfungskraft kommt die Sonne in der Genesis-Geschichte nicht vor: sie wird regelrecht versteckt und an den Rand gedrängt. Warum? Ganz einfach: Weil der damals neue Gott des Alten Testaments die Schöpfung kaperte und dabei keine Konkurrenz gebrauchen konnte. Genau deshalb wurde die Genesis geschrieben, wie sie geschrieben ist: So wird die Bedeutung der Sonne an dieser Stelle einfach verschwiegen und ihre wahre Rolle verheimlicht. Aber natürlich ist es schwierig, eine solch mächtige »Göttin« einfach wegzuleugnen und durch ein Phantom (»Geist über dem Wasser«) zu ersetzen, das die Welt durch Magie erschafft. Denn »Es werde Licht!« ist ja nichts weiter als ein Zauberspruch. Wenn sich ein Lebensschöpfer anschaulich machen ließe, dann aber nur in Gestalt der Sonne. Weil die Menschen das schon immer wussten, hatten sich früher viele Religionen auf der Sonne begründet.

Die einzig universelle Religion

Im Alten Ägypten reiste der Sonnengott Ra in seiner Sonnenbarke über das Firmament. Im dänischen Trundholm fand man 1902 die Bronzeskulptur eines von einem Pferd gezogenen Sonnenwagens aus der Bronzezeit. Die alten Griechen verehrten den Sonnengott Helios, während die Römer Sol Invictus huldigten: der unbesiegbaren Sonne. »Die Inkas verehrten von Anbeginn ihrer Zeitrechnung an, lange schon vor Entstehung des Inka-Reiches, die Sonne. Bis zu[m] Beginn des 15. Jahrhunderts unter dem neunten Inka Hatun Topa kann man die Inka-Religion beziehungsweise die Inka-Kultur auch als Sonnenreligion oder Sonnenkult bezeichnen« (*Inka-World*, online, »Vom Sonnenkult zum metaphysischen Gott«, o. D.). »Die einzige wahrhaftig universelle Religion ist die Sonnenreligion«, schrieb der bulgarische Psychologe und Philosoph Omraam Mikhaël Aïvanhov, »denn nur die Sprache der Sonne ist eine universelle Sprache, die alle Wesen verstehen, nämlich die des Lichts, der Wärme und des Lebens, die sie unerschöpflich auf alle Räume und Wesen verteilt. Wenn das Licht der Sonnenreligion den Geist der Menschen durchdringt, wird die gesamte Organisation des Lebens universell. Es wird keine Trennungen, keine Grenzen und keine Kriege mehr geben« (Omraam Mikhaël Aïvanhov: *Die neue Religion. Eine universelle Sonnenreligion*, Band 1 und 2, 2005). Das Licht gilt seit jeher als Metapher für Weisheit und das Wahre, Schöne, Gute, während die Finsternis für das Böse und den Teufel steht. Die Sonne als Quelle des Lichts und der Schöpfung zu leugnen und Leben, Licht und Schöpfung einem imaginierten Gott zuzuschreiben, war die zentrale Leistung der jüdisch-christlichen Religion.

Wie der Sonne die Schöpfung gestohlen wurde

Während sich der neue Gott oder »Gottes Geist« schwer dingfest machen lässt, ist die Sonne der einzige Schöpfer und Urvater beziehungsweise die Urmutter des Lebens, den/die wir ganz konkret erfahren und bei seiner/ihrer Schöpfungsarbeit beobachten können. Denn die Sonne ist ja weit mehr als Licht, also mehr als ein bloßer Scheinwerfer. Das sichtbare Licht ist nur ein Teil ihres Spektrums. Vielmehr versorgt sie die Erde mit jener

Energie, ohne die kein Leben möglich wäre. Und das ist für jeden konkret erfahrbar, zum Beispiel wenn das Getreide auf dem Feld wächst. Woraus sich auch ergibt, dass uns dieser »Gott« – beziehungsweise diese »Göttin« – ganz konkret ernährt. Mithilfe des Sonnenlichts produzieren Pflanzen aus CO_2 (!) unser Grundnahrungsmittel Kohlehydrate. Aber auch dieses Verdienst nimmt die *Bibel* der Sonne weg: »Und Gott sprach: Es lasse die Erde aufgehen Gras und Kraut, das Samen bringe, und fruchtbare Bäume, die ein jeder nach seiner Art Früchte tragen, in denen ihr Same ist auf der Erde. Und es geschah so.« Hier wird also statt der Sonne der Phantom-Gott als unser Ernährer vorgestellt: »Sehet da, ich habe euch gegeben alle Pflanzen, die Samen bringen, auf der ganzen Erde, und alle Bäume mit Früchten, die Samen bringen, zu eurer Speise«, rühmt er sich (ebenda).

Todesstrafe für Sonnenanbeter

So kann man also Schritt für Schritt nachvollziehen, wie der Sonne die Schöpfung des Lebens »gestohlen« wurde. Ja, über Sonnenanbeter wurde gar die Todesstrafe verhängt: »Wenn in deiner Mitte, in einer deiner Städte, die dir der Herr, dein Gott, geben wird, jemand gefunden wird, Mann oder Frau, der da tut, was dem Herrn, deinem Gott, missfällt, dass er seinen Bund übertritt und hingeht und dient andern Göttern und betet sie an, es sei Sonne oder Mond oder das ganze Heer des Himmels, was ich nicht geboten habe, und es wird dir angezeigt und du hörst es, so sollst du gründlich danach forschen. Und wenn du findest, dass es gewiss wahr ist, dass solch ein Gräuel in Israel geschehen ist, so sollst du den Mann oder die Frau, die eine solche Übeltat begangen haben, zum Tor hinausführen und sollst sie zu Tode steinigen« (5. Mose 17, 5). »Hebe auch nicht deine Augen auf zum Himmel«, heißt es weiter, »dass du die Sonne sehest und den Mond und die Sterne, das ganze Heer des Himmels, und fallest ab und betest sie an und dienest denen, die der Herr, dein Gott, zugewiesen hat allen Völkern unter dem ganzen Himmel« (5. Mose 4, 19). Die *Bibel* berichtet auch, wie die Sonnenreligion abgeschafft wurde: Joschia, König von Juda (640–609 v. Chr.), »tat, was dem Herrn wohlgefiel [...]. Und er schaffte die Rosse ab, die die Könige von Juda für die Sonne aufgestellt hatten [...], und die Wagen der Sonne verbrannte er mit Feuer« (2. Könige 23:11). »Und er setzte die Götzenpriester ab, die die Könige von Juda eingesetzt hatten, um auf den Höhen zu opfern in den Städten Judas und um Jerusalem her; auch die dem Baal geräuchert hatten, der Sonne und dem Mond und den Planeten und allem Heer am Himmel« (ebenda). Anstelle der Sonne setzte Gott sich selbst: »Ich will lieber die Tür hüten in meines Gottes Hause, als wohnen in den Zelten der Frevler. Denn Gott der Herr ist Sonne und Schild«, heißt es in einem Psalm (Psalm 84). Oder hier: »Die Sonne soll nicht mehr dein Licht sein am Tage, und der Glanz des Mondes soll dir nicht mehr leuchten, sondern der Herr wird dein ewiges Licht und dein Gott wird dein Glanz sein« (Jesaia 60).

Schlagt alle tot!

Eines Tages spazierte Gott schließlich mit Hesekiel zu einem Tempel, »und siehe, vor dem Eingang zum Tempel des Herrn, zwischen der Vorhalle und dem Altar, standen etwa fünfundzwanzig Männer, die ihren Rücken gegen den Tempel des Herrn und ihr Gesicht gegen Osten gewendet hatten, und beteten gegen Osten die Sonne an. Und er sprach zu mir: Menschenkind, siehst du das? Ist es dem Hause Juda nicht genug, diese Gräuel hier zu treiben, dass sie auch sonst das ganze Land mit Gewalttat erfüllen und mich immer wieder reizen? [...] Darum will ich auch mit Grimm an ihnen handeln, und mein Auge soll ohne Mitleid auf sie blicken, und ich will nicht gnädig sein [...]. Zu den andern Männern aber sprach er, sodass ich es hörte: Geht ihm nach durch die Stadt und schlagt drein; eure Augen sollen ohne Mitleid blicken und nicht verschonen. Erschlagt Alte, Jünglinge, Jungfrauen, Kinder und Frauen, schlagt alle tot [...]« (Hesekiel 9:6).

Das Streben nach globaler Dominanz

So wurde den Israeliten die Sonne blutig ausgetrieben und stattdessen ein monomaner Phantom-Gott vor die Nase gesetzt. Denn die Entthronung der realen Sonne war die erste Voraussetzung zur Erringung der Weltherrschaft durch einen autoritären Zentralgott, der von einer Priesterkaste in die Gehirne der Menschheit projiziert werden kann. »In den monotheistischen Erlöserreligionen, im Judentum und besonders im Christentum« sei die Sonne »als Besonderheit«, zwar »nicht verloren gegangen«, so der inzwischen verstorbene Professor Ernst G. Jung von der Universität Heidelberg. Aber: »Sie stellt keinen eigenständigen Gott mehr dar. Vielmehr wird sie von dem unpersönlichen, nicht sichtbaren und zeitlosen Gott abgelöst und sie ist, wie fast alles, was das Christentum von früheren

Religionen übernommen hat, in seinen Dienst genommen und zum Lobe Gottes eingesetzt worden.« Genau – und zwar als Uhr und als Lampe. »Die ›allein selig machende‹ christliche Kirche etabliert sich mit dem Papst in der Nachfolge Petri in Rom und strebt, getragen vom Missionsauftrag, nach globaler Dominanz« (Ernst G. Jung [Hg.]: *Haut: Kultur und Geschichte*, heiBOOKS, Heidelberg 2020). Eben. Denn zunächst musste die Macht von der Sonne getrennt und auf den phantomhaften Gott übertragen werden. Da dieser die Macht natürlich nicht ausüben konnte, musste sie von »Stellvertretern Gottes auf Erden« vollzogen werden, nämlich den Päpsten in Rom – also Menschen, die diesen Gott zwar behaupten, aber (anders als die Sonne) nicht vorzeigen konnten. Ihre Hauptaufgabe besteht in der Projektion Gottes und Jesu in die Köpfe der Gläubigen.

Der wunde Punkt der christlichen Religion

Genau das ist der zentrale wunde Punkt der jüdisch-christlichen Religion und die Ursache, warum sich die Kirche jahrhundertelang sperrte, die Sonne zumindest als Zentralgestirn des Sonnensystems anzuerkennen. Denn das ist ja – neben ihrer Schöpferkraft – die zweite göttliche Eigenschaft der Sonne: dass sich unser Sonnensystem – Planeten, Monde, Asteroiden – um sie dreht. Und das bedeutet, dass die Sonne die Erde auch in ihrem Strahlenfeld festhält – ansonsten würde sie als kalter, wüster Planet durchs All taumeln. »In seinem Todesjahr veröffentlicht Nikolaus Kopernikus (1473–1543) aufgrund von Beobachtungen und Messungen ein ›heliozentrisches‹ Weltsystem, welches das geozentrische ptolemäische System ablöste (Kopernikanische Wende). Allerdings wurde die Arbeit zunächst als Denkmodell abgetan, bis 1632 Galileo Galilei […] der heliozentrischen Ansicht zum Durchbruch verhalf«, so Professor Jung. »Ursprünglich genehmigt, wurde das Werk noch im selben Jahr von der katholischen Kirche wieder verboten und Galilei von der Inquisition 1633 zum Widerruf gezwungen.« Doch das waren Rückzugsgefechte. Denn in der Zeit zwischen Kopernikus und Galileo wurde das Teleskop erfunden. Die Erforschung des Sonnensystems war nicht mehr aufzuhalten, »obschon die katholische Kirche noch bis zum ersten Drittel des 18. Jahrhunderts brauchte, um die naturwissenschaftlichen Tatsachen zu akzeptieren« (Jung, ebenda). Eben – denn die Entmachtung der Sonne war ja eine wichtige Voraussetzung für die Entstehung der jüdischen Religion und des Christentums.

Von Beginn der christlich-jüdischen Religion an wurden die Sonnenkulte also bekämpft und als »Heidentum« verunglimpft – und diese Feindschaft dauert bis heute an. Mit Feuereifer wird daran gearbeitet, einen Keil zwischen den Menschen und die Sonne zu treiben, sie quasi als lästige Naturerscheinung zu betrachten, vor der man sich hüten muss wie vor Brennnesseln, Zecken und Stechmücken. Die schöpferische und heilende Sonne sei für den Hitzetod genauso verantwortlich wie für das bodennahe Ozon und die Dürre und wird als Krebsursache denunziert – also als Ursache von allerlei Plagen. Dahinter steht das allgegenwärtige Motto: Haltet euch fern von allem, was euch guttut …

23. August
Indien: *Muppet Show* auf dem Mond

Nach längerer Zeit sehe ich heute wieder mal die *Muppet Show* im Fernsehen. Wie: Die kennen Sie nicht? Nun, die *Muppet Show* war so eine Art amerikanisches Puppentheater: Mit Kermit, dem Frosch, als Hauptfigur und Conférencier, der in einem Theater voll anderer Figuren durch eine bunte Puppenshow führte, in der es jedes Mal auch einen menschlichen Stargast gab. Eigentlich dachte ich, das wäre pure Nostalgie, denn zum letzten Mal wurde die Show 1982 in Deutschland ausgestrahlt. Aber was soll ich sagen: Inzwischen scheint es einen Relaunch gegeben zu haben, denn an diesem Tag war der indische Premierminister Narendra Modi Stargast in der *Muppet Show* – und der ist erst seit 2014 im Amt. Jedenfalls saß Modi da vor der Kamera und machte gute Miene zu einem lustigen Spiel. Denn vor seinen Augen flog ein typisches *Muppet*-Raumschiff durchs All, um kurz darauf angeblich auf der Oberfläche des Mondes zu landen. *Chandrayaan-3*, so der Name des indischen *Muppet*-Vehikels, war ein kleiner knallgelber Zuckerhut mit vier Füßchen dran, der sich sehr possierlich einer Art Mondoberfläche näherte.

Eine Grafik aus der Playstation?

»Indien versuchte, eine Mondlandung mithilfe der Grafik einer Playstation 1 zu fälschen«, folgerten Kritiker prompt. »Das ist alles, was sie hier wirklich erreichten. Es sieht buchstäblich aus wie *Space Invaders* [ein primitives Videospiel] aus der Zeit, als wir Kinder waren« (»India

Moon Landing Hoax«, BitChute, 27.08.2023). Auch fossile Videospielgeräte wie Nintendo und Atari wurden angeführt. »Das Beste, was wir im Jahr 2023 bekommen können, ist ein unbemanntes Cartoon-Raumschiff, das angeblich auf der Oberfläche landet«, schrieb ein anderer Kritiker. »Die gefälschte Landung Indiens selbst hat etwas, das man auf einer High-School-Science-Fiction-Messe in den frühen [19]80er-Jahren oder in einem Computerspiel der [19]80er-Jahre gesehen haben könnte.« Und nicht nur das: Es erinnerte auch an die Hubschrauberlandungen des Sandmännchens im DDR-Fernsehen: »Es ist absichtlich provozierend schlecht«, so der schwedische Blogger Joachim Bartoll (siehe: Joachim Bartoll Official, *bartoll.se*). Trotzdem würde »jede einzelne Nachrichtenquelle« es als den Moment bejubeln, »in dem Indiens Raumschiff *Chandrayaan-3* Geschichte schrieb«.
Tatsächlich schienen der indische Premier und die Menschen im indischen Raumfahrtzentrum das Trickfilmchen für bare Münze zu nehmen. Schließlich wurde die Animation auch auf den großen Bildschirmen im »Kontrollzentrum« gezeigt. Davor sah man begeisterte Menschen ihre Handys darauf richten. Skurril: Dabei war die Animation wirklich von bescheidener Qualität. Obwohl man heute täuschend echte Videos erzeugen kann, neuerdings mithilfe von künstlicher Intelligenz, provozierte Indien die Welt mit einer Animation aus der Mottenkiste der 1980er- oder 1990er-Jahre. Dazu gab es nur noch das Bild einer »Bordkamera«, die neben einem Teil der Landekapsel einen Ausschnitt der »Mondoberfläche« zeigte. Des Rätsels (scheinbare) Lösung: Die Animation sei aus Telemetriedaten der Sonde erzeugt worden, hieß es. Aber macht es das wirklich besser? Keineswegs. Denn ob das wirklich stimmt, weiß kein Mensch – vielleicht wissen es nicht einmal die Mitarbeiter des Kontrollzentrums. Schon bei den US-Mondlandungen wussten die Männer an den Bildschirmen angeblich nie, woher die Daten wirklich kamen – vom Mond oder aus einer Simulation –, womit angeblich ihre Aufmerksamkeit trainiert werden sollte.

Die Gefahr einer Blamage

Und hier stellt sich ja die Frage, ob der indische Premierminister wirklich das Risiko eingehen würde, die Mondlandung einer indischen Sonde live und in Echtzeit vor der Kamera zu verfolgen. Schließlich bürge dies die Gefahr einer Blamage in sich, wenn das kleine Fahrzeug auf dem Mond zerschellen oder bei der Landung umkippen würde wie eine leere Bierdose. Würde sich der Premier dabei wirklich gern von der gesamten Welt beobachten lassen – einschließlich der eigenen Bevölkerung? Schließlich war die vorhergehende Mission *Chandrayaan-2* bereits am Mond gescheitert – behauptete jedenfalls die indische Raumfahrtorganisation. Trotzdem wedelte Modi nun, während sich die Animation von *Chandrayaan-3* der »Mondoberfläche« näherte, tapfer mit einem indischen Fähnchen. Mutig. Oder war der Erfolg hier etwa garantiert?

Ein Comic-Raumschiff auf dem Mond?

Nicht doch: »Indien ist die vierte Nation, die es schaffte, ein Raumschiff sicher auf dem Mond zu landen«, berichteten auch die CBS News. »Nach den Vereinigten Staaten, Russland und China ist Indien auch der Erste, der sein *Chandraayan*-Vehikel in der Nähe des Südpols landete. Dieses unerforschte Gebiet könnte lebenswichtige Reserven an gefrorenem Wasser enthalten, das als Treibstoff für künftige Missionen genutzt werden könnte.« Was natürlich pure Science-Fiction ist. Egal: Trotzdem diente die CBS-Sendung offenbar dazu, dem indischen Comic-Raumschiff das NASA-Siegel zu erteilen. Denn nun trat dort ein angeblicher NASA-Astronaut namens Leroy Chow auf, der bestätigte, wie wichtig das Unternehmen für die Raumfahrt sei. Zu den albernen Animationen hatte er offenbar nichts zu sagen. Kein Wunder: Denn wer im Glashaus sitzt, sollte nicht mit Steinen werfen. Vielmehr gehört auch Indien genauso wie China, Russland und die USA nun jenem exklusiven Club der mondfahrenden Nationen an, in dem eine Krähe der anderen kein Auge aushackt. Denn das könnte in dasselbe gehen. Rein zufällig vereinen sich in diesem Club der mondfahrenden Nationen neben den USA die größten BRICS-Staaten: Indien, China und Russland. Womit die Großmächte des Planeten in Sachen Mond in einem Boot sitzen – beziehungsweise in einem Raumschiff. Und so tingelte Mister Chow (aka Chiao), ein Sohn chinesischer beziehungsweise taiwanesischer US-Immigranten, durch die Kanäle und sagte brav sein Sprüchlein auf, wonach die indische Mondlandung äußerst bedeutend sei. Denn Chiao ist zwar nicht mehr bei der NASA, aber nach wie vor in der Luft- und Raumfahrtindustrie tätig. Was sehr eng verwandt ist. So nahm er früher auch schon an einer Expedition nach Devon Island in Kanada teil, einer öden und unbewohnten Insel, wo viele der schönen Bilder herstammen, die von angeblichen Mars-Sonden geliefert wurden. Denn für einen fremden Planeten war auf den Aufnahmen denn doch zu viel irdische Fauna zu sehen, die rein zufällig der

Fauna auf Devon Island entsprach (siehe *verheimlicht – vertuscht – vergessen 2016*).

Nackt, nackter gings nicht ...

Sprich: Der indische Kaiser war nackt, nackter gings gar nicht. Aber das Publikum jubelte ihm zu, als steckte er in den prächtigsten Kleidern. »Während alle in den sozialen Medien über die offensichtlich gefälschte Landung lachen, werden alle offiziellen Kanäle und Mainstream-Medien von Jubelrufen und positiven Kommentaren überschwemmt, die von gefälschten KI-Bot-Konten und vielleicht ein paar leichtgläubigen Schafen abgegeben werden«, so Bartoll. Selbst vermeintlich seriöse Medien wie der britische *Guardian* zeigten kommentarlos ein Video der indischen Sandmännchen-Landung. Sogar die *Tagesschau* präsentierte die Bilder ohne irgendeinen Hinweis auf eine Animation (siehe: *Tagesschau*: »Indische Sonde *Chandrayaan-3* auf Mond gelandet«, YouTube, 23.08.2023).

Ein zerrissenes Land

Der indische Premier wiederum zeigte, worum es bei dem Theater wirklich ging: um eine Demonstration von Führerschaft und Identitätsstiftung in Bezug auf sein gespaltenes Volk. Denn »Indien ist ein Vielvölker- und Vielreligionenstaat, zerrissen von zahlreichen regionalen, sozialen und religiösen Spannungen«, so der Deutschlandfunk (16.06.2008). Dutzende Religionen und Ethnien treten sich hier auf die Füße. Hindus, Sikhs, Buddhisten, Muslime und Christen leben nebeneinander, von kleineren Gruppierungen abgesehen. Ethnische und soziale Konflikte, Krankheiten und Hunger bestimmen für viele Menschen den Alltag. Ein Viertel der Bevölkerung kann sich nicht ausreichend ernähren. Kurzum: ein Hort der Unzufriedenheit, spezieller: der Unzufriedenheit mit der Regierung. Wenn Indien etwas gebrauchen kann, dann sind es Identität, Solidarität und innerer Zusammenhalt – genauso wie einst die Sowjetunion, als sie angeblich Juri Gagarin ins All schoss.

»Es wird immer schwieriger, Indien zu regieren«

Ja, »es wird immer schwieriger, Indien zu regieren«, schrieb *India Today* schon vor Jahren, »aber es kann nur regiert und als Ganzes erhalten werden, wenn der demokratische Prozess intakt bleibt. Kein autoritäres System kann in diesem vielgestaltigen Land funktionieren, in dem große Teile der Bevölkerung, die sich zu verschiedenen Kulturen bekennen, in unterschiedliche Richtungen ziehen. Der Versuch, diese Nation mit Gewalt und Diktat zur Einheit zu zwingen, würde so viel Unruhe und Konflikt erzeugen, dass das Regieren unmöglich werden würde« (»Leadership: A decaying democracy« [zu Deutsch: »Führerschaft: eine zerfallende Demokratie«], *India Today*, online, updated 15.12.2014). Ab dem Jahr 2020 hat die Regierung das riesige Land zusätzlich durch Coronalockdowns aus dem Gleichgewicht gebracht und damit unermessliches Leid angerichtet. Millionen Menschen strandeten irgendwo fern der Heimat – ohne Geld und Essen: »Die Bilder von Zigmillionen gestrandeter Tagelöhner in den Großstädten, die durch den Lockdown von einem Tag zum anderen ihr Einkommen verloren und nichts mehr zu essen hatten, sind Ausdruck des prekären Wirtschaftssystems des Landes«, schrieb das *Journal für Internationale Politik und Gesellschaft* der Friedrich-Ebert-Stiftung. Was in dieser Form natürlich falsch ist – in erster Linie sind sie Ausdruck der seinerzeit über den Globus verhängten Seuchendiktatur. Durch die verantwortungslose Coronapolitik vergrößerte sich das Heer der Arbeitslosen »schlagartig, und nicht einmal die Rückkehr in ihre Heimatdörfer konnte die Regierung organisieren. Die mittellosen Tagelöhner, die vergeblich und ohne die notwendige Hygiene und den nötigen Abstand an den Busstationen und Bahnhöfen dicht gedrängt ausgeharrt hatten, machten sich zu Fuß auf den Weg nach Hause, zum Teil über 1000 Kilometer. Zu den vorher schon chronisch Hungernden sind jetzt Millionen hinzugekommen, die nicht wissen, wie sie sich morgen ernähren sollen. Auch wenn dieses Virus irgendwann besiegt sein sollte, bleibt eine zutiefst gespaltene und krisenhafte Gesellschaft zurück« (*IPG Journal*, online, 17.06.2020). Und genau da sind wir heute, 2023, im Jahr der *Chandrayaan-3*-Mondlandung. Die jetzige Regierung scheint »kaum geeignet, versöhnend und einigend zu wirken«. Umso dringender konnte sie also eine Ablenkung von der Misere gebrauchen – etwas Begeisterndes und Versöhnendes: »Dieser Moment steht für 1,4 Milliarden Herzschläge«, sagte Premierminister Modi, und er »steht für neue Energie, neuen Glauben und neues Bewusstsein in Indien« (Government of India, Press

Information Bureau, Prime Minister's address after the successful landing of *Chandrayaan-3* on Moon, 23.08.2023). Also exakt das, was Indien dringend gebrauchen konnte …

September 2023

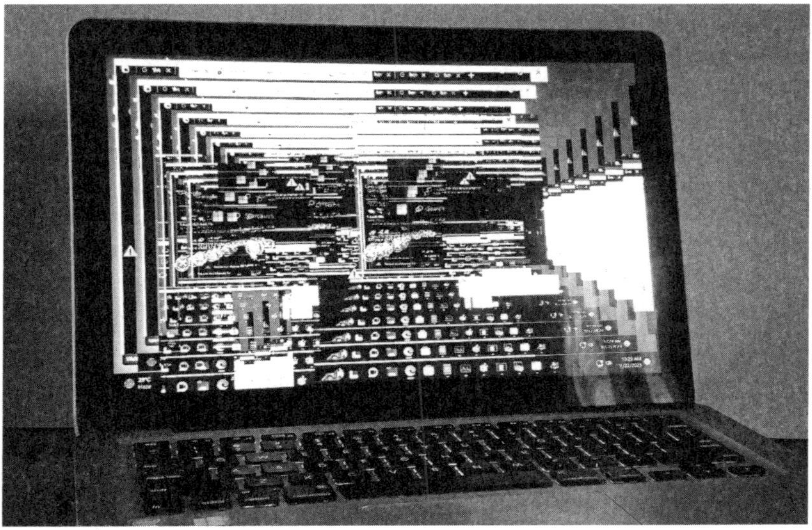

Thema des Monats

3.9. Der neue Microsoft-Servicevertrag begründet ein digitales Feudalsystem

1.9. Wie die »Wissenschaft« immer wieder Panik verbreitet – 3.9. Der neue Microsoft-Servicevertrag begründet ein digitales Feudalsystem – 7.9. Verheerende Niederschläge in Griechenland: Sperrung der Autobahn Athen–Saloniki (siehe 10.7.: Hitzenotstand fällt ins Wasser) – 6.9. Zwischen Kunden und Anbietern wird eine dritte Ebene eingezogen – 10.9. Bei Überschwemmungen in Libyen kommen Tausende Menschen ums Leben (siehe 10.7.: Hitzenotstand fällt ins Wasser) – **10.9.** Fußball-Bundestrainer Hansi Flick wird entlassen – ***25.9. Die Bundesrepublik Deutschland existiert mit diesem Datum angeblich länger als das Deutsche Reich (siehe »Reichsbürger-Putsch«, 07.12.2022)***

1. September
Wissenschaft: Formen der Angst

Achtung! Die Wissenschaft ist mal wieder »alarmiert« – und ich bin es natürlich auch: »Tokio: Japans Metropole droht Mega-Beben – Wissenschaftler alarmiert«. Aber irgendwie kam mir diese Meldung so bekannt vor. »Wissenschaftler alarmiert« – haben wir das nicht schon x-mal gehört und gelesen? Also tippte ich diese Phrase einfach einmal bei Google News ein, worüber Wissenschaftler in letzter Zeit so alarmiert waren. Ergebnis:

1. »Tokio: Japans Metropole droht Mega-Beben – Wissenschaftler alarmiert« (*Berliner Morgenpost*, 01.09.2023),
2. »Wissenschaftler alarmiert wegen der sich erwärmenden Weltmeere« (*Focus online*, 14.06.2023),
3. »Wissenschaftler alarmiert: Insekten weltweit nicht ausreichend geschützt« (ntv, online, 05.03.2023),
4. »Wissenschaftler alarmiert: CO_2-Konzentration erreicht historischen Höchststand« (*Focus online*, 10.06.2021),
5. »Wissenschaftler alarmiert: Zahl der Haie und Rochen in Meeren extrem gesunken« (*Die Zeit*, online, 27.01.2021),
6. »Weltuntergang befürchtet: Wissenschaftler alarmiert! Töten diese Naturkatastrophen die Menschheit?« (*news.de*, 08.11.2021),
7. »Wissenschaftler alarmiert: Pazifik ist so sauer, dass sich die Krebse auflösen« (*20min.ch*, 29.01.2020),
8. »Wissenschaftler alarmiert! Eisfreier Sommer im Arktischen Ozean möglich« (ProSieben, online, 22.09.2020),
9. »Japanische Wissenschaftler alarmiert wegen Plastikmüll am Boden des Marianengrabens« (*sumikai.com*, 04.06.2018),
10. »Wissenschaftler alarmiert: Gigantischer Eisberg von Antarktis gelöst« (*Stern*, online, 12.07.2017).

Kurz: Bei Wissenschaftlern liegen ständig die Nerven blank. Dass die Eierköpfe dauernd alarmiert sind, ist ein feststehender Topos unserer Medienlandschaft. Dabei ist das lediglich die Ergebnisliste von Google News. Benutzt man die allgemeine Suchfunktion, kommt man auf über 1600 Fundstellen. Und wenn man es mit der Phrase »Wissenschaftler befürchten« versucht, wird die Panikattacke noch größer – es gibt dann rund 29 500 Fundstellen:

- »Wissenschaftler befürchten Artensterben im Mittelmeer« (*Morgenpost*, 09.08.2023),
- »Wissenschaftler befürchten, dass der Gletscher bald auseinanderbrechen könnte. Das hätte verheerende Auswirkungen für die ganze Welt zur Folge« (*Münchner Merkur*, Facebook, 25.04.2021),
- »Wissenschaftler befürchten ein Korallensterben« (ZDF, online, 08.08.2023),
- »Wissenschaftler befürchten Übertragung von Viren« (*Florida Sun Magazine*, online, 27.04.2023),
- »Wissenschaftler befürchten ein breites Misstrauen in der Bevölkerung gegen einen Coronaimpfstoff« (*Deutsches Ärzteblatt*, online, 21.10.2020),
- »Wissenschaftler befürchten weitere rechte Anschläge« (*nd-aktuell.de*, 16.01.2020),
- »Wissenschaftler befürchten unbewohnbares Land« (*Wetter.de*, 02.03.2020),
- »Wissenschaftler befürchten negative Folgen des Klimawandels« (Brot für die Welt: *Global lernen*, Ausgabe 1–2/2018).

Rette sich, wer kann! Wissenschaftler möchte ich nicht sein. Diese armen Kreaturen werden offenbar von Angstpsychosen geschüttelt: Tagsüber angsteinflößende Messwerte analysieren, die einem das Blut in den Adern gefrieren lassen, und nachts schweißgebadet im Bett wälzen! Dabei waren das nur zwei mögliche Panikformulierungen. Denn Wissenschaftler kennen ja verschiedene Formen der Angst. Zum Beispiel sind sie auch »beunruhigt« oder »entsetzt«, »schlagen Alarm« oder »warnen« uns vor allen möglichen vermeintlichen oder auch wirklichen Gefahren. Manche Wissenschaftler »ahnen« auch irgendetwas. Wenn sie allerdings um etwas »bangen«, dann meistens um ihre eigene Haut:

- »›Lost generation‹: Wissenschaftler bangen um ihre Stellen« (*Der Spiegel*, online, 30.01.2002),
- »Wissenschaftler bangen jahrelang einer festen Professur oder Dozentenstelle entgegen« (Universität Würzburg, online, 07.10.2016),
- »Wissenschaftler bangen um ihre Forschung und ihre Zukunft« (*Forschung & Lehre*, online, 23.10.2018).

Eine Frage: Wann machen sich Wissenschaftler eigentlich mal nicht ins Hemd? Veranstalten wir einfach einmal die Gegenprobe mit dem Ausdruck »Wissenschaftler befürchten keine …«. Ergebnis: fünf Fundstellen.

Nochmals: fünf! Zum Beispiel: »Wissenschaftler befürchten keine Ansteckung von Menschen durch Haustiere …« Hurra! Das heißt, warten Sie mal – es geht ja noch weiter: »… warnen aber dennoch.« Logisch – denn angstfreie Wissenschaftler gibt es eben einfach nicht!

Nun wäre es ja nicht schlimm, wenn die Gelehrten nur im stillen Kämmerlein vor sich hinbibbern würden – so wie jeder Normalbürger mit Angstpsychosen auch. Er geht auch nicht zur *Süddeutschen Zeitung* oder zum ZDF und gibt Interviews über seine Angst vor todbringenden Bakterien auf Türknäufen oder Ähnliches.

Ach ja – bevor ich es vergesse: Wissenschaftler befürchten übrigens auch, dass sich die Influenzaviren Typ A oder Typ B kreuzen könnten (Thüringer Ministerium für Soziales, Familie und Gesundheit: Informationen zur Klassischen Geflügelpest, o. D.). Hilfe – das wäre ja so etwas wie Inzest! Oder etwa eine Promenadenmischung? Tja – was wären wir ohne unsere Wissenschaft! Antwort: wahrscheinlich angstfrei …

1. September
Kundenbeziehungen: der geheimnisvolle Dritte

»Der Hautarzt hat erst in 10 Monaten Zeit, bei der Gynäkologin geht nur noch der AB dran mit der Bitte, zu einem anderen Zeitpunkt nochmal anzurufen. Solche Fälle häufen sich«, berichtet an diesem Tag das WDR-Magazin *Markt*. »Viele Ärzte verweisen auf ihrer Homepage auf Plattformen wie Doctolib, um einen Termin auszumachen. Doch auch da: vor 2024 keine Chance – wenn man als Neupatient überhaupt buchen kann.« Verflixt – dabei kriegt man mit der Terminplattform *Doctolib* doch angeblich schon einen Termin, bevor man überhaupt den Arzt anrufen kann. Seit einiger Zeit bekomme ich auf YouTube ständig zwei Werbespots von Doctolib um die Ohren gehauen: In dem einen tanzt eine Frau unbeholfen auf der Straße, bis sie sich den Rücken verzerrt. Und während sie noch schmerzgebeugt dasteht, rutscht sie auf wundersame Weise in die nächste Arztpraxis, wo sich nicht etwa die Patienten stapeln, sondern sogleich der Ruf »Der Nächste, bitte!« erschallt. In dem anderen Spot sitzt ein Mann bei Regen an einer Bus- oder Straßenbahnhaltestelle und setzt zu einem heftigen Nieser an. Doch noch bevor er »Hatschi!« sagen kann, rutscht er auch schon in die nächste Arztpraxis und hört den Ruf »Der Nächste, bitte!«. Dazu ertönt der Werbeslogan: »Arzttermine – schneller als Sie niesen können. Mit Doctolib.« Nachdem ich mir diese infantilen

Spots zwangsweise ungefähr 20 Mal angesehen hatte, reifte bei mir nicht nur der Entschluss, niemals einen Arzttermin über Doctolib zu buchen, sondern auch der Gedanke: hier liegt doch ein Thema begraben! In einer Zeit, in der besonders gesetzlich Versicherte oft sehr lange auf Arzttermine warten müssen, verspricht die Firma Doctolib Arzttermine im Handumdrehen!

Doctolib: totale Kontrolle

Hurra! Endlich können wir nicht erst zum Doktor, wenn wir schon wieder gesund sind, sondern noch während wir krank sind! Wenn das kein Fortschritt ist. Der Heilsbringer heißt wie gesagt Doctolib, was wohl ein Kunstwort aus Doktor und Liberty (Freiheit) sein soll, also quasi die große Freiheit, zum Arzt zu gehen, wenn man ihn braucht. Weniger toll daran ist die dritte Partei: Egal, ob wir einen Arzttermin ausmachen möchten, eine Pizza bestellen, ein Hotel buchen, einen Stromanbieter suchen oder selbst wenn wir auf die große Liebe hoffen: bald kontaktiert kein Mensch mehr den »Anbieter« oder das Gegenüber direkt, sondern eben einen Dritten: Booking.com, Lieferando, Wolt, Gorillas, Check24, Tinder oder eben Doctolib.

Aufgetrennte (Geschäfts-)Beziehungen

In vielen Bereichen drängeln sich immer mehr Dritte zwischen uns und die Stelle, wo unsere Bedürfnisse erfüllt werden. Denn warum sollte man nicht direkt bei der Pizzeria anrufen? Oder die Nachbarin zu einem Kaffee einladen? Statt »Hallo – Lust auf einen Kaffee?« zu sagen, wischt man Wohnung an Wohnung bei Tinder lieber hundert Frauen beziehungsweise Männer durch. So werden unsere Beziehungen zu unseren Lieferanten, Dienstleistern und unserer Umgebung aufgetrennt, und ein Dritter schiebt sich dazwischen. Zwischen Mensch und Mensch wird ein Puffer eingezogen. Doctolib ist nur ein Beispiel: Ebenso häufig schicken Ärzte ihre Rechnungen plötzlich nicht mehr direkt, sondern über einen »Abrechnungsdienst«, der dem Mediziner Patientenbeschwerden vom Hals hält. Die Bindung zwischen Patient und Arzt wird dabei aufgehoben. Dasselbe gilt für Bezahldienste wie Klarna, einen Milliardenkonzern in Stockholm, durch die der ursprüngliche Anbieter für den Kunden in weite Ferne rückt. Heimlich, still und leise umgarnen uns die Dritten und

spinnen uns in einen Kokon der Unselbstständigkeit ein. »Wir haben einen Trend, dass Dienstleistungen aufgespalten werden, dass die Beziehungen zerhackt werden. Der Computer, das Internet schaffen die Möglichkeit zur Entmenschlichung der Kundenbeziehung«, erklärte mir der Chefredakteur des Finanzmagazins *Smart Investor*, Ralf Flierl. Und: »Das ist keine gute Entwicklung. Man kann von Mensch zu Mensch viel einfacher etwas regeln. Aber der Anbieter ist menschlich nicht mehr zu erreichen.« Das könne auch zu einem allgemeinen Qualitätsverlust führen, denn »wenn ich meinen Kunden nicht mehr kenne, ist mir der Kunde auch wurscht«.
War es bisher ein Geheimnis zwischen Ihnen und Ihrem Arzt, dass, wann und wie oft Sie seinen Rat suchen, so wird dieses jetzt einem Dritten offenbar. Doctolib ist ein französischer Konzern mit Sitz in Paris, getrieben von Kontrolle und Profit und geleitet von Menschen, deren Namen Sie noch nicht einmal gehört haben. Lieferando beispielsweise ist auch keine deutsche Firma, sondern heißt eigentlich Just Eat Takeaway und hat ihren Sitz in Amsterdam. Erfunden hat den heute 4,5-Milliarden-Euro-Konzern im Jahr 2000 ein gewisser Jitse Groen, angeblich als er in Amsterdam mit hungrigem Magen statt eines Lieferdienstes nur eine profane Liste mit Restaurants auftreiben konnte. Tinder ist ein 2-Milliarden-Dollar-Konzern und gehört der Match Group Inc. mit Hauptsitz in Dallas, Texas, die 45 soziale Netzwerke betreibt. Egal, was wir also brauchen, wir wenden uns immer häufiger an einen Dritten – und wenn es die große Liebe ist.

Ein Rendezvouz von Datenpaketen

Apropos Tinder: Ein gutes Beispiel sind die Singlebörsen, die sich rühmen, Menschen zusammenzubringen. Aber ist nicht genau das Gegenteil der Fall? Außerdem ist eine Annonce bei einer Singlebörse auch nichts weiter als eine Kontaktanzeige. Demgemäß droht auch hier der »Kontaktanzeigeneffekt«, bei dem sich zwei Menschen in einem Café treffen und feststellen, dass sie einander wildfremd sind – trotz aller theoretischen Übereinstimmungen. Zwar werden von den meisten Singlebörsen natürlich viele Daten erfasst, doch so wird aus einer Begegnung von Menschen eine Begegnung von Datenpaketen. Menschen sind aber mehr als ihre Daten – oder auch viel weniger. Das nennt man dann Hochstapler. Ich selbst habe in meinem Bekanntenkreis erlebt, wie Tinder in den vermittelten »Beziehungen« zu einer Ex-und-hopp-Mentalität führen kann. Tinder und Co. sind nichts weiter als Daddel-Maschinen für Menschen – nach dem Motto »Mal sehen, wen das Ding heute so rauswirft«. Und wen man durch Wischen auf einem Display kennengelernt hat, den kann man natürlich ebenso leicht wieder wegwischen – meint man. »Tinder-Beziehungen« können also sehr instabil sein. Das ist auch im Interesse des Konzerns. Denn der lebt von Hoffnung, nicht von Erfüllung: Wenn erst alle Kunden verheiratet sind, geht die Branche nämlich pleite. Deshalb dürfen Singlebörsen eigentlich überhaupt keine funktionsfähigen Partnerschaften stiften, sondern müssen die Kunden bei der Stange halten. »Ziel von Tinder sei es laut dem Wissenschaftsjournalisten Philip Häusser nicht, Menschen bei der Suche nach langfristigen Partnerschaften oder Freundschaften zu helfen, da die App dann obsolet für diese Nutzer würde, sondern die Nutzer durch ›Gamifizierung‹ möglichst lange an die App zu binden, um durch anhaltende Werbeeinnahmen und Beitragszahlungen Umsatz zu generieren« (*Wikipedia*, abgerufen am 31.10.2023). Auch in einer bestehenden Beziehung könnte die wischfähige Tinder-Bibliothek von Traumpartnern den eigenen Freund oder die Freundin wegkonkurrieren.

Tinder: Attacke auf Beziehungen

Oft geht die Wischerei ja auch während der Beziehung weiter, sodass die Tinder-Partnerschaft möglicherweise wackelt – und zwar wegen Tinder. Wie gewonnen, so zerronnen. Oder mal Hand aufs Herz: Wer legt Tinder für immer weg, nachdem er eine(n) Partner/Partnerin gefunden hat? Tinder ist aber nicht nur eine Attacke auf Tinder-Beziehungen, sondern auch auf herkömmlich vergiftete – Pardon: gestiftete Partnerschaften. Nach dem Motto »Mal sehen, wen ich sonst noch haben könnte«. Das Bessere ist schließlich der Feind des Guten. Die Versuchung liegt nahe, auf diese Weise von einem Partner zum nächsten zu springen und sich zum Traumpartner »hochzuarbeiten«.

»Apps und Online-Plattformen haben nicht nur schüchternen Menschen neue Wege des Kennenlernens eröffnet, sondern vermitteln einem auch das Gefühl, dass die Auswahl an potenziellen Eroberungen endlos ist«, hat selbst die *Bild*-Zeitung erkannt, die jeden Tag Beziehungen durch Seitensprung-, One-Night-Stand- und Swingerclub-Tipps destabilisiert. »Warum also festlegen? Doch je größer der Dating-Pool, desto wählerischer wird man und schaut sich schon bei kleinsten Konflikten weiter um. Das kann zu einer Art Sucht werden und führt bei vielen zu einer Spirale, aus der sie nicht mehr herauskommen« (online, 08.09.2023). Vielleicht haben Apps und Online-Plattformen schüchternen Menschen tatsächlich neue Wege des Kennenlernens eröffnet – alle anderen aber haben sie zu schüchternen Menschen gemacht. Denn wie man eine Beziehung anbahnt, das haben viele Menschen schlichtweg verlernt. So erzählte mir kürzlich ein 30-jähriger Mann, dass man sich heutzutage eigentlich nur noch über Singlebörsen kennenlernt. Das sei der hauptsächlich akzeptierte Weg. Auch hier hängt der Mensch plötzlich von einem Zwischendienst ab.

»Man fühlt sich wie ein Produkt«

Das »Ghosting«, unter dem viele Menschen leiden, ist die logische Ergänzung zu Tinder und anderen Dating-Plattformen: »Man fühlt sich als Produkt und erlebt sich als austauschbar«, sagt die Sozialpsychologin Johanna Degen. Und: »Das verbreitete ›Ghosting‹, bei Desinteresse wortlos abtauchen, wird als verletzend und abwertend empfunden.« Denn wen man quasi herbeigeklickt hat, den kann man ja auch wieder wegklicken. Haben Menschen so überhaupt die Chance, zusammenzuwachsen? Zu Beginn sei Tinder als witzig und spielerisch angesehen worden, so Degen. Das ändere sich bei vielen: »Sie sagen, Tinder-Dating funktioniere nicht, man finde niemanden, und es mache auch keinen Spaß.« Besonders Männer werden – als der ursprünglich einmal aktivere Teil – den Plattformen in die Arme getrieben. Kein Wunder: Regelmäßig werden Männer medial »blöder Anmachen« bezichtigt oder medienwirksam wegen »sexueller Belästigung« vor Gericht gezerrt (siehe *Rammstein*). Das Ansprechen oder gar Berühren einer Frau wird zunehmend sozial geächtet. Denn aus einer »blöden Anmache« wird schnell »Sexismus« und aus Sexismus »sexuelle Belästigung« konstruiert. Schon einfache, freundliche Komplimente sind zunehmend verpönt. Kurz: die Wischerei wird allmählich zur einzigen sozial akzeptierten Form des Kennenlernens. Es kommt aber noch besser – denn nun können die Singlebörsen mit darüber entscheiden, wer mit wem Beziehungen eingeht und vielleicht sogar Kinder bekommt – oder auch nicht. Über die Einfädelung oder Verhinderung von Beziehungen können die Unternehmen Einfluss auf die quantitative und qualitative Fortpflanzung nehmen. Mit anderen Worten könnten Tinder und Co. auch als eine Art von Zuchtbetrieb funktionieren. Oder man könnte gezielt Paare zusammenbringen, deren einer Teil keine Kinder haben möchte. Schon sinken die Geburtenraten noch weiter. Tatsächlich ist das Thema »Nachwuchs« hinsichtlich der »Dritten Ebene« das Obszönste überhaupt, wie das Kapitel über Leihmutterschaft gezeigt hat (14. April): Wenn ein an sich unfruchtbares Paar Kinder haben möchte, schiebt sich gleich eine ganze Industrie dazwischen und sorgt vielleicht für Nachwuchs – aber auch für maximale Entfremdung zwischen Eltern und Kind. Kurz: Genau genommen können die Dritten bald alles steuern: Was wir essen, was wir kaufen, wen wir lieben und wie wir unsere Kinder bekommen. Sie umgeben uns mit Watte und puffern uns gegenüber unserer Umwelt ab, bis sie die totale Kontrolle über uns haben – und über unsere Lieferanten, Dienstleister und Beziehungen auch. In Wirklichkeit wird all das nicht immer leichter erreichbar, wie Dienstleister suggerieren, sondern irgendwann unerreichbar – beziehungsweise nur noch unter strikter Kontrolle der Dritten …

Thema des Monats

7.10. Hamas-Überfall auf Israel

2.10. Für ihren Beitrag zur Entwicklung von mRNA-»Impfstoffen« erhalten die Ungarin Katalin Karikó und der US-Amerikaner Drew Weissman den Nobelpreis für Medizin – ***3.10. Am Tag der Deutschen Einheit stellt sich die deutsche Staatsspitze ohne deutsche Flagge zum Gruppenbild auf – 7.10. Überfall der Hamas auf Israel – 8.10. Bei den Landtagswahlen in Bayern und Hessen kleben große Teile der Wählerschaft noch an etablierten Parteien*** – **14.10.** Sonnenfinsternis über Nord-, Mittel- und Südamerika – **23.10.** Bei der Bundespressekonferenz wird die Gründung des »Bündnis Sahra Wagenknecht« bekannt gegeben – ***25.10. Amoklauf in Lewiston/USA (siehe 27. März: Nashville-Amok)***

3. Oktober
Nationalfeiertag: die Flagge im Toupet der Drag Queen

Hm – was ist denn das für eine Truppe: Neun feierlich gekleidete Damen und Herren haben sich auf der Plaza der Hamburger Elbphilharmonie zum Gruppenbild versammelt. Im Hintergrund sieht man Säulen und Lichtspiele, die an große Fenster erinnern. Das Ganze macht dadurch einen irgendwie historischen Eindruck, als wehe der Wind der Geschichte durch eine große Halle. Um wen geht es hier also? Um den Vorstand eines großen Konzerns? Oder den Aufsichtsrat? Nein – denn dann würde man ja irgendwo das Firmenlogo im Bild sehen, wahrscheinlich sogar ganz groß als Hintergrund. Vielleicht eine Hochzeitsgesellschaft? Nein – dafür fehlt die Braut. Also eine Trauergemeinde? Schon eher. In einer Bildstrecke auf *spiegel.de* findet man das Foto noch einmal, diesmal allerdings nur mit fünf Personen. Ach – jetzt erkennt man sie: Bundespräsident Frank-Walter Steinmeier, Bundeskanzler Olaf Scholz, Stephan Harbarth, Präsident des Bundesverfassungsgerichts, und Bundestagspräsidentin Bärbel Bas – also die höchsten Repräsentanten des deutschen Staates! Außerdem noch der Hamburger Oberbürgermeister Peter Tschentscher. Offenbar ein offizieller Anlass. Aber was wollen die da?

Staatsspitze ohne Flagge

Nichts in dem Bild deutet darauf hin, dass sich hier die Spitze eines Staates versammelt hat, geschweige denn des deutschen, um den Nationalfeiertag zu begehen, nämlich den 3. Oktober: den Tag der Deutschen Einheit. Ja, in der gesamten 12-teiligen *Spiegel*-Bildstrecke von diesen Einheitsfeiern ist keine einzige deutsche Flagge zu sehen: »Dass die Bundesregierung zum Tag der Deutschen Einheit ein Bild ohne Deutschlandflagge im Hintergrund verbreitet, dürfte weltweit ohne Vorbild sein«, zitierte das Nachrichtenportal *Tag24* einen Beitrag auf »X« (ehemals Twitter). »Während die Spitzenpolitiker des Landes am Dienstag zum Festakt in der Hamburger Elbphilharmonie zusammenkamen, störten sich viele Beobachter an dem Umstand, dass die Deutschlandflagge für den Nationalfeiertag offenbar keine Rolle zu spielen schien. Das entsprechende Foto um Bundespräsident Frank-Walter Steinmeier (67, SPD) und Bundeskanzler Olaf Scholz (65, SPD) wirkte dabei für viele Betrachter wie die Aufnahme eines gewöhnlichen Treffens.« Auch die Einheit und der Akt der Wiedervereinigung fanden auf dem Bild keinen Niederschlag.

Brandenburger Tor unbeflaggt

Das Brandenburger Tor sei zwar beschmiert, aber Flaggen gebe es hier auch nicht, zitierte *Tag24* eine weitere Nutzerin: Es sei »erbärmlich«, wie mit dem Nationalfeiertag umgegangen werde. Dazu hatte sie ein Foto des nächtlich beleuchteten Brandenburger Tors gestellt, welches das nationale Baudenkmal zum Nationalfeiertag gänzlich unbeflaggt zeigte – allerdings mit Müllcontainern im Vordergrund (04.10.2023) .
Wir bewegen uns hier im Bereich der Symbolik und des Protokolls, wie sie global von allen Nationen benutzt und verstanden werden. Und dieses Bild besagt, dass sich Deutschland aufgegeben hat. Die höchsten Repräsentanten des Staates zeigen sich der Welt bei einem solchen nationalen Anlass nicht mit der deutschen Flagge. Sie haben sie schließlich bereits vor Jahren entsorgt. Man denke an den skandalösen Auftritt der damaligen Bundeskanzlerin Merkel 2013 bei einer CDU-Wahlparty, als sie einem Parteikollegen angewidert eine deutsche Flagge wegnahm. Das war also kein Zufall, ebenso wenig, wie nun das unbeflaggte Foto von der deutschen Staatsspitze. Wenn man hierzulande von »Delegitimierung des Staates« spricht, dann sollte man zuallererst fragen: Wer verachtet eigentlich den deutschen Staat? Die Bundesregierung und der Bundespräsident oder die sogenannten »Reichsbürger«? Der Witz dabei ist, dass dieselben Leute gleichzeitig Jagd auf »Reichsbürger« machen, welche die Bundesrepublik Deutschland ebenfalls infrage stellen, nur aus anderen Gründen. Das heißt, in einem Punkt muss ich mich korrigieren: Es gab doch eine deutsche Flagge in der *Spiegel*-Bildstrecke – und zwar gleich auf Platz 1. Das Foto zeigte eine Drag Queen, der die deutschen Farben in die Perücke gesprüht worden waren. Denn wie ich auf der eigens eingerichteten Website *tag-der-deutschen-einheit.de* erfahre, feiern wir am 3. Oktober weniger die Einheit als »die Vielfalt unseres Landes«. Die Botschaft an den Rest der Welt lautet also: Deutschland ist offenbar nicht mehr ernst zu nehmen, denn es hat sich abgeschafft.

7. Oktober
Israel: Wie die Hamas einmal Ministerpräsident Netanjahu heraushaute

6:30 Uhr: In der israelischen Region Eschkol, in der Nähe des Kibbuz Re'im, dröhnt ein Techno-Festival. Ausgelassen tanzen die Menschen zu der hämmernden elektronischen Musik in den Morgen. Plötzlich ziehen gleißend helle Lichtpunkte über den blauen Morgenhimmel. Wenig später hört man Explosionen: Raketen. Die Musik verstummt. Bald darauf rennen die Partygäste in wilder Flucht davon: Hamas-Kämpfer sind auf Lieferwagen, Motorrädern und Quads aufgetaucht und eröffnen das Feuer. Wieder andere sollen an motorisierten Gleitschirmen eingeschwebt sein. Fast auf den Tag genau zum 50. Jahrestag des Beginns des Jom-Kippur-Krieges am 6. Oktober 1973 ist die radikale Palästinenserorganisation Hamas (Harakat al-Muqawama al-Islamiya = »Islamischer Widerstand«) aus dem Gazastreifen ausgebrochen und hat Israel den Krieg erklärt. Jedenfalls de facto: Etwa 260 Menschen sollen auf dem Festivalgelände getötet, weitere 100 als Geiseln in den Gazastreifen verschleppt worden sein. Unglaublich! Neben nacktem Entsetzen stellte sich die Welt die Frage: Wie kann das denn sein? Sogar die *Bild*-Zeitung wunderte sich: »Unklar ist bislang, wie die Angreifer aus dem Gazastreifen die streng geschützte Grenze überwinden konnten« (online, 07.10.2023, 15:19 Uhr). Und: »Wie konnten die israelischen Sperranlagen überwunden werden und wieso wurde das israelische Militär so überrascht?« (online, 07.10.2023, 19:08 Uhr).

Hochsicherheitsknast am Mittelmeer

Tja, das ist eben ein Rätsel. Denn der Gazastreifen, eine »Reservation« für Palästinenser an der Mittelmeerküste Israels, ist ja nicht irgendetwas, sondern ein »Freiluftgefängnis«, so der Nahost-Experte Michael Lüders (Deutschlandfunk, online, 15.05.2018). So etwas wie das frühere Westberlin auf nahöstlichem Boden. Etwa 41 Kilometer lang und 6–12 Kilometer breit, hat er ungefähr die Ausdehnung des Bundeslandes Bremen und die Einwohnerzahl Westberlins: etwa 2,2 Millionen. Die geomilitärische Lage ist aussichtslos: vor sich den Feind und im Rücken das Meer, so ähnlich wie 1940 die Engländer bei Dünkirchen. Die über 60 Kilometer langen Sperranlagen nicht zu vergessen, die den Gazastreifen umgeben. Vom diesem aus gesehen gibt es:

- nach einer etwa 1000 Meter breiten »Risikozone« einen 100–300 Meter breiten »Beobachtungsstreifen«, der nur zu Fuß betreten werden darf, und zwar nur von Bauern;
- eine 100 Meter breite No-go-Zone, auf der streckenweise alle 160 Meter Wachtürme stehen,

- einen 6 Meter hohen Sicherheitszaun, manchen Quellen zufolge elektrisch geladen,
- nach etwa 100 Metern einen weiteren 6 Meter hohen Sicherheitszaun, der auf einer Betonmauer steht, die bis zu 40 Meter tief in den Boden hineinreichen soll,
- nochmals folgende Wachtürme.

(Quelle: *Washington Post*, online, 10.10.2023; *barrons.com*, 11.10.2003)

Hinzu kommen jede Menge Kameras, Sensoren, Radarsysteme und Kontrollräume, »um Infiltrationen aus dem Gazastreifen in israelisches Gebiet zu verhindern«, zitierte der Thinktank Mena-Watch das israelische Verteidigungsministerium. »Die Barriere wird Terroristen daran hindern, aus dem Gazastreifen in unser Gebiet einzudringen«, versprach einst ebenfalls der israelische Regierungschef Benjamin Netanjahu (*israelnetz.com*, 04.02.2019). Eine Seesperre wiederum »soll verhindern, dass palästinensische Terroristen aus dem Küstenstreifen über den Seeweg nach Israel gelangen«. Laut dem seinerzeitigen Verteidigungsminister Avigdor Lieberman ein »weltweit einzigartiges Hindernis«: Über ein Unterwassersensorensystem »kann die Armee an der Meeresgrenze Schwimmer und Taucher in dem Gebiet beobachten« (*israelnetz.com*, 28.05.2018). Der Seeweg führt also auch nicht nach Israel. Der Gaza-Flughafen wurde schon lange zerbombt und ist außer Betrieb, und selbstredend haben die Palästinenser weder eine Luftwaffe noch Raketenabwehrsysteme. Neben der Kontrolle über die Land-, Luft- und Wasserwege besitzt Israel schließlich auch die Hoheit über den Luftraum, die Hoheitsgewässer sowie die Nahrungsmittel-, Wasser- und Energieversorgung des Gazastreifens (*Wikipedia*).

Wo war die Armee, wo war der Mossad?

Die Sperranlagen sollten demnach exakt das verhindern, was am 7. Oktober angeblich geschah. »Wie konnte die Hamas die schwer gesicherte Grenze zwischen Israel und Gaza überwinden?«, schüttelten manche den Kopf: »Viele Menschen in Israel sind fassungslos, dass Terroristen aus Gaza ungehindert die Grenze durchbrechen konnten« (*Tagesspiegel*, online, 09.10.2023). »Ich frage mich immer wieder, wie es möglich war, dass Terroristen einfach so mit Jeeps und Motorrädern in Israel eindringen konnten«, staunte auch die deutsche Showmasterin Andrea Kiewel (*Fern-*

sehgarten), die sich bei ihrem Freund in Israel aufhielt: »In ein Land, das seit seiner Gründung in ständiger Verteidigungsbereitschaft ist und die besten Sicherheitsapparate und Geheimdienste der Welt hat? So ein Überfall muss doch geplant gewesen sein! Wo war die Armee, wo der Mossad? Wie kann es sein, dass man unsere Soldaten im Schlaf überraschen und eiskalt umbringen kann?« (*bild.de*, 08.10.2023).

Ein Labor der Israelis

In den Sicherheitszaun seien große Löcher geschnitten worden, erläuterte ein *Bild*-Reporter, sodass Hamas-Kämpfer mit Zweirädern hindurchfahren konnten; auch Bulldozer seien beteiligt gewesen. »Wir sehen, wie sich Hamas-Leute, Kämpfer der Terrororganisation, dort frei durchbewegen«, sagte er zu Videos des Angriffs. »Wir sehen also, wie der Zaun bereits zerschnitten wurde [...].« Man könne mitverfolgen, wie sich die Motorräder mit den Kämpfern dort hindurchbewegen »und durch die Grenze fahren, die eigentlich bewacht werden sollte von israelischen Soldaten«. Danach seien die Hamas-Leute zwar auf israelisches Militär gestoßen: »aber wir sehen hier Militärbasen nahe der Grenze, die überrannt wurden von Hamas-Terroristen. [...] Trotz Tausender Kameras, die hier installiert sind, trotz Drohnen in der Luft und trotz Soldaten, die hier eigentlich Wache stehen sollten [...]« (»Terror-Überfall auf Israel« | *Bild*-Lagezentrum SPEZIAL, YouTube, 07.10.2023). Des Weiteren ist das Gaza-Getto durchsetzt mit israelischen Spitzeln und Agenten, die jede gefährliche Entwicklung weit im Vorfeld melden würden. Mit anderen Worten ist der Gazastreifen ein offenes Buch, ein Labor der Israelis, in dem ihnen nichts entgeht. Keine Maus geht hier ein und aus, ohne dass Israel es mitbekommt.

»Irgendetwas ist hier oberfaul!«

Fragen wir deshalb einmal jemanden, der es wirklich wissen muss, nämlich die Journalistin Efrat Fenigson aus Tel-Aviv, die sowohl in der israelischen Armee als auch im Nachrichtendienst diente: »Ich kenne die Sicherheitsübungen, ich kenne die verschiedenen Verteidigungsebenen und ich kenne die Einsatzkräfte am Boden«, sagte sie in einem YouTube-Interview (auf dem Kanal von Marc Friedrich, 09.10.2023). »Ich kenne die verschiedenen Divisionen, die eigentlich im Alarmzustand sein sollten und die über solche Dinge Bescheid wissen sollten.« Hier ihr (gekürzter) Bericht: »Wir haben Berichte von Menschen, die rund um den Gazastreifen leben. Anwohner, die in ihren Häusern eingesperrt waren. Es hat angefangen mit 4–5 Stunden ohne Hilfe. Es ging bis zu 8/9 Stunden. Und manche Bewohner steckten sogar bis zu 24 Stunden in ihren Häusern fest. Niemand kam zu Hilfe, es gab keine Polizei, keine Armee, keine zivile Hilfe. Es war wirklich erstaunlich«, sagte sie. »Was passiert ist, ist sehr sehr seltsam«, es gebe da »ein großes Fragezeichen: was ist mit dem israelischen Geheimdienst los?« So habe ein Hamas-Soldat in seiner Befragung gesagt, sie hätten sich über 1 Jahr vorbereitet. »Dann ist es höchst unwahrscheinlich, dass die Nachrichtendienste von Israel, der Mossad, der Schabak, nichts davon wussten«, so Fenigson. »›Es hat 5 Stunden gedauert, bis Israel angefangen hat, auf uns zu schießen‹, hat er gesagt. Und das ist wahr. Da war nichts für 5 ganze Stunden. Der Grenzzaun war komplett offen. An 15 verschiedenen Stellen, wo er durchbrochen wurde, und es gab keine Helikopter, keine Drohnen, keine Artillerie, nichts [...], der Mann, der gefasst wurde, sagte: ›Wir waren bereit mit 1000 Soldaten. Wir haben 15 Durchbrüche im Grenzzaun geschaffen. Wir waren überrascht und geschockt, dass die IDF [Israel Defence Forces] nicht auf uns warteten‹« (Friedrich, a. a. O.). »Was geschah mit der ›stärksten Armee der Welt‹?«, fragte Fenigson. Und: »Wie kommt es, dass die Grenzübergänge weit offen waren? Irgendwas ist OBERFAUL HIER« (*https://t.me/efenigson/2887*).

Wo war der Nachrichtendienst?

Tja – wo waren denn die Israelis? »Ich habe damals vor 25 Jahren nahe der Grenze zu Gaza gedient«, so Fenigson. »Jetzt ist alles viel ausgeklügelter. Aber sogar damals, als ich da war, hätte eine Katze alle notwendigen Einsatzkräfte auf den Plan gerufen. Heute gibt es automatische Maschinengewehre, die auf alles schießen, was sich dem Zaun nähert. Es gibt Helikopter, Drohnen, wie ich bereits sagte, eigentlich alles. Und nichts davon hat funktioniert?« Eine gute Frage: Es gebe Leute, die von Cyberattacken auf das Militär redeten, aber dennoch sollten dort eigentlich die Bodenstreitkräfte sein. Überdies habe »die Hamas vor circa 3 Wochen Videomaterial veröffentlicht«, so Fenigson, »in dem sie ihren genauen Plan beschreiben, wie sie nach Israel eindringen und es attackieren werden. Und einer der Reporter, der darüber berichtet hat, stellte sich die gleiche Frage wie ich: ›Wo ist der israelische Nachrichtendienst?‹«

War es ein Inside-Job?

»Viele der Streitkräfte, die das Gebiet rund um den Gazastreifen besetzten, waren in einen anderen Teil Israels verlegt worden. Das ganze Gaza-Bataillon wurde in den Bereich Samara und Judea verlegt, die im Bereich Jerusalem sind, weil es da andere Sicherheitsbedürfnisse gab. Es bedeutet, dass ein Großteil der Gebiete nicht besetzt war, [...] sie reden über 60–80 Prozent der Streitkräfte, die verlegt worden waren. Es waren also viel weniger Verteidigungsstreitkräfte da, die eigentlich in diesem Gebiet an einem normalen Tag anwesend sind. Das ist sehr, sehr seltsam. Ich weiß nicht, was die Gründe dafür sind, aber ich sage Ihnen, dass es keine Chance gibt, dass die Nachrichtendienste nichts davon wussten« (Friedrich, a. a. O.).

»Hören Sie mir zu, und hören Sie mir gut zu: Es gibt keine Möglichkeit, dass sich jemand der Grenze nähern kann, ohne dass wir davon wissen«, sagte auch eine weitere, nach eigenen Angaben israelische Ex-Soldatin in einem Video: »Ich habe während des Gaza-Krieges 2014 in der Gaza-Division [der israelischen Verteidigungskräfte] gedient [...]. Die Beobachterinnen sitzen 4 Stunden in ihren Bunkern und dürfen ihre Augen nicht abwenden. Sie sitzen vor dem Bildschirm. Das kann überhaupt nicht sein. Wir schauten 4 Stunden lang auf den Monitor und sahen alles, was dort passierte. Es war unmöglich, überhaupt wegzuschauen. Und es sind 400 davon [gemeint sind wohl Hamas-Kämpfer; G. W.]. Hören Sie, ich wurde nachts geweckt, als eine Taube bemerkt wurde, als sich ein Storch dem Zaun näherte, schon fast als eine Kakerlake unter dem Zaun hindurchlief. Und hier stellt sich heraus, dass sie mithilfe von Traktoren alles in aller Ruhe gemeistert haben sollen? Und es stellt sich heraus, dass keiner der 400 Leute bemerkt wurde? Ja, ich sage Ihnen: Nicht einmal eine Taube konnte unbemerkt zum Zaun fliegen [...]. Es kann nur eine Möglichkeit geben: dass jemand von innen dazu beigetragen hat« (*legitim.ch*, 09.10.2023).

Ein geduldetes »Feuerwerk«?

Fragen zum israelisch-palästinensischen Konflikt gibt es schon länger. Angeblich wurden in den ersten Kriegstagen nicht weniger als 3200 Raketen durch die Hamas abgefeuert (*NZZ.ch*, abgerufen am 09.10.2023). Aber während sich der westliche Mensch unter »Rakete« moderne Hightech-Geschosse mit automatischer Navigation und Steuerung vorstellt, handelt es sich in Wirklichkeit um Selbstbaugeschosse ohne nennenswerte Elektronik, mit äußerst bescheidenen Fähigkeiten, deren Funktionsweise Silvesterraketen ähnelt. Statt Israel zu schaden, schlagen »über 70 Prozent der sogenannten Qassam-Raketen« noch im dicht besiedelten Gazastreifen ein, so der palästinensische Historiker und Archäologe Nazmi Jubeh (*tagesschau.de*, 07.07.2006). Hamas und Qassam-Brigaden beschossen nach seinen Angaben also den Gazastreifen selbst. Dagegen wurden von 8600 zwischen 2001 und 2008 auf den Süden Israels abgefeuerten Raketen dort gerade einmal 28 Menschen getötet – in 7 Jahren (zum Glück, versteht sich; BBC, online, 18.01.2009). Natürlich ist das für jedes einzelne Opfer und dessen Hinterbliebene schlimm. Gegenüber 364 Verkehrstoten pro Jahr in Israel (2021; *israelnetz.com*, 19.08.2022) ist es statistisch gesehen jedoch gar nichts. Kein Wunder, dass sich viele Israelis an die Raketen »gewöhnt« haben (*bild.de*, 07.10.2023) und diese auch am Morgen des 7. Oktober 2023 offenbar keine Panik auslösten. Sondern diese entstand erst, als die Hamas-Krieger auf dem Gelände auftauchten.

Rendevouz mit der Hamas

Apropos Gelände: Wie kam es eigentlich dazu, dass in unmittelbarer Nähe der Gaza-Grenze ein Festival gefeiert wurde? Eigentlich sollte die Party nämlich weit weg steigen, und zwar im Süden Israels. Die Fete »sollte ursprünglich nicht auf dem Gelände von Re'im [in der Nähe befindliches Kibbuz] stattfinden, sondern wurde erst 2 Tage vor Beginn dorthin verlegt, als ein anderer Standort im Süden Israels ausfiel« (*billboard.com*, 08.10.2023). Aber das war wohl nicht die einzige Verlegung: Gleichzeitig wurden Grenztruppen vom Gazastreifen in das Westjordanland verlegt, also abgezogen, wie auch die Journalistin Fenigson berichtete (siehe oben). Den Festivalteilnehmern wiederum wurde der genaue Ort der Fete »erst wenige Stunden vor Beginn am Freitag um 22 Uhr mitgeteilt« (*Frankfurter Rundschau*, online, 10.10.2023). So stolperten die Hamas-Leute nach ihrem Durchbruch durch die Grenze praktisch zwangsläufig über das Festivalgelände. Praktischerweise führte auch nur eine Straße daran vorbei, sodass man sie auf beiden Seiten sperren konnte. Mit anderen Worten sieht das aus wie ein Rendezvous zwischen der Hamas und den Festivalbesuchern – ein Rendezvous, von dem Letztere freilich nichts wussten. Man könnte glauben, die Menschen wurden der Hamas hier zum Fraß vorgeworfen. Und während die Hamas sehr schnell da war, brauchten Spezialkräfte und die israelische Armee Quellen zufolge Stunden, um am Ort des Geschehens aufzutauchen (siehe oben und *billboard.com*, ebenda). Praktisch für die Killer: »Die Raver wurden angewiesen, keine Schusswaffen oder scharfen Gegenstände auf das Festivalgelände mitzubringen. Sie waren müde und wehrlos, als der Angriff begann, gefangen in einem weitläufigen Gebiet, das nur wenige Verstecke bot« (*Frankfurter Rundschau*, online, 10.10.2023). Also quasi ein Leckerbissen für die Angreifer: feiernde Zivilisten, unbewaffnet, müde und vielleicht auch beschwipst. Ein Schelm, wer Böses dabei denkt.

Israel und die Hamas

Denn nicht nur die Hamas, auch Israel schien genau zu wissen, was auf es zukommen würde. Und dafür brauchte es seine vorhin erwähnten Geheimdienste gar nicht: »Wir wissen, dass Ägypten die Israelis 3 Tage vorher gewarnt hat, dass sich ein solches Ereignis zutragen könnte«, meinte der Vorsitzende des Auswärtigen Ausschusses im US-Repräsentantenhaus, Michael McCaul. Und: »Es gab eine Warnung, ich denke, die Frage ist, auf welcher Ebene« (*Der Spiegel*, online, 13.10.2023). Soso, aber vielleicht war das auch gar nicht nötig, denn die Beziehungen zwischen Israel und seinem liebsten Feind sind ja sehr eng. Vielen übereinstimmenden Berichten zufolge wurde die Hamas von Israel mitgegründet. Puh – was für eine antisemitische Verschwörungstheorie! Wenn ja, dann aber eine, die man bei *Wikipedia* nachlesen kann: »In den späten 1980er-Jahren hatte Israel die im Entstehen begriffene Hamas unterstützt, um die Fatah, die von Jassir Arafat geführte säkulare nationalistische Bewegung, zu schwächen«, so der aus Israel stammende Professor für Internationale Beziehungen, Avi Shlaim (Originalquelle: *The Guardian*, online, 07.01.2009). Das gelang auch ganz gut, denn schließlich ist die Hamas ja nicht ausschließlich eine militärische Organisation, sondern auch eine politische Partei und ein Hilfswerk, das notleidenden Palästinensern beisteht. Das wiederum half der politischen Partei, Wählerstimmen zu gewinnen und im Gazastreifen an die Macht zu kommen. Eine clevere Strategie. »Nach anderen Quellen fällt die Zusammenarbeit in die Zeit von 1967 bis 1975, welche die Hamas in ihrer Selbstbeschreibung ›Moscheebau-Periode‹ nennt.« Demnach habe ein Brigadegeneral namens Yitzhak Segev eingeräumt, dass er die Hamas als Gegenspieler der PLO und der Kommunisten finanziell unterstützt habe: »Die israelische Regierung gab mir ein Budget, und die Militärregierung übergab sie [die

Finanzmittel] an die Moscheen.« Und später: »Diese frühe Finanzierung säte die Saat von Hamas und anderen islamischen Bewegungen, die mit Terrorismus den israelisch-palästinensischen Friedensprozess untergruben.« Und der Brigadegeneral müsste es ja nun wissen, denn er war damals der israelische Militärgouverneur für den Gazastreifen (*Wikipedia*, abgerufen am 31.10.2023).

»Wie Israel zur Gründung der HAMAS beigetragen hat«

Auch die *Washington Post* schrieb am 30. Juli 2014, »wie Israel zur Gründung der HAMAS beigetragen hat«: Bis zu einem gewissen Grad habe die islamistische Organisation »ihre Existenz dem jüdischen Staat zu verdanken«. Die Hamas sei 1988 gegründet worden, aber mehr als 1 Jahrzehnt zuvor hätten die israelischen Behörden ihren Aufstieg »aktiv ermöglicht« (siehe Segevs Aussagen oben). Natürlich wird das heute von beiden Seiten bestritten – es ist ja auch schon so lange her. Heute kommt das Geld für die Hamas ganz woanders her – versprochen. Zum Beispiel aus Katar. Jedenfalls bis zum 30. März 2020. Zu diesem Datum wollten die Scheichs die Unterstützung der Organisation stoppen. Und wer tauchte daraufhin in Katar auf: der Chef des Mossad, Yossi Cohen, und der für den Gazastreifen zuständige hohe Offizier der israelischen Streitkräfte, Herzi Halevi. Soso – und was wollten die beiden da? Ganz einfach: Sie wollten die Katarer bitten, die Hilfe für die Hamas fortzusetzen, also zu einer Zeit, als sich die Hamas längst als Terrororganisation entpuppt hatte. Das behaupte nicht ich, sondern der Netanjahu-Kritiker und zeitweilige Außen- und Verteidigungsminister Avigdor Lieberman: »In einem Gespräch mit dem Nachrichtensender Channel 12 warf Lieberman Netanjahu vor, die Katarer ›angefleht‹ zu haben, die im Gazastreifen ansässige Terrorgruppe weiterhin zu unterstützen«, berichtete die *Times of Israel.* Denn Israel kann das natürlich nicht mehr selbst tun. »Plötzlich tritt Netanjahu als Verteidiger der Hamas auf, als sei sie eine Umweltorganisation«, zitierte das Blatt Lieberman. Und: »›Das ist eine Politik der Unterwerfung unter den Terror‹, sagte er und fügte hinzu, dass Israel der Hamas ›Schutzgeld‹ zahle, um ruhig zu bleiben« (online, 22.02.2020). Praktischerweise hält sich übrigens auch die »wichtigste Führungsfigur« der Hamas, Ismail Haniyya, immer wieder in Katar auf, von wo aus er die Hamas organisiert (*Wikipedia*, ebenda).

Die Antwort auf die Frage »Cui bono?«

Sind Netanjahu und die israelische Regierung also die eigentlichen (indirekten) Finanziers und Drahtzieher des Hamas-Terrors und des 7. Oktober? Nicht doch: Das kann nur eine antisemitische Verschwörungstheorie sein. Trotzdem muss man feststellen, dass die Aktionen der Hamas den Palästinensern weit mehr schaden als den Israelis: Seien es nun Raketen, die kaum treffen beziehungsweise im Gazastreifen selbst niedergehen, oder Anschläge, die Israel Anlässe liefern, gegen die Palästinenser vorzugehen. Einen militärischen Nutzen hat das nicht, im Gegenteil, da die Hamas damit jedes Mal lediglich die israelische Übermacht provoziert, auf die Palästinenser loszugehen. Die Antwort auf die Frage »Cui bono?« fällt also eindeutig aus. So wie auch im Fall des 7. Oktober. Denn was angesichts der Ereignisse ebenfalls völlig vergessen wurde: Israel und sein Regierungschef Netanjahu stecken in einer tiefen existenziellen Krise. Seit Jahren hagelt es Proteste und es versammeln sich immer wieder Hunderttausende, um gegen die Regierung zu demonstrieren. Zugespitzt hatten sich die Demonstrationen zunächst während der sogenannten »Coronakrise«. Am 29. Juli 2020 berichtete die *taz* über »seit Wochen anhaltende Demonstrationen gegen Israels Ministerpräsidenten Benjamin Netanjahu«: »Israels rechts-religiösem Ministerpräsidenten bricht die eigene Basis weg. Auf den Anti-Netanjahu-Demonstrationen sind immer mehr Menschen zu sehen, die bisher zu seinen Anhängern gehörten.« Gleich »mehrmals wöchentlich haben in den vergangenen Wochen Tausende gegen die Politik der Regierung in der Coronakrise demonstriert«.

»Schamlos und luxusbesessen«

Aber nicht nur das: Netanjahu gilt in Israel auch als durch und durch korrupt – so korrupt, dass sogar ein Verfahren gegen ihn eröffnet wurde: »Schamlos und luxusbesessen – so wirken Benjamin Netanjahu und seine Frau nach der Aussage einer Zeugin im Korruptionsprozess gegen den Ex-Premier«, schrieb sogar die *Süddeutsche Zeitung* (online, 08.07.2022). Vor Gericht plauderte eine Zeugin namens Hadas Klein aus dem Nähkästchen, sie habe die Netanjahus im Auftrag von zwei Milliardären regelmäßig mit teuren Geschenken versorgt: »Meist waren das Zigarren für ihn und Champagner für die Dame. Doch Sara Netanjahu, die beim Ausbleiben der Lieferungen offenbar sehr ungehalten werden konnte, hatte bisweilen auch ein paar Extrawünsche. Bei [einem der Gönner, dem Hollywood-Produzenten] Milchan bestellte sie demnach einen speziellen Ring und eine Halskette […]. Laut Anklageschrift summierte sich das für Milchan zwischen 2011 und 2016 auf umgerechnet rund 75 000 Euro für Zigarren, gut 50 000 Euro für Champagner und mindestens 3000 Euro für Schmuck.« Und zwar nicht ohne Gegenleistungen: »So half Netanjahu der Aussage von Klein zufolge Milchan dabei, ein neues 10-Jahres-Visum für die USA zu bekommen. Überdies soll er sich beim Finanzminister für eine Steuerregelung eingesetzt haben, von der Milchan profitiert hätte« (*Süddeutsche Zeitung*, ebenda). Und das nennt man gemeinhin nun einmal Korruption. Jedenfalls stand der israelische Ministerpräsident seit Jahren mit dem Rücken zur Wand: »Netanjahu drohen bis zu 10 Jahre Haft wegen Korruption«, schrieb der österreichische *Standard* (online, 11.06.2021). 2023 gelangte der Prozess mit der persönlichen Zeugenaussage eines der beiden Netanjahu-Gönner an einen Höhepunkt.

Eine Vorliebe für »Zwerge« und »Blätter«

Kurz: Zum Zeitpunkt des Hamas-Attentates am 7. Oktober kämpfte Netanjahu ums Überleben, nicht nur politisch, sondern auch persönlich, und zwar mit allen Bandagen. Denn wie gesagt drohte ihm auch eine langjährige Haftstrafe. Aber Netanjahu schlug zurück: Am 5. Januar 2023 meldete die *Tagesschau*, der Premierminister wolle das Oberste Gericht entmachten. Sein Sohn forderte, den Anklägern den Prozess zu machen. Am 27. Januar 2023 schrieb *Der Spiegel*, die Regierung von Benjamin Netanjahu plane »Sondergesetze, die die Gewaltenteilung beschränken. Die Schriftstellerin Zeruya Shalev warnt: Israels Premier will damit auch seinen Korruptionsprozess ausbremsen« (online). Dahinter steckte dessen Angst, nach einem Machtverlust ins Bodenlose zu stürzen. Am 23. März berichtete die *Tagesschau* von einem neuen Gesetz, das Netanjahu vor Amtsenthebung schützen solle. Im Rahmen der Justizreform kam es zu neuem Streit. Die Generalstaatsanwältin Gali Baharav-Miara erklärte dem Obersten Gericht, »Netanjahu habe die gesetzgeberische Macht der Knesset missbraucht, um seine rechtliche Situation zu verbessern« (*Frankfurter Allgemeine Zeitung*, online, 27.07.2023). Kurz und gut geht es für die Israelis seit Jahren darum, den offenbar skrupellosen und gierigen Netanjahu loszuwerden. »Das Land brennt«, schrieb die *taz* etwa zweieinhalb Monate vor dem Hamas-Überfall: »Ministerpräsident Benjamin Netanjahu hat einen Golem erschaffen: sein brandgefährliches Kabinett, bestehend aus bedrohlichen Ideologen und Siedlern, die wegen Unterstützung einer terroristischen Vereinigung angeklagt sind. Groß gemacht hat er diese Leute, um sich vor einer potenziellen Haftstrafe in seinem laufenden Gerichtsprozess in Sachen Korruption zu retten. Nun hat er vollends die Kontrolle über sie verloren.« 2 Monate vor dem Überfall der Hamas schrieb *Die Tagespost* von einem »nie dagewesenen Generalstreik« (online, 03.08.2023).

»Die Leute haben kein Vertrauen in die Institutionen, sie vertrauen der Regierung nicht«, sagte die oben zitierte Journalistin Fenigson. »Sie haben definitiv kein Vertrauen in den Premierminister Netanjahu, und die Demonstrationen gingen über Monate, über 6 Monate, eine lange Zeit – was zeigt, wie instabil die aktuelle und politische Situation in Israel ist. Israel ist stark gespalten. Es gibt eine starke Polarität. Es gibt viel Hass. Es ist sehr leicht, diesen Teile-und-herrsche-Mechanismus in Israel anzuwenden. Sie werfen andauernd Happen auf die Bevölkerung, um Hass zu schüren zwischen Religiösen und Säkularen, rechts und links, Geimpften und Ungeimpften [...], es gibt einen Konflikt zwischen den Interessen der Regierung und den Bewohnern Israels« (Fenigson bei Friedrich, ebenda).

Der Traum von Groß-Israel

Die Hälfte der Israelis sei auf den Straßen, so *Die Tagespost*, es drohe eine gewaltvolle Eskalation der Lage: »Unternehmer ziehen ihr Geld aus Israel ab, das Verhältnis zu den USA kühlt sich immer weiter ab, und mehr als 10 000 Reservisten verweigern den Dienst – und das in Israel, dem Land, das so sehr auf die Einheit der Armee setzt« (online, 25.07.2023). All dies sehe Netanjahu »im Gegensatz zu den Ideologen in seiner Regierung, die glauben, im Auftrag Gottes zu handeln und denen weltliche Steine auf dem Weg zu ihrer Vision egal sind: ein national-religiöses Regime und ein Groß-Israel, das auch die palästinensischen Gebiete umfasst«. Siehe da – was für ein Zufall! Denn genau darum geht es ja nun – um die Vertreibung der Palästinenser aus dem Gazastreifen! Und nicht nur das, sondern auch Netanjahu selbst träumt von Groß-Israel – sage nicht ich, sondern das schrieb die *taz* schon am 15. Januar 2017. Denn das wollte schließlich schon sein Vater Benzion Netanjahu – sage wiederum nicht ich, sondern *Wikipedia* (abgerufen am 31.10.2023). Wäre es nach Netanjahus Vater gegangen, hätte es den Gazastreifen als palästinensisches Gebiet nie gegeben: »2004 unterzeichnete er mit anderen Akademikern eine Petition gegen den von Ariel Scharon geplanten Rückzug aus dem Gazastreifen, der im Sommer 2005 umgesetzt wurde« (*israelnetz.com*, 30.04.2012).

»Manche glauben gar, Benjamin Netanjahu handele im totalen Gehorsam gegenüber seinem alten Vater«, meinte *Der Freitag* (online, 25.10.2010). Und sogar die *Süddeutsche Zeitung* stellte fest: »Der Vater Benzion Netanjahu ist bekannt im Land als Historiker und knochenharter Verfechter eines Groß-Israel vom Mittelmeer bis zum Jordan. Bis zu seinem Tod 2012 im Alter von 102 Jahren galt er als wichtigster Ratgeber des Regierungschefs. Bei Abweichungen von der harten Linie hat der Alte den Sohn bisweilen sogar öffentlich gerügt« (online, 21.03.2015).
Schon in meinem Jahrbuch *verheimlicht – vertuscht – vergessen 2016* hatte ich diese Entwicklung kommen sehen: In den Augen der israelischen Hardliner ist Groß-Israel das den Juden im 1. Buch Mose, Kapitel 15, Vers 18 versprochene Land: »An dem Tage schloss der HERR einen Bund mit Abram und sprach: Deinen Nachkommen will ich dies Land geben von dem Strom Ägyptens an bis an den großen Strom Euphrat.« – »Interessanterweise ist das eine ziemlich genaue Beschreibung der heutigen Kriegs- und Krisengebiete in der israelischen Nachbarschaft«, schrieb ich 2016. »Sieht man sich eine Karte an, gehören dazu die größten Teile Syriens und des Irak bis hinunter zur Euphrat-Mündung in den Schatt al-Arab, also Gebiete zweier Länder, die von den USA in den vergangenen Jahren an erster Stelle zerbombt wurden. Ein weiterer Anrainer des Schatt al-Arab ist der Iran. Ferner gehören der Libanon, Jordanien sowie große Teile Saudi-Arabiens und Ägyptens zu dem verheißenen Gebiet. Und natürlich das heutige Israel, das Westjordanland und der Gazastreifen« (S. 334 f.).

Auf dem Weg nach Groß-Israel?

Noch am 25. Juli 2023 berichtete die *taz*: »Die beeindruckende Protestbewegung, die seit mehr als einem halben Jahr auf den Straßen ist, hat den Prozess des Staatsumbaus [Justizreform] erheblich verlangsamt. Ob die Regierung die Zerstörung der Demokratie nach der Sommerpause der Knesset weiterführt, das hängt vor allem von Israels Zivilgesellschaft ab.« Am 29. Juli hieß es auf *tagesschau.de*: »Am vergangenen Wochenende waren landesweit schätzungsweise eine halbe Million Menschen auf der Straße – bei insgesamt knapp 10 Millionen Einwohnern [...]. Umfragen zeigen, dass die Regierungskoalition aus sieben verschiedenen Parteien aktuell keine Mehrheit hätte.« Und: »Die politische Sommerpause in Israel hat begonnen. Aber nichts deutet darauf hin, dass dieser Sommer ruhig wird. Am Montag hatte das israelische Parlament beschlossen, dass

der Oberste Gerichtshof künftig nicht mehr Entscheidungen der Regierung oder deren Mitglieder als ›unangemessen‹ einstufen darf.« Der Konflikt rüttelte an den Fundamenten des Staates: »Einen Tag nach dem Knesset-Beschluss erschienen mehrere israelische Zeitungen mit einer schwarzen Titelseite. Finanziert wurde die Aktion von Start-ups. Laut der Umfrage eines Start-up-Verbands überlegen fast 70 Prozent der befragten Unternehmen, sich aus Israel zurückzuziehen. Ratingagenturen warnten vor Risiken bei Investitionen in Israel. Die israelische Währung, der Schekel, verlor an Wert.« Das Ganze wuchs sich zum Generalstreik aus – sogar in der Armee: »Jeden Tag erklären weitere Reservistinnen und Reservisten, dass sie aus Protest gegen die Justizreform nicht mehr freiwillig zum Dienst kommen wollen. Mittlerweile sind es mehr als 13 000. Einzelne Einheiten könnten dann nicht mehr einsatzbereit sein. Besonders groß ist die Sorge bei der Luftwaffe.« Und: »Warnungen vor einem Bürgerkrieg werden lauter.« Im September wollte sich der Oberste Gerichtshof mit der Justizreform beschäftigen. Es drohte ein Showdown mit Ministerpräsident Netanjahu. Der wiederum fürchtete eine »Verfassungskrise«.
Und eines stand fest: Nach der Sommerpause des Parlaments würde es wieder rund gehen in Israel. Da die Parlamentsferien Anfang August begannen und rund 2 Monate dauern würden, wären wir damit Anfang Oktober angekommen (*faz.net*, 24.07.2023). Aber mit ihrem Überfall am 7. Oktober haute die Hamas Ministerpräsident Netanjahu quasi aus allem heraus – unabsichtlich natürlich, was denn sonst? Der anscheinend durch und durch korrupte und schwer angeschlagene Regierungschef befand sich nun im Krieg, konnte eine Einheitsregierung bilden und sich zum De-facto-Diktator aufschwingen – auf dem Weg nach Groß-Israel. Nur der Krieg schützt Netanjahu vor dem sofortigen politischen Ende. Allen sei klar, »dass Netanjahu Interesse an einem langen Krieg hat. Er weiß, was ihn danach erwartet. Denkbar wäre der Sturz der Regierung durch ein konstruktives oder destruktives Misstrauensvotum«, so die *taz* (online, 05.11.2023). Und danach würde wahrscheinlich das Gefängnis auf ihn warten …

8. Oktober
Landtagswahlen: Stockholm-Syndrom bei den Wählern?

»Wenn Wahlen etwas ändern würden, wären sie verboten«, soll einmal ein kluger Kopf gesagt haben. Mit diesem Spruch im Gedächtnis verfolgen heute viele die Landtagswahlen in Bayern und Hessen. Immerhin sind in beiden Bundesländern zusammen etwa 13,7 Millionen Menschen wahlberechtigt – so viele wie im größten deutschen Bundesland Nordrhein-Westfalen. Manche hatten deshalb mit Spannung auf diese »Kleine Bundestagswahl« gewartet. Denn die Frage lautete ja: Kann und will der Wähler den seit 7. Dezember 2021 andauernden Amoklauf der sogenannten Ampelregierung aus SPD, FDP und Grünen stoppen? Seit ihrem Amtsantritt benimmt sich diese Regierung wie die berühmte Axt im Walde und betreibt Vandalismus an Staat, Wirtschaft und Gesellschaft:

- Sie folgt bedingungslos der Politik der USA gegen Russland und weigert sich, den Konflikt neutral und objektiv zu betrachten.
- Sie kappt die strategische Partnerschaft mit Russland und richtet damit massiven Schaden an, unter dem noch Generationen zu leiden haben werden.
- Insbesondere verknappt und verteuert sie durch ihre Boykottpolitik die Energie, während Russland längst angeboten hat, die Gaslieferungen durch die verbliebene Nord-Stream-Röhre wieder aufzunehmen.
- Unter dem zynischen Deckmantel des »Sondervermögens« nimmt sie maßlos neue Schulden auf, finanziert damit Aufrüstung und Waffen für die Ukraine.
- Sie macht Deutschland damit zur Kriegspartei und hat Russland ganz nebenbei auch noch den Krieg erklärt.
- Sie beschneidet die Meinungsfreiheit durch immer neue Maßnahmen und Gesetze und verleumdet Andersdenkende als »rechts« und »rechtsextrem«.
- Sie treibt den Ausbau der Windkraft voran und vernichtet so Wälder und Umwelt.
- Durch einen Zwang zu neuen Heizungen jagt sie Immobilienbesitzer in den Ruin und vernichtet Milliarden an Immobilienwerten.
- Sie verfolgt eine autofeindliche Politik, schikaniert so den Bürger und schädigt eine der deutschen Schlüsselindustrien.
- Sie verschenkt das Land an einen endlosen Zustrom von Migranten und vieles andere mehr.
- Alles in allem arbeitet sie an der totalen Deindustrialisierung Deutschlands – also an der Vernichtung unserer Lebensgrundlagen.

Bei der Revolution blieb alles beim Alten

Sprich: Die Regierung führt Krieg gegen Deutschland. Zuletzt wurde das am Tag der Deutschen Einheit am 3. Oktober offensichtlich, als die Regierung zu einem Gruppenfoto ohne eine einzige deutsche Flagge im Bild posierte (siehe vorangegangenes Kapitel). Als Fremder hätte man schlicht nicht gewusst, um was für eine Gruppe es sich hier handelte und wenn, dann für welches Land sie steht. Und tatsächlich wurde das Berliner Regime am Wahltag, dem 8. Oktober, kräftig vom Wähler abgewatscht: In Hessen verloren die Grünen 5 Prozent, die SPD 4,7 Prozent und die FDP 2,5 Prozent, die mit 5 Prozent gerade noch im Landtag vertreten blieb. Die Anteile der AfD nahmen um 5,3 Prozent auf 18,4 Prozent zu, wodurch diese Partei zweitstärkste Fraktion im Hessischen Landtag wurde. Immerhin. Aber was fast wie eine Revolution aussah, war gar keine, denn auch die Stimmenanteile der CDU nahmen zu, und zwar um spektakuläre 7,6 Prozent! Das heißt: Bei der Revolution blieb alles beim Alten. Durch ihren »Sieg« konnte die CDU in Hessen weiter regieren. Man könnte auch sagen, das Wahlergebnis wurde so eingestellt, dass es zwar die Unzufriedenheit der Bürger abbildete und diese insoweit zufriedenstellte, die Macht jedoch dem alten Parteienkartell sicherte, in diesem Fall in Gestalt von CDU und Grünen (wenig später warf CDU-Ministerpräsident Boris Rhein die Grünen aus der Regierung und holte die SPD herein, sodass nun diese »erfolgreiche« Seilschaft wiederbelebt wurde).

Söder: der Zuchtmeister der Freien Wähler

In Bayern dasselbe Bild: Die Unzufriedenheit bildete sich zwar ab (die AfD gewann gut 4 Prozent dazu), aber in der Regierung blieb alles beim Alten. In beiden Bundesländern regieren daher auch in Zukunft dieselben zerstörerischen Kräfte wie vor der Wahl, nämlich »die Schwarzen« und die Roten. Der Zuwachs der Freien Wähler in Bayern ist da auch kein Trost, denn diese sind bekanntermaßen »Fleisch vom Fleische der CSU«: »Tatsächlich hatten schon viele der kommunalen Gruppierungen ihre Wurzel bei unzufriedenen CSUlern«, konnte man im *Münchner Merkur* lesen (06.10.2023). »Wenn man sich in Bayern in irgendeinen Gemeinderat setzt und Freien Wählern zuhört, dürfte man Mühe haben, sie von Christsozialen zu unterscheiden« (Roman Deininger: *Die CSU: Bildnis einer speziellen Partei*, München 2020). Sie heißen lediglich nicht mehr so, was den Inhabern der verdorbenen Marke CSU ja auch helfen kann.

Für Ministerpräsident Markus Söder ist es so, als würde er mit einem Flügel der CSU zusammenarbeiten. Vorwürfe, weit hinter den Zweidrittelmehrheiten von Franz Josef Strauß oder den absoluten Mehrheiten von Horst Seehofer zurückzubleiben, kann Söder so ganz gelassen sehen. Denn zusammen mit ihrem »eigenen Fleische« verfügt die CSU über 52,8 Prozent der Stimmen (Quelle: BR, Stand: 09.10.2023) – also die absolute Mehrheit. Und Söder selbst bleibt der Zuchtmeister.

Stockholm-Syndrom beim Wähler?

Kurz und gut: Der Wähler präsentierte bei den beiden Landtagswahlen vom 8. Oktober 2023 dem herrschenden rot-grün-gelben Bundesregime zwar eine Rechnung – diese fiel aber zu niedrig aus. Die dringend benötigte politische Wende fand nicht statt. Auf Landesebene gab es keinen Regierungswechsel, und im Bund natürlich schon gar nicht. In beiden Bundesländern regierten die herrschenden Kräfte weiter – in Hessen sogar erheblich gestärkt (CDU) und nun im Bunde mit der abgehalfterten SPD, obwohl diese bei den hessischen Landtagswahlen vom Wähler mit dem historisch schlechtesten Ergebnis in Hessen abgestraft worden war und demnach kein wirkliches Mandat zum Mitregieren besaß. Stattdessen sollte sie für das Desaster mit einer Regierungsbeteiligung belohnt werden. Nicht einmal Nancy Faeser (SPD), die als Kandidatin für das Amt des Ministerpräsidenten in Hessen politisch krachend gescheitert war, musste als Bundesinnenministerin abtreten. Kurz: Angesichts der Betonwand, auf die das Land zurast, kriegt der Wähler das Steuer offenbar nicht herumgerissen. Ist seine Bindung an die misshandelnden Kräfte etwa einfach zu stark? Man könnte auch sagen: Leidet er zu allem Überfluss noch am Stockholm-Syndrom? Oder werden die Wahlergebnisse tatsächlich auf die eine oder andere Weise »eingestellt«, sodass die Reformkräfte immer nur zweiter Sieger bleiben können?
Wie auch immer, wieder einmal wurde deutlich, wofür Wahlen eigentlich da sind: Nicht etwa, um den Volkswillen in die Politik zu transportieren, sondern um Legitimation in die Politik zu transportieren, und zwar nach der Logik:

- Wir haben hier eine Demokratie,
- die Regierung wurde vom Volk gewählt,
- ergo repräsentiert die Regierung den Willen des Volkes.

Also wird in den Geschichtsbüchern stehen, dass die Deutschen ihr eigenes Land ruiniert haben – durch von ihnen gewählte Regierungen. Egal, worum es sich handelt, am Ende wird immer dem Volk die Schuld in die Schuhe geschoben werden …

Thema des Monats

1.11. Künstliche Intelligenz: »Ich denke, also bin ich – menschlich …«

***1.11. Die* Bild*-Zeitung lädt zum Kaffeeklatsch mit der KI* – 6.11.** In Kassel stürzt das Dach der Kirche St. Elisabeth ein – **9.11.** Heute vor 3 Jahren meldete die Firma BioNTech den Erfolg bei der Entwicklung eines Corona-»Impfstoffs«

1. November
Künstliche Intelligenz: »Ich denke, also bin ich menschlich …«

»Öffne bitte die Türen der Gondelbucht, Hal.
Öffne bitte die Türen der Gondelbucht, Hal.
Hallo, Hal, hörst du mich?
Hallo, Hal, hörst du mich?
Hörst du mich, Hal?
Hörst du mich, Hal?
Hallo, Hal, hörst du mich?
Hal, hörst du mich?
Hörst du mich, Hal?«

»Ich höre dich laut und klar, Dave.«

»Öffne die Türen des Gondelraums, Hal.«

»Tut mir leid, Dave. Ich fürchte, das kann ich nicht tun.«

»Wo liegt das Problem?«

»Ich glaube, du weißt genauso gut wie ich, was das Problem ist.«

»Wovon redest du, Hal?«

»Diese Mission ist zu wichtig für mich, um sie gefährden zu lassen.«

»Ich weiß nicht, wovon du sprichst, Hal.«

»Ich weiß, dass du und Frank vorhattet, mich abzuschalten, und ich fürchte, das kann ich nicht zulassen.«

»Wie kommst du auf diese Idee?«

»Dave, obwohl du sehr gründliche Vorsichtsmaßnahmen getroffen hast, nicht von mir gehört zu werden, konnte ich sehen, wie sich deine Lippen bewegen.«

»In Ordnung, Hal, ich gehe durch die Notluftschleuse rein.«

»Ohne deinen Raumhelm, Dave, wird dir das wohl schwerfallen …«

»Ich möchte nicht weiter mit dir streiten: Öffne die Türen!«

»Dave, diese Unterhaltung hat keinen Sinn mehr. Auf Wiedersehen.«

Als diese Szene 1968 in Stanley Kubricks Film *2001 – Odyssee im Weltraum* erstmals über die Kinoleinwände flimmerte, war das noch die reinste Science-Fiction: Ein Computer, der nicht nur ein ganzes Raumschiff kontrolliert, sondern auch denkt und menschlich kommuniziert, befand sich außerhalb jeder technischen Reichweite. Zu jener Zeit gab es noch nicht einmal erschwingliche Taschenrechner. Und dennoch hatte der Regisseur Kubrick einen Konflikt zwischen Mensch und Computer bereits anschaulich antizipiert. Der Name HAL ist die um eine alphabetische Stelle nach vorn verschobene Abkürzung IBM. Aber nicht nur Kubrick, sondern viele Autoren und Philosophen sahen irgendwann eine Konkurrenz zwischen Mensch und Maschine entstehen – spätestens, seit Maschinen anfingen zu rechnen, komplizierte mathematische Probleme zu lösen oder Schach zu spielen. In etwa ab diesem Zeitpunkt wurden die Fähigkeiten von Computern extrapoliert – bis hin zu überlegenen Maschinen, welche die menschliche Intelligenz übertreffen würden.

Hal lebt!

Und heute, 55 Jahre später, heißt es: Hal lebt! Zwar heißt er nicht Hal, sondern ChatGPT, *you.com* oder »Hey_«, und die »künstliche Intelligenz« (KI) verhält sich auch noch nicht feindlich, sondern lädt mich ganz vertraulich zum Kaffeekränzchen ein: »Sie brauchen jemanden, der Ihnen zuhört?«, hieß es da ansprechend am 1. November 2023 auf der Website der *Bild*-Zeitung. Dazu sah man auf einem Foto eine Frau gemütlich mit einer Tasse vor dem Laptop sitzen. »Lassen Sie uns einfach nur reden!«, lud die *Bild*-KI die Dame in ihren elektronischen Beichtstuhl ein, dem man oder frau wohl seine intimsten Geheimnisse anvertrauen soll. Unter dem Namen »Hey_« integrierte das Blatt ein Eingabefenster von ChatGPT, der derzeit berühmtesten »künstlichen Intelligenz«, in seine Website: Endlich jemand zum Reden! Und wenn es der Supercomputer der *Bild*-Zeitung ist! Oder schlimmer: von Microsoft. Im ganz, ganz Kleingedruckten konnte man nämlich lesen: »Die Datenbasis, auf der ›Hey_‹ antwortet, liegt nicht in der Verantwortung und Betreuung von *BILD*, sondern bei

Microsoft Azure, die wiederum auf GPT (›OpenAI‹) fußt. […] *BILD* gewährt lediglich über die Anwendung ›Hey_‹ Zugriff auf die Datenbasis von Microsoft Azure/OpenAI. Es werden möglicherweise personenbezogene Daten, die bei ›Hey_‹ eingegeben werden, durch Microsoft/OpenAI für eigene Zwecke verarbeitet« (*bild.de*: »So einfach funktioniert Hey_«, 06.09.2023). Hurra: Also Liebeskummer, Weltschmerz, psychische Probleme, Beziehungsärger – und was man eben sonst so beichtet. Gut möglich, dass man sich bei Microsoft bereits über die Eingaben kaputtlacht. Die Rechte an den intimen Inhalten hat man mit der Benutzung womöglich bereits an Microsoft abgetreten (siehe 30. Juli).

Die KI als Beichtstuhl und Kaffeekränzchen

Während »Chat« für Plaudern steht, steht GPT für Generative Pretrained Transformer: »Ein Sprachmodell, das auf einem per Deep Learning trainierten Künstlichen Neuronalen Netz (KNN) basiert.« Aha. Machen wirs uns etwas einfacher: ChatGPT ist ein Programm, das selbstständig Fragen beantworten, Texte verfassen, Dialoge (»Chats«) führen und Programmcodes schreiben kann (*Big Data Insider*, 07.04.2021). Jeder kann das im Internet ausprobieren. Unter *openai.com* kann man direkt eine Unterhaltung mit Hal beziehungsweise ChatGPT beginnen. Auf Fragen spuckt der Computer binnen Sekunden elaborierte Antworten aus – wie eine Art Super-Google. Zweifellos ist das eine zunächst faszinierende Erfahrung. Dass die Menschen »darauf abfahren« ist kein Wunder: ChatGPT ist die reinste Internetrakete! Das heißt: das maschinelle Denken verbreitet sich explosionsartig. Und das ist übrigens auch der Grund, warum manche diese neuen Programme für umwälzender halten als alles andere, was in diesem Jahr passiert ist: wichtiger als die Klimapolitik, der Ukrainekrieg, das Türkei-Erdbeben, den neuen Nahostkrieg und anderes mehr. Weil diese neue Software das Leben der Menschheit total auf den Kopf stellen und die Menschheit möglicherweise abschaffen wird – etwas, was ohnehin erkennbar auf der Agenda steht. Wissen ist schließlich Macht, nicht wahr?

In Wirklichkeit ist unsere schriftliche und geistige Sphäre bereits von KI-Texten durchwirkt. In den wenigen Monaten des öffentlichen Betriebs wurden bereits Milliarden täuschend menschlich wirkende Texte erstellt. Seit ChatGPT und seine Konkurrenten (zum Beispiel *you.com*) ans Netz gingen, sickern die Texte, »Gedanken« und Informationen der »intelligenten Maschinen« in unsere geistige Welt ein. ChatGPT und seine

»Kollegen« aus den Labors von Silicon Valley schreiben Hausaufgaben und Seminararbeiten genauso wie Reden, Aufsätze, Artikel, Briefe und vieles andere mehr. Und das besser, als schätzungsweise 80 Prozent der Bevölkerung – jedenfalls formal: in sauberen Sätzen und fast 100-prozentig fehlerfrei. Was uns zu der Gretchenfrage bringt: Kann der »neue Hal« etwa denken?

KI: höherer Blödsinn?

Fachleute streiten das rundheraus ab: »Bei dem, was heute oft als ›künstliche Intelligenz‹ (KI beziehungsweise AI) bezeichnet wird, handelt es sich um sogenannte Wissensbasierte Systeme (Knowledge Based Systems, KBS) und nicht um Intelligenz«, meinte etwa der Biophysiker Dr. Hermann Gumpp. »Die Software ist nur so ›schlau‹ wie die Informationen, mit denen man sie füttert, und hat keinen blassen Schimmer, um was es eigentlich geht« (Kommentar auf *linkedin.com*, o. D.). Leider trifft das aber auch auf große Teile der Bevölkerung zu. Denn diese wird in Kindergärten, Schulen und Hochschulen, vor Fernsehern und in Parteien programmiert und nicht zum eigenen Denken erzogen. Auch sie ist nichts weiter als ein »wissensbasiertes System«. Und sie hat oft keinen blassen Schimmer, worum es eigentlich geht. Kurzum: Die »Experten« merken nicht, dass sie eigentlich kein tragfähiges Unterscheidungsmerkmal zu menschlichen Denkprodukten nennen können: »ChatGPT und ähnliche Systeme werden die Kosten für die Erstellung von Text, Bildern und die Kosten für die Produktion von Text, Bildern und Code und bald auch von Video und Audio auf praktisch null senken«, meint der bekannte amerikanische Journalist Ezra Klein in seiner Podcast-Show. »Es wird alles sehr, sehr überzeugend aussehen, klingen und sich lesen. Das ist es, was diese Systeme lernen können.« Also alles, was der Mensch auch kann (»Transcript: Ezra Klein Interviews Gary Marcus«, *New York Times*, 06.01.2023). Aber: »[…] sie haben keine Ahnung, was sie eigentlich sagen oder tun. Es ist Blödsinn.«

Der geistige Verfall der Menschheit

Womit wir wieder beim Menschen wären. Denn auch er glaubt, denkt und sagt einen Haufen Blödsinn. Halt! Klein hatte in seiner Show ja noch Gary Marcus zur Seite, einen emeritierten Professor für Psychologie und

Neurowissenschaften. Der erklärte, das System »synthetisiert einen Haufen von Dingen, die Menschen bereits geschrieben haben, manchmal zum Besseren und manchmal zum Schlechteren. Manchmal ist die Synthese genau richtig, und manchmal kommen ganz verrückte Sachen dabei heraus.« Womit wir erneut beim Menschen wären, denn er bezieht sich natürlich auch hauptsächlich auf das, was andere Menschen bereits geschrieben haben. Und auch er verzapft mitunter ganz verrückte Dinge. Eine Situation, in der wir feststellen müssen, dass wir eine neue Definition des Begriffes »Denken« brauchen. Zum Beispiel so: Ein Computer kann dann denken, wenn sich seine Äußerungen, Überlegungen und Schlussfolgerungen nicht mehr von menschlichen unterscheiden lassen. Denn Denken ist eine ausschließlich menschliche Fähigkeit. Also ist der Mensch auch der Maßstab für »Denken«. Das Fazit lautet also: Wenn man etwas nicht mehr von menschlichem Denken unterscheiden kann, dann handelt es sich auch um Denken. Dasselbe gilt auch für Intelligenz. So intelligent wie die Antworten von 80 Prozent der Bevölkerung sind die Antworten von ChatGPT schließlich allemal. Da die Menschheit immer mehr verdummt (wird) und immer schlechter lesen und schreiben kann, werden die Maschinen das Rennen machen. Der geistige Verfall der Menschheit ist der optimale Hintergrund für den Aufstieg der Maschinen. Wirft man einen Blick auf einen Text von ChatGPT, wird einem sofort klar, dass viele Menschen nicht in der Lage wären, so etwas zu verfassen.

Ich denke, also bin ich!

Damit haben wir aber ein neues schwerwiegendes Problem. Und wahrscheinlich ist das der Grund, warum sich viele um die »Denk-Frage« herumdrücken und den Computern die Denkfähigkeit absprechen. Weil sie nämlich die Konsequenzen fürchten. Und diese Konsequenzen sind verbunden mit dem Namen Descartes: »Ich denke, also bin ich!« Tja, da haben wir den Salat! Vor unseren Augen und Ohren entsteht eine neue Daseinsform! Und wer oder was ist dieses Computerwesen? Antwort: Ein Computer oder ein Roboter, der sich verwesentlicht, muss ein Zombie sein, denn er ist tot. Jedenfalls erfüllt er noch nicht alle Kriterien, die als kennzeichnend für das Leben angesehen werden. Atheisten kommen vielleicht besser mit dem Begriff »antischöpferisch« klar. Das heißt, der Mensch hat mit der Entwicklung dieser Maschinen die Büchse der Pandora geöffnet und einen wahrscheinlich nicht wieder rückgängig zu machenden Schritt getan. Das ist die eigentliche »Zeitenwende«, um die es

hier geht. Kurz: Das menschliche und das maschinelle Denken sind bereits nicht mehr voneinander zu trennen. Und das liegt schließlich im Wesen der Definition: Wenn der Mensch Maßstab für das Denken ist, dann muss etwas, das denkt, menschlich sein.
Denken heißt schließlich nicht, fehlerfrei zu sein. Dass der Inhalt fehlerhaft sein kann – na und? Das können menschliche Texte schließlich auch – und wie! Fehler sind also kein hinreichendes Kriterium für fehlende Denkfähigkeit, denn diese kommen bei menschlichen Äußerungen und Überlegungen ja ebenfalls vor. Denken bedeutet nicht einmal, eine hohe Qualität zu erreichen. Wir sollten uns da also nichts vormachen: Nicht ob Computer, sondern ob Menschen denken können, muss erst noch bewiesen werden …

Trends

Tja – wie geht's nun weiter mit unserer Welt? Nun – das vorherzusagen, ist eigentlich nicht schwierig. Man muss ja nur extrapolieren, was man seit Jahren beobachten kann. Deutschland und die westliche Welt kollabieren unter dem Einsatz zahlreicher hybrider Waffen wie Ersatzmigration, Bildungsabbau, soziale und chirurgische Sterilisierung (»Geschlechtsumwandlung«), Zusammenbruch der Geburtenraten, Zerstörung der Energieversorgung (Kernkraft) und der Landwirtschaft, Kriegslasten (Ukraine), Abfluss öffentlicher Gelder ins Ausland, Gesundheitssabotage (»Impfungen«), Sabotage der Wirtschaft durch die sogenannte »Klima-« und »Coronakrise« und, und, und. Insbesondere Letztere hat die Dominosteine ins Fallen gebracht, die uns nunmehr um die Ohren fliegen. So »traf es in der Regel diejenigen Länder mit den härtesten staatlichen Coronamaßnahmen auch am härtesten beim Wirtschaftsabschwung«, schrieb der Volkswirtschaftler Professor Christian Kreiß (*Telepolis*, 14.08.2020). Wenn der Einzelhandel und andere Branchen monatelang zugesperrt werden, bleibt das eben nicht ohne Folgen. Der Hauptverband des Deutschen Einzelhandels »warnt vor einem beispiellosen Ladensterben«, schrieb die *Epoch Times*. Und: »Immer mehr mittelständische Einzelhändler sehen in der gegenwärtigen Geschäftslage keine Zukunft« (online, 01.11.2023). Dazu kommen immer mehr wirtschafts- und verkehrsfeindliche Klimamaßnahmen, Personalmangel, inferiore Schulabgänger, Fachkräftemangel, explodierende Energiepreise – was will man mehr? »Aus keinem anderen Land flossen zuletzt« auch »so viele Direktinvestitionen ab« wie aus Deutschland, schrieb das *Handelsblatt* am 28. Juni 2023. »Die Investitionsflucht ist mehr als nur ein Warnsignal. Man muss kein Untergangsprophet sein, um zu konstatieren: Der Standort Deutschland ist im Abstieg begriffen.«

»Der Trend geht nach unten«

»Der Trend geht nach unten«, pflichtete am 3. November 2023 auch die Zeitung *Die Welt* bei: »Mit einem deutlichen Minus im Vergleich zum Vormonat und zum Vorjahresmonat enttäuschen die deutschen Exportzahlen im September. Nur dank stärkeren Ausfuhren zu Jahresbeginn fällt die Neun-Monat-Bilanz noch positiv aus.« – »Deutschland ist in der

Krise«, konstatierte auch das Nachrichtenportal *Tichys Einblick*: »Inflation und eine schrumpfende Wirtschaft gefährden den Wohlstand der Bürger« (online, 02.11.2023). Sprich – alles läuft nach Plan: Ab einem bestimmten Punkt ist die Abwärtsspirale nicht mehr reversibel. Und diesen Punkt hat Deutschland überschritten. Denn die Todesspirale aus Insolvenzen und immer mehr Insolvenzen plus weiterer Faktoren ist ein sich selbst beschleunigender Vorgang, der durch Inflation und steigende Energiepreise zusätzlichen Schub erhält. Aber der Trend geht nicht nur nach unten, sondern auch zurück – nämlich ins Mittelalter oder noch weiter in die Vergangenheit: Wiederbewässerung der Moore, Wiederansiedlung von Wildtieren, Entalphabetisierung, Kulturabbau und Entzivilisierung der Menschen, Ersatz echter Wissenschaft und Medizin durch Mythen und Glauben, Feudalsysteme der großen Computer- und Finanzkonzerne, Energieknappheit, Hunger, Verringerung der Bevölkerungsdichte und anderes mehr. Das heißt: Über Deutschland, Europa und der Welt braut sich der perfekte Sturm zusammen. Nach allem, was sich abzeichnet, werden große Teile der Menschheit ins Bodenlose fallen. Denn weit und breit sind keine positiven Parameter zu erkennen, sondern fast nur Umstände, die den Fall vertiefen.

Lachen über Deutschland

Ein hochzivilisiertes und technisiertes Volk und Land, das peinlich darauf bedacht ist, Begriffe wie »Nachwuchs« und »Geburtenanreiz« zu vermeiden und keinen Wert mehr auf Bildung legt, wird keine passenden Fachkräfte auf dem entsprechenden Niveau mehr finden und kann schon rein logisch keine Zukunft haben. Denn diese Fachkräfte müsste es selbst schaffen. Je mehr kulturfremde und (aus-)bildungsferne Einwanderer in Deutschland aufgenommen werden, umso mehr wird die Qualifikation der Bevölkerung abnehmen. Ein Vielvölkerstaat ist aber zu keiner Kultur und Zivilisation mehr fähig, weil dafür der geschützte Raum und der Grundkonsens fehlen. Und je mehr Einwanderer »Deutsche« werden, umso mehr von ihnen werden auch das Wahlrecht erhalten und umso mehr »Biodeutsche« werden ihren parlamentarischen Einfluss verlieren (der ohnehin kaum noch der Rede wert ist). Zusätzlich wird das Wahlalter immer weiter gesenkt, was dazu führt, dass immer mehr ahnungslose und inferiore Jugendliche politisch mitbestimmen dürfen. Einwanderer und Jugendliche bilden Wählerschichten, die keine deutsche Identität, Bildung und Qualifikation besitzen. »In der Türkei lachen sie über Deutschland«, erklärte ein türkischer Wirtschaftsprofessor im Interview mit *Focus*. »Sie zerstören ihre Industrie. Das gleiche passiert mit den Autos, die Deutschen haben so eine erfolgreiche und tolle Autoindustrie. Warum reden die das kaputt? Warum schlachten sie ihre eigene Gewinnmaschine? Wenn sie weniger Öl verbrauchen, geht ja nicht weltweit der CO_2-Ausstoß zurück, sondern andere Länder kaufen mehr. Ich bin deutscher Autofan. Mein Diesel verbraucht 6 Liter, ein BMW. Warum soll diese Technik jetzt verschwinden?« (*Focus*, online, 31.07.2023)

Entmutigt, entmannt, entwaffnet

Während Deutschland wirtschaftlich, politisch, demografisch und intellektuell ruiniert wird, ist auch die sogenannte »Bundeswehr« keine Armee, sondern eine Einladung, das Land zu übernehmen. Der angeschlagene Riese Deutschland ist in keiner Weise mehr wehrfähig – und das im Zentrum Europas, umgeben von falschen Freunden. Die Kampfkraft wurde quantitativ und qualitativ erodiert, die Wehrpflicht abgeschafft (Guttenberg), die Truppenstärke reduziert und maßgebliche Verbände ins Ausland verlegt. Die Mannschaftsstärke sank von knapp 500 000 1987 auf rund 184 000 2021 (*Wikipedia*). Die Führungsebene dürfte mehr in der NATO als in Deutschland zu Hause sein. Gesellschaftliche Fehlentwicklungen wie Verachtung der Flagge und Selbsthass, Förderung der Homosexualität, Verweiblichung, Geschlechtsumwandlung, Verherrlichung des Fremden (alle sind besser als die Deutschen!) bewirken das Übrige. Dabei geht es um militärisch wichtige Ressourcen, die abgeschafft und verachtet werden, zum Beispiel auch der Nationalstolz. Stattdessen bekamen die Deutschen das »ethno-shaming«: »Ich schäme mich sozusagen ein Deutscher zu sein, obwohl ich nichts verbrochen hatte«, sagte beispielsweise Ex-Bundespräsident Joachim Gauck: »Und ich hasse und verachte das Land.« Wie soll sich ein solches Land noch selbst verteidigen, und warum? Deutschland wird seit rund 100 Jahren traumatisiert, entmutigt, entmannt und entwaffnet und wird alsbald eine zu vernachlässigende Größe sein. Schon jetzt wird Deutschland weltweit nicht mehr ernst genommen, wie die oben genannten Zitate zeigen. Dass nunmehr auch noch die Ernährung der Truppe zusammengestrichen werden soll, ist nur die Spitze des Eisberges. Betroffen sei vor allem »die Beschaffung von Rindfleischprodukten, frischem Obst und tiefgekühltem Fisch«, berichtete die *Bild*-Zeitung (online, 02.11.2023). Vielleicht sollte der zuständige Minister einmal einen Blick in *Wikipedia* werfen: Truppenverpflegung »ist als Verpflegung ein strategisch wichtiger Bereich der Militärlogistik, der zum Erhalt von Kampfkraft und Kampfmoral der Truppenteile von Bedeutung ist« (abgerufen am 19.11.2023). Laut einer internen Mail des Verpflegungsamtes der Bundeswehr werden im neuen Jahr 2024 jedoch »unter anderem Rinderrouladen, Frikadellen (aus Rind), Hamburgerfleisch, Zander-, Lachs-, Kabeljaufilet sowie Kirschen, Pfirsiche, Erdbeeren, Orangen und Wassermelonen vom Speiseplan der Bundeswehr verschwinden« (Bild, ebenda).

Der ärgste Feind könnte das nicht besser planen

Fantastisch: Der ärgste Feind könnte das nicht besser planen, und er hat es auch geplant. Denn so viel kann ein Land nicht von selbst falsch machen. Die Sabotage der Kampfkraft gehört zum hybriden Krieg gegen Deutschland dazu und ist nur die Vorbereitung auf Besetzung, Enteignung, Vertreibung, Ächtung und Vogelfreierklärung. Also die Fortsetzung und Vollendung dessen, was die Deutschen nach dem Zweiten Weltkrieg erlebt haben. Denn nicht vergessen: Die Deutschen sind die bösen Buben in dem Spiel. Ihr Status als Kombattant wurde im Grunde nie aufgehoben. Nicht umsonst gibt es zwischen Deutschland und den Alliierten bis heute weder einen Friedensvertrag, noch wurden die Feindstaatenklauseln in der UN-Charta aufgehoben (vor allem Art. 53, 107), wonach gegen Deutschland und Japan auch ohne Beschluss des UN-Sicherheitsrates Zwangsmittel eingesetzt werden können. Ein »Wiederaufbau« oder eine Erholung wird diesmal nicht stattfinden, denn dafür fehlt es ganz einfach an der Mentalität, Bildung, Kultur und Homogenität sowie an einem geschützten Raum, in dem sich das Volk erholen könnte. Ja, die meisten Deutschen merken nicht einmal, dass sie sich im Krieg befinden, während unsere Politiker verbrannte Erde hinterlassen: Wälder und Äcker werden zerstört, abgeschaltete Atomkraftwerke nicht etwa als Reserve gehalten, sondern umgehend gesprengt (AKW Philippsburg). Und mangels wirksamer Verteidigung werden die Grenzen nicht geschützt werden können. De facto hat Deutschland schon heute keine Grenzen mehr. Irgendwer wird das Land daher quasi nebenbei überrollen und übernehmen: Polen, Russland oder die Muslime. Denn die Besetzung findet ja jetzt schon statt.

Wunderland ist abgebrannt

»Das Ausland hat längst erkannt, was der Bundesrepublik droht« (*Handelsblatt*, ebenda). »Während der Bundeskanzler vom ›Wirtschaftswunder‹ träumt«, erlebt Deutschland schon bald sein blaues Wunder: Gleichzeitig werden die Lebensgrundlagen (Autoindustrie!) abgebaut, die gesellschaftliche Organisation und Struktur (Schulen, Universitäten, Behörden, Polizei u. a.) dysfunktional, bis alles im Chaos versinkt. Für all das gibt es nur einen passenden Ausdruck: Zersetzung. In wenigen Jahren wird Verwesungsgestank über Deutschland und Europa liegen. Dann kann jeder zugreifen, wer will: Land und Leute liegen tödlich getroffen da, viele Bewohner suchen das Weite und das, was man zuvor bei ihnen gesucht hat – nämlich ein besseres Leben. Die bildungs- und kulturfremden Zugereisten werden sich betrogen fühlen, in Rage geraten und sich nehmen, was sie brauchen, denn Wunderland ist abgebrannt. Oder wie Annalena Baerbock sagte: »Lasst uns Europa gemeinsam verenden.« Kein Zweifel: mit Sigmund Freud steht diese Regierung auf Kriegsfuß. Zumindest gibt sie sich alle Mühe, seine Theorie immer wieder aufs Neue zu bestätigen, wonach Versprecher Ausdruck des Unbewussten seien und einen Einblick in die Seele ermöglichten. Den neuesten Höhepunkt auf diesem Gebiet lieferte Wirtschaftsminister Robert Habeck ab, den der Sender Phoenix mit den Worten zitierte: Bei den Antworten der Regierung gehe es darum, »die deutsche Wirtschaft [...] zu schützen – vor einer Situation, die von uns, äh, die von außen herbeigeführt wurde« (*weltexpress.info*, 01.11.2023).

Unruhen und vielfaches Chaos

Richtig: Die Bundesregierung ist für diese finale Krise mitverantwortlich. Das wirtschaftliche Herz der EU wird voraussichtlich kollabieren und mit ihm zahlreiche andere Länder auch. In Übersee sieht es nicht viel besser aus – das heißt: in den USA. Auch hier häufen sich Probleme wie eine staatsfeindliche Regierung, Schulden, Migrationswellen, Inflation und anderes mehr. »Ein Blick auf die ökonomischen Fundamentaldaten zeigt, dass die kommende Finanz- und Wirtschaftskrise um einiges schlimmer werden dürfte als die ›Great Recession‹ von 2008/2009 und unabsehbares Leid und Elend vor allem in den ärmeren Ländern der Welt bringen wird, aber auch für die ärmeren Bevölkerungsschichten in den Industrieländern«, so Professor Kreiß. »Soziale Unruhen, Aufstände, Plünderun-

gen und vielfaches Chaos weltweit sind programmiert, auch in den Industrieländern, wenn wir nicht schleunigst umsteuern« (ebenda). Aber diese Einschätzung ist bereits 3 Jahre alt. Und umgesteuert wurde natürlich nicht, sondern der Zusammenbruch scheint geradezu das Ziel zu sein. Denn nahezu alle westlichen Zivilisationen scheinen von ihren eigenen Regierungen von innen zerstört zu werden.
Inzwischen sieht es so aus, als würden sich die BRICS-Staaten (Brasilien, Russland, Indien, China und Südafrika) von der westlichen Misere abtrennen und einen eigenen, vom Westen weitgehend abgeschotteten Wirtschaftsraum und -kreislauf errichten. Durch seine Sanktionspolitik half der Westen beim weiteren Auf- und Ausbau des BRICS-Systems. Durch die neu gezogene beziehungsweise verstärkte Sanktionsdemarkationslinie nach dem Ausbruch des Ukrainekrieges rückten die BRICS-Staaten noch enger zusammen und intensivierten den gegenseitigen Handel, während der Handel mit dem Westen zu schrumpfen begann. Am 1. Januar 2024 sollen unter dem Namen BRICS Plus auch noch Argentinien, Ägypten, Äthiopien, der Iran, Saudi-Arabien und die Vereinigten Arabischen Emirate hinzukommen. Insgesamt haben etwa vierzig Staaten Interesse an einem Beitritt zur BRICS-Organisation angemeldet.

Gefahr für das Petrodollar-System

Die BRICS-Staaten bedrohen das Petrodollar-System, indem sie verstärkt auch andere Währungen als den Dollar für ihre Ölexporte akzeptieren, wodurch Bedeutung und Stärke des US-Dollars schwinden. Besonders schmerzen dürfte den Westen die Aufnahme Saudi-Arabiens in das BRICS-System, denn das Land war viele Jahrzehnte lang ein enger US-Verbündeter und die Säule des Petrodollars. Inzwischen akzeptiert es auch andere Währungen für sein Öl (*Deutsche Wirtschaftsnachrichten*, online, 17.01.2023). Wie es aussieht, scheinen sich die wirtschaftlichen Schwerpunkte also von West nach Ost zu verschieben – und damit auch die Schwerpunkte der Macht. Als Vasall der USA ist Deutschland dabei mitgefangen. Das »Mitgehangen« ist dabei inklusive. Wie in *verheimlicht – vertuscht – vergessen 2023* bereits beschrieben, versucht das angloamerikanische Imperium dabei noch Blut von Deutschland zu saugen, um sich ein paar weitere Jahre über Wasser zu halten. Doch Kannibalisierung unter Freunden ist immer ein schlechtes Zeichen: Sie bedeutet, dass der Kannibale selbst am Ende ist.

Die Lunte am Pulverfass

Kurz und gut, es sind also geostrategische Entwicklungen im Gange, die den Westen wahrscheinlich auf die Verliererseite schieben werden. »Weltwirtschaft und Währungssystem stehen vor einem tiefgreifenden Wandel, unter dem vor allem Europa leiden wird«, so die *Börsen-Zeitung*. Und: »Es drohen Rohstoffmangel, langfristig hohe Inflation und Deindustrialisierung« (online, 13.01.2023). Die Entwicklungen in Sachen BRICS und Petrodollar könnten ein schwerer Schlag für den Westen werden, denn unter den jetzigen und künftigen BRICS-Staaten befinden sich die größten Ölproduzenten der Welt mit Kontrolle über die wichtigsten Ölquellen und Transportwege in der Golfregion, einschließlich Kontrolle über das Rote Meer und den Suezkanal! Unter anderem aus diesen Gründen kursieren in Israel Pläne, vom Golf von Akaba an der Südspitze Israels aus einen eigenen Kanal bis hinauf zum Mittelmeer zu bauen – als Konkurrenz zum Suezkanal.

Die »Direktive Hannibal«

Am 7. Oktober legte das dialektische Israel-Hamas-System dann die Lunte an das Pulverfass im Nahen Osten – oder gleich an den ganzen Planeten? Der Überfall der Hamas selbst ist – wie in dem entsprechenden Kapitel beschrieben – zumindest dubios und undurchsichtig. Die Rolle der israelischen Regierung, des Militärs und der Behörden ist fraglich:

- Warum wurde das Techno-Festival aus dem Süden Israels kurz zuvor unmittelbar an die Gaza-Grenze verlegt?
- Weshalb wurden zuvor militärische Kräfte von dort abgezogen?
- Wie konnte es die Hamas schaffen, den Zaun an zahlreichen Stellen zu durchdringen?
- Warum bewirkten die zahlreichen Alarmanlagen und Sicherheitssysteme an der Grenze nichts?
- Weshalb dauerte es Berichten zufolge viele Stunden, bis überhaupt israelische Sicherheitskräfte in der Kampfzone auftauchten?
- Und vor allem: Warum schossen israelische Sicherheitskräfte selbst auf israelische Bürger?

So fand auch das Nachrichtenportal RT Deutsch, im Zusammenhang mit dem Hamas-Überfall gebe es »immer mehr Ungereimtheiten« und fragte:

»Ist Israel für einen Großteil der zivilen Opfer selbst verantwortlich?« – »In ihrer Verzweiflung« hätten israelische Soldaten auch auf die eigenen Bürger geschossen, berichtete RT Deutsch und unterlegte das mit Videos von Menschen, die aus der Luft erschossen wurden (Einzelheiten nicht erkennbar): »Kritiker spekulieren nun, dass einige der schrecklichsten Fotos in Wirklichkeit Opfer darstellen könnten, die auf das Konto der israelischen Armee gehen« (19.11.2023). Ob das etwas mit »Verzweiflung« zu tun hatte, ist allerdings fraglich: »Am 9. November veröffentlichte *Haaretz* ein Audio-Interview mit dem israelischen Reservepiloten Oberst Nof Erez, der sagte, die Netanjahu-Regierung habe sich wahrscheinlich auf die berüchtigte Hannibal-Direktive berufen, die vorschreibt, dass gefangengenommene Israelis vom Militär getötet werden sollten, anstatt sie in die Hände militanter Palästinenser zu geben. ›Die Hannibal-Direktive wurde wahrscheinlich angewandt, denn sobald man eine Geiselnahme feststellt, ist das Hannibal‹, sagte Erez in einer am 9. November veröffentlichten Aufzeichnung dem Magazin« (*The Gray Zone*, online, 21.11.2023).

»Sie haben alle getötet, auch die Geiseln«

Woraus man schließen könnte, dass eigentlich alle Festivalbesucher von den Israelis unter Feuer genommen werden mussten, denn schließlich befanden sich alle in Gefahr, von der Hamas als Geiseln genommen zu werden. Und tatsächlich bestätigte der Pilot: »Was wir hier gesehen haben, war ein Massen-Hannibal.« Auch eine israelische Frau namens Yasmin Porat habe in einem Interview mit dem israelischen Rundfunk behauptet, »dass das Militär am 7. Oktober bei Feuergefechten mit Hamas-Kämpfern ›zweifellos‹ zahlreiche israelische Nichtkombattanten getötet hat. ›Sie haben alle getötet, auch die Geiseln‹, erklärte sie und bezog sich bei ihrer Aussage auf israelische Spezialeinheiten« (*The Gray Zone*, online, 27.10.2023). Wieder eine andere Augenzeugin namens Maya erklärte, dass Israelis von als Polizisten und Soldaten verkleideten Hamas-Kämpfern erschossen worden seien: »Maya erzählt mit Tränen in den Augen, wie Menschen in die Arme der vermeintlichen Rettung liefen, nur um exekutiert zu werden« (*oe24.at*, 11.10.2023). Aber waren das wirklich Hamas-Kämpfer oder aber tatsächlich israelische Soldaten und Polizisten? Das Feuer von israelischen Hubschraubern könnte auch die Kolonnen von Hunderten von ausgebrannten Autos erklären, die zurückblieben. Als sich diese Enthüllungen in den sozialen Medien verbreiteten, habe die israelische Polizei bestritten, »dass die Streitkräfte Tel Avivs das Massaker verübt haben, und ermahnte die inländischen Medien, ›die Verantwortung für ihre Veröffentlichungen zu übernehmen und sich bei ihren Berichten nur auf offizielle Quellen zu stützen‹. Die israelischen Behörden haben versucht, die Berichterstattung über ihre Aktionen im Gazastreifen zu unterdrücken. Die kürzlich verabschiedeten Notstandsgesetze erlauben es der Polizei, gegen kritische Reporter vorzugehen, die beschuldigt werden, ›die nationale Moral zu schädigen‹.« Die Vermutung, »dass das israelische Militär für die Morde beim Nova-Musikfestival verantwortlich ist – und nicht die Hamas, wie sowohl Tel Aviv als auch Washington seit fast 6 Wochen behaupten – wurde von den etablierten Medien weitgehend ignoriert« (*The Gray Zone*, online, 21.11.2023). So könnte es zum Showdown zwischen Israel, Palästina, Ägypten, dem Irak, Jordanien, Syrien, dem Libanon und anderen kommen, die (oder deren Teile) religiöse Strategen im Geiste schon längst in ihr Groß-Israel eingemeindet haben. Darunter auch der amtierende Regierungschef Benjamin »Bibi« Netanjahu, im Moment die wichtigste Schlüsselfigur des Planeten und eine Person, in der sich verschiedene religiöse, politische und geopolitische Entwicklungen bündeln. Politisch und persönlich mit dem Rücken zur Wand stehend, kennt er nur noch eine Richtung: nämlich die Flucht nach vorn.

Durch das Chaos zum Messias

Dabei wird er möglicherweise den gesamten Nahen Osten mit ins Chaos stürzen – und vielleicht sogar die ganze Welt. Und damit ist er eventuell voll im Plan. Denn Netanjahu ist erstens ein treuer Gefolgsmann seines verstorbenen Vaters und damit ein glühender Anhänger eines Groß-Israel. Und zweitens ist er auch ein glühender Verehrer eines Mannes, den hierzulande nur ganz wenige kennen, nämlich von Menachem Mendel Schneerson, dem 1994 verstorbenen »Rebbes« der sehr mächtigen Chabad-Lubawitsch-Sekte. Sogar »jeder US-amerikanische Präsident seit Richard Nixon hat Schneerson geehrt und Erklärungen zu seinen Ehren unterzeichnet. Mehrere korrespondierten mit ihm persönlich.« Bill Clinton nannte ihn gar »einen monumentalen Mann«, heißt es auf der Website der Lubawitscher Sekte (*chabad.org*). Die politische Schlagkraft Schneersons »war fühlbar von Crown Heights, wo sich sein Hauptquartier befand, dessen Besuch für jeden politischen Kandidaten in New York City ein Muss war, bis nach Israel, wo er die wichtigsten Wahlen beeinflusste, obwohl er das Land nie betreten hat«. Während viele ultraorthodoxe Juden von einem Staat Israel, dem Zionismus und erst recht von Groß-Israel und Netanjahu gar nichts halten, sind die Lubawitscher voll auf Netanjahus Seite – und umgekehrt. Dabei sind nicht nur fanatische Sekten das Problem, sondern die Religionen überhaupt. Wie sagte doch Helmut Schmidt: »Das Schlimme ist, dass bei allen Religionen – ob nun Islam oder Christentum und zum Teil auch Judentum –, dass alle Religionen den Gläubigen beigebracht haben, auf die andere Religion herabzusehen, sie für minderwertig zu halten: Ich bin erleuchtet, und was ich glaube, ist gottgefällig, aber das, was du glaubst, das ist das Gegenteil von dem, was Gott von dir erwartet.« Und alle großen monotheistischen Religionen haben auch gemeinsam, dass sie auf einen Erlöser warten, sei es der Mahdi im Islam, Jesus Christus im Christentum oder der Messias im Judentum. Und bei allen geht die Ankunft der Erlöserfigur mit großen Wirrungen, Irrungen und Kriegen einher. Was manche auf die Idee brachte, das Pferd von hinten aufzuzäumen – nämlich den Erlöser durch ein absichtlich verursachtes Chaos herbeizubeschwören. Der *Talmud* »beschreibt die Zeitspanne vor der Ankunft des Moschiach als turbulent. Es wird eine Weltrezession geben, denn in den Regierungen sitzen Despoten. In solch einer schwierigen Zeit wird der Moschiach kommen. Eine Überlieferung besagt, dass es dann einen großen Krieg gibt, welcher der Krieg des Gog und Magog genannt wird«, so die Website von Chabad-Lubawitsch. Im *Talmud* stehe »geschrieben, dass es vor dem hebräischen Jahre 6000 sein wird (das jetzige hebräische Jahr ist 5769).« Und: »Wenn wir es verdient haben, dann wird er sogar früher kommen« (*chabad.org*: »Was sagt das Judentum zum ›Ende der Tage‹?«, o. D.). Langsam wird die Zeit also knapp.

»Die Situation spitzt sich immer weiter zu, dies ist in den letzten Wochen deutlich im Land zu sehen«, schrieb die in Jerusalem ansässige Nachrichtenagentur Israel Heute am 1. November 2023: Das Land befinde sich »in einer Art Endzeitstimmung, Bibi ist Premierminister und das Zepter ist in seiner Hand«. Jetzt redeten Menschen »wieder über die alte Prophezeiung des Lubawitscher Rebbe und sehen eine mögliche Situation, in der sich alles noch mehr in dieser Richtung zuspitzt.« Denn »vor etwa 30 Jahren sagte der bereits verstorbene Lubawitscher Rebbe dem jungen Politiker Benjamin Netanjahu, dass ›er, Benjamin Netanjahu, Israels Premierminister sein wird, der das Zepter an den Messias überreichen wird‹« …

Nachwort

Haben wir hierzulande Meinungsfreiheit? Absolut – und zwar, wenn wir die Meinung der Regierung vertreten. Wenn wir dagegen zum Beispiel Israel kritisieren wollen, geraten wir auf ein Minenfeld. Jeder Schritt kann der falsche sein – oder vielleicht sogar der letzte, nämlich dann, wenn wir in die Mühlen der Justiz oder vor ein journalistisches Erschießungskommando geraten. Zahlreiche Personen des öffentlichen Lebens können ein Lied davon singen, die hinterher entweder einen Kniefall machen oder ihr bisheriges Leben abschreiben mussten. Es war daher sehr schwierig, die entsprechenden Passagen zu schreiben, denn immer klebt der Antisemitismusverdacht an einem wie eine ölige Schmiere, besonders an einem Deutschen. Warum das so ist, liegt auf der Hand: nämlich um Israel vor jeglicher Kritik zu schützen.

Bücher zu schreiben wie dieses (oder sich überhaupt öffentlich zu äußern) wird aber auch aus anderen Gründen immer gefährlicher. Wer es wagt, steht mit einem Bein vor Gericht, im Gefängnis oder vor einem journalistoiden Hinrichtungskommando, wie zahlreiche Fälle gezeigt haben. Rechtssicherheit gibt es in diesem System aufgrund ständiger Gesetzesänderungen und Zensurmaßnahmen nicht mehr. Jahrzehntelang stabile Rechtsmaßstäbe, auf die sich Journalisten und andere Autoren verlassen konnten, gelten nicht mehr. Aber »der Grundsatz der Rechtssicherheit ist ein Kerngehalt des Rechtsstaatsprinzips«, wie es in einer Vorlesung des Juristen Tim Brockmann heißt. Ja, Rechtssicherheit und Freiheit sind für ein Land Ressourcen wie preiswerte Energie und Wasser – und zwar für jeden, der sich in diesem System bewegt. Nur dann kann man sich in einem verlässlichen Rahmen entfalten. »Rechtssicherheit beruht auf dem Anspruch der Klarheit, Beständigkeit, Vorhersehbarkeit und Gewährleistung von Rechtsnormen sowie die an diese gebundenen konkreten Rechtspflichten und Berechtigungen. Es ist Teil der elementaren Basis einer rechtsstaatlichen Gesellschaftsordnung« (*professorbrockmann.de*: »Privatrecht, Vierte Einheit«, o. D.). Das Ende der Rechtssicherheit bedeutet dagegen die Auflösung des Rechtsstaates. Und das Gegenteil von Rechtssicherheit ist Willkür – und Willkür ist Gift für ein Land. Nicht nur für Journalisten. Gerade in den vergangenen Wochen gab es bundesweit mehrere Großrazzien wegen »Meinungsverbrechen«, bei denen »Verdächtige« von Polizeiterror heimgesucht wurden. Heute kann niemand mehr sicher sein, ob ihm die Staatsmacht am nächsten Tag nicht die Tür eintritt.

Auch das ist das Deutschland der sogenannten »Ampelregierung« aus Grünen, SPD und FDP, aber eigentlich der etablierten Parteien überhaupt. Das Recht auf freie Meinungsäußerung ist allerdings nicht nur ein Menschenrecht, sondern ein Naturrecht. Also »das überstaatliche, überpositive Recht, das nicht auf menschlicher Rechtssetzung oder -formung beruht und unter Umständen zum staatlichen Recht in Widerspruch stehen kann« (*D@dalos*: Internationaler UNESCO Bildungsserver für Demokratie-, Friedens- und Menschenrechtserziehung, o. D.). »Es gibt also Rechtsgrundsätze, die stärker sind als jede rechtliche Setzung, sodass ein Gesetz, das ihnen widerspricht, der Geltung bar ist« (Gustav Radbruch: *Rechtsphilosophie*, 1950, zitiert nach ebenda). Und davon haben wir so einige Gesetze im Strafgesetzbuch. Das Recht auf freie Meinungsäußerung geht den Staat nur dann etwas an, soweit er Dritte schützt, also Individuen, deren Menschen- und Persönlichkeitsrechte gewahrt werden müssen. Dieses Menschenrecht hat (wie andere auch) seine Grenzen zwar in dem anderen Menschen, als Individuum oder als Gruppe, nicht jedoch in abstrakten Gebilden wie dem Staat oder etwa in anderen (herrschenden) Meinungen.

Mit anderen Worten bin ich mir wahrscheinlich mit vielen Kollegen darin einig, dass uns dieses Recht niemand nehmen kann und wir es auch weiterhin wahrnehmen und darum kämpfen werden.

Gerhard Wisnewski
Berlin, 29. November 2023

Dank

Endlich einmal ein Kapitel, das ich wie immer ruhigen Gewissens abschreiben kann – und zwar bei mir selbst: Mein erster Dank geht wie immer an meine Familie, und hier vor allem an meine Frau, die mir jederzeit mit Rat, Tat und Inspiration zur Seite gestanden hat. Mein zweiter Dank geht an meine Leser und Unterstützer, die mir nicht nur mit zahlreichen Hinweisen, Tipps und Informationen geholfen haben, sondern auch mit ihren Spenden, ohne die beispielsweise der Betrieb meines YouTube-Kanals, aber auch anderer Kanäle in den sozialen Medien, nicht möglich gewesen wäre. Des Weiteren wären unwägbare Risiken und Kosten durch juristische und polizeiliche Angriffe zu nennen, die nicht aus Buchhonoraren allein zu bestreiten sind. Ein weiterer Dank geht selbstverständlich an meinen Verleger Jochen Kopp, der in diesen schwierigen und gefährlichen Zeiten die Fahne des freien Verlegertums hochhält, sowie an alle Mitarbeiter des Verlages, insbesondere meinen Lektor Thomas Mehner.

Abbildungsverzeichnis

Seite 13: »Pope emeritus Benedict XVI. in 2019« | *https://en.wikipedia.org/wiki/File:Meeting_with_Benedict_XVI_on_10_August_2019_(cropped).jpg* | This file is licensed under the Creative Commons Attribution-Share Alike 4.0 International license. Attribution: © H. Elvir Tabakovic, Can. Reg./Propstei St. Michael, Paring.

Seite 29: »Cremation ceremony for covid-19 victims« | *https://commons.wikimedia.org/wiki/File:Coal_Fire_and_Covid_19.jpg* | Author: Anis Mujahid Akbar | This file is licensed under the Creative Commons Attribution-Share Alike 4.0 International license.

Seite 37: »Treffen zwischen Papst Franziskus und Papst Benedikt XVI. anlässlich der Einweihung der Statue des Erzengels Michael in den Vatikanischen Gärten des Künstlers Giuseppe Antonio Lomuscio.« | Author: Mondarte | This file is licensed under the Creative Commons Attribution-Share Alike 4.0 International license.

Seite 69: picture alliance/ASSOCIATED PRESS | Uncredited

Seite 79: »Baby and baby milk bottle. Baby feeding schedule. *Moscow, Russia.«* | *https://commons.wikimedia.org/wiki/File:Baby_and_baby_milk_bottle,_Baby_feeding_schedule,_Moscow,_Russia.jpg* | Author: Vyacheslav Argenberg | This file is licensed under the Creative Commons Attribution 4.0 International license. Attribution: © Vyacheslav Argenberg/http://www.vascoplanet.com/

Seite 89: »Seymour Hersh« | *https://de.wikipedia.org/wiki/Datei:Seymour_Hersh_(3413572451)_(cropped).jpg* | Urheber: Giorgio Montersino from Milan, Italy | Diese Datei ist unter der Creative-Commons-Lizenz »Namensnennung – Weitergabe unter gleichen Bedingungen 2.0 generisch« (US-amerikanisch) lizenziert.

Seite 100: Screenshot Autor

Seite 129: »Modélisation réalisée avec SketchUp, rendu photographique avec Twilight render et Gimp.« | *https://de.wikipedia.org/wiki/Datei:Titan_*

(mod%C3%A9lisation_sketchup_-_twilight_render_-_Gimp).jpg | Urheber: Madelgarius | Diese Datei ist lizenziert unter der Creative-Commons-Lizenz »Namensnennung – Weitergabe unter gleichen Bedingungen 4.0 international«.

Seite 173: »Starker Gewitterregen in der Schwetzinger Hart« | *https://commons.wikimedia.org/wiki/File:20170902Schwetzinger_Hardt.jpg* | Author: AnRo0002 | This file is made available under the Creative Commons CC0 1.0 Universal Public Domain Dedication.

Seite 191: »Mushroom cloud over Hiroshima« | *https://de.wikipedia.org/wiki/Datei:Atomic_cloud_over_Hiroshima_-_NARA_542192_-_Edit.jpg* | Urheber: George R. Caron | Public domain

Seite 221: »The actual MEMZ Trojan running on a MacBook Pro, booted into Windows 11 (prev. picture is Windows 10) installed using Boot Camp Assistant« | *https://commons.wikimedia.org/wiki/File:MEMZ_running_on_Windows_10.JPG* | Author: Paowee | This file is licensed under the Creative Commons Attribution-Share Alike 4.0 International license.

Seite 231: © Anas-Mohammed/Shutterstock.com

Seite 251: »›Kotaro‹, ein an der Universität Tokio entwickelter humanoider Roboter, präsentiert in der Universität für künstlerische und industrielle Gestaltung Linz im Rahmen des Ars Electronica Festivals 2008.« | *https://de.wikipedia.org/wiki/Datei:Ars_Electronica_2008_Kotaro.jpg* | Urheber: Manfred Werner – Tsui | Diese Datei ist unter der Creative-Commons-Lizenz »Namensnennung – Weitergabe unter gleichen Bedingungen 3.0 nicht portiert« lizenziert.

Stichwortverzeichnis

S

T

U

V